# 西子弦歌

## ——百年杭师大的名人故事

主　编：张志军　谢广田
副主编：吕　静　倪洪江

**图书在版编目(CIP)数据**

西子弦歌：百年杭师大的名人故事 / 张志军，谢广田主编. —杭州：浙江工商大学出版社，2013.12

ISBN 978-7-5178-0092-7

Ⅰ. ①西… Ⅱ. ①张… ②谢… Ⅲ. ①杭州师范大学—名人—生平事迹 Ⅳ. ①K820

中国版本图书馆 CIP 数据核字(2013)第 280823 号

# 西子弦歌

——百年杭师大的名人故事

主　编：张志军　谢广田　副主编：吕　静　倪洪江

责任编辑　孙一凡　祝希茜
封面设计　王好驰
责任印制　汪　俊
出版发行　浙江工商大学出版社
(杭州市教工路 198 号　邮政编码 310012)
(E-mail:zjgsupress@163.com)
(网址:http://www.zjgsupress.com)
电话:0571-88904980,88831806(传真)
排　　版　杭州朝曦图文设计有限公司
印　　刷　浙江恒力通印务有限公司
开　　本　787mm×1092mm　1/16
印　　张　17.75
字　　数　300 千
版 印 次　2013 年 12 月第 1 版　2013 年 12 月第 1 次印刷
书　　号　ISBN 978-7-5178-0092-7
定　　价　48.00 元



浙江工商大学出版社营销部邮购电话　0571-88804228

# 前 言 一

2013年，杭州师范大学办学迈入第105个年头了。在百年办学历程中，学校从无到有，从小到大，几度易名。特别值得一提的是，杭师大办学校址在历史上几经变迁。1937年抗战爆发时学校曾从杭州内迁至建德和丽水继续办学。仅在杭州市内，学校本部就曾搬至南山路、文二街、文一街、下沙等多处，现在又来到了风景秀丽的仓前，学校办学规模也在变迁中日益壮大。世纪风雨话沧桑，枝茂果硕桃李春，发展至今，实属不易。这是一代代师大人不懈努力的结晶与见证。

在这个发展过程中，学校海纳百川，一批又一批的新老师陆续加入，师生数均有较大幅度增长。因此，加强对校史校情的了解、学习、教育与传播显得尤为必要。学校应努力寻找更多、更好的载体与形式，让更多的师生熟悉学校的历史，深知学校发展的不易，进而增强归属感、自豪感，齐心协力，共谋学校新发展。而更深一步的是，我们希望通过了解校史校情，把朴素的爱校之情上升为崇高的爱国之志，把师生的自尊心、自豪感逐步上升为现代公民责任感，并进一步树立崇高的科学精神，坚定求真、求实和创新的科学态度。

2008年，学校在百年校庆之际，编撰出版了《杭州师范大学百年史稿》一书，对学校发展大事件进行了梳理和记载。此书对于了解、熟悉杭师大的发展历史无疑具有重要意义。但是，我们也发现，在师生、校友口耳相传之中，还有着很多可能散落在他处或者笔墨记载不够的小故事、小细节。故事虽小，影响力却很大。记得北大有一次新生开学，一外地学子背着大包小包走进了校园，实在太累了，就把包放在路边。这时正好一位老人走来，年轻学子拜托老人替自己看一下包，而自己则轻装去办理手续。老人爽快地答应了。近一个小时过去，学子归来，老人还在尽职尽责地看守。谢过老人，两人分别。几日后在北大开学典礼上，这位年轻学子惊讶地发现，主席台上就座的北大副校长季羡林正是那天替自己看行李的老人。

这个故事很多人听说过，而我更感兴趣的是，一个大家口耳相传的故事，可能比北大各种辉煌成就的介绍，更容易让人记忆深刻。这个故事传播了北大的正能量！我们也是一所百年老校，我们该如何传播自己的校史校情，让人记忆深刻？因此，能否组织师生将学校发展历史中的一件件事情、一位位人物，以小故事的形式再现出来？这些小故事应该立足校史，但又完全不同于传统型校史的叙述框架与叙事笔法。它应该面向校史中的知名人物、经典事件，而且尽可能有一些文学元素，不一定把个人历史讲述完整，不一定要述及校史每一个事件，不一定要全部按时间依次罗列，而应似散落珍珠，以读本形式编辑成书，每一文均独立成章，通俗易懂，有故事、有理念、有文采，可供师生校友等反复赏读、方便携带，易于传诵。

当然此事要办成，难度依旧不小。这需要组织一批关心学校发展又对学校校史校情比较了解的老师积极参与；同时尽可能将众多作者的写法、文章布局向同一方向靠拢；另外，还得将每一小故事后面所涉及的史实认真核对。如今，在学校宣传部的牵头下，谢广田等一批老、中、青年教师积极加入，撰成此书。

当然，这仅是一次尝试，会有诸多不足，期待以此作为起步，日臻完善。是为前言。

张志军

2013 年 9 月

# 前　言　二

1908年5月创办的浙江省官立两级师范学堂，历经浙江省立两级师范学校、浙江省立第一师范学校、浙江省立一中师范部、浙江省立杭州师范学校、浙江省立临时联合师范学校、浙江省立杭州师范学校、浙江省杭州师范学校、杭州师范学院、杭州师范大学等不同的历史阶段，迄今已有105个年头了。

这105年中的前41年，是灾难深重的民国时期。学校作为浙江省最早传播民主科学思想及艺术教育的发祥地之一，作为新文化运动在浙江的策源地和中心，同时也作为中国共产党早期活动基地之一，师生员工为实现民族解放振兴、国家建设发展、社会文明进步的理想，做出了不屈不挠的努力和重要的贡献。其中，既有影响全国的"木瓜之役""一师风潮"与"湖畔诗社"，也有国难时期苦撑危局的"浙江联师"，更有师生员工争民主求解放的"红色印迹"……这一曲曲的西子弦歌，是那么扣人心弦、惊心动魄！

在这历史长河中，鲁迅、马叙伦、经亨颐、李叔同等学人培育出刘质平、丰子恺、陈建功、俞秀松、冯雪峰等优秀学子，正是这些名垂后世的风云人物，为当时社会注入了正能量。杭师大为拥有这样的前辈而自豪。

编撰本书的本意是以散文体的故事形式，叙述民国时期校史上的名人故事，作为学校正史的若干补充。他们既是以往历史的钩沉，又是历史长河的踪影，力求生动朴实、趣味横生，旨在挖掘学校文脉，弘扬学校传统。

受学校党委宣传部的邀请，我参与了本书的组稿与撰写工作，并承担了本书的统稿任务。在宣传部的召唤下，一批离退休的同事、已离开杭师的校友、在职教师又走到了一起，参与到本书的撰写中。我和其他作者一起，力求使我们的文章达到"全、真、细"的目标。

"全"，是指在全面占有杭师校史上重要事件和人物相关史料的基础上，把握事件发生的前因后果、人物的发展脉络，尽可能全面准确地理解历史事件的本质与传主的人格风貌。这其中，辑佚、搜求、辨识是必不可少的准备工作。但因为年代久远，多数传主的后人难以访寻，许多相关档案尚未开放，困难是不少的。不过，我们仍尽可能地做了努力。比如，为了撰写“红色印迹”，作者曾多次到医院的干部病房，请杭师当年的中共地下党员回顾和核对相关史料。又如“风流人物”各篇，虽然重点是传主在杭师任教时的轶事，但为了使传主的形象更丰满，给读者以更深刻的印象，我们对传主在进入杭师前和离开杭师后的一些重要经历也不吝笔墨。但是，虽经我们孜孜以求，结果仍不尽如人意，留下了许多遗憾。

“真”，是指文本中的人物和事件，力求真实可信。这需要细心的研究，广泛的阅读，并作来回的比较和理性的思考。特别是有关人物的评价，由于种种原因，其某些相关资料中的形象存在人为拔高或被贬损的现象。我们尽可能还原一个真实的“我”。例如冯雪峰与鲁迅的关系，一直以来众说纷纭。作者为此查阅了大量资料，确定了两人之间的战友关系。“雪峰用手头的鲁迅的100元稿费，买了两只金华火腿，让自己的秘书带去西安，托八路军办事处转送给毛泽东。”这样的事情，不是战友，能做、敢做吗？又如关于桑送青，文章初稿说桑在浙一师求学时，“深受老师李叔同的影响，长期保存着李叔同给他写的一张条幅”，可是李叔同早在1918年出家为僧，桑送青是在1921年进入浙一师的，目前暂无证据证明离校后的李叔同与浙一师学生桑送青存在师生关系。为此，作者又对初稿作了适当的修改。

“细”，是指注重细节。对事件和人物进行较为翔实、精心的细读，从而使背景更清晰，让过去一些不太被人们注意的事件与人物个性凸显出来。例如本书第三篇冯雪峰的章节中，关于冯雪峰与鲁迅两家的合影，鲁迅夫人许广平为什么低着头，一直未被人们所注意。作者依据相关资料做出的解读，既突出了鲁迅的战士风骨，又彰显了许广平与刚牺牲的“左联”五烈士的战友情谊。这样的分析，是颇为中肯可信的。又如袁微子一文的原作者是笔者母亲，她是袁微子的同事和战友。笔者在母亲回忆文章的基础上，专门采访了袁微子的后人以及深受袁微子帮助的教师，获得不少故事细节，从而使袁微子的形象更鲜明生动。浙江省最早的特级教师之一朱雪丹和袁微子女儿袁绛云老师看了该篇初稿后，分别致电笔者，说很真实，“深受教育”。

编写一部反映民国时期杭师大的名人名事的读本，是一项费心费力的工程，它需要作者有广博的见闻、深厚的政治素养和与传主有关的专业素养。而这些，又都是我们所欠缺的。我们之所以“明知不可为而为之”，意在抛砖引玉，企望更多的杭师大学人与所有关爱杭师大的朋友参与其中，共同奏响西子湖畔的弦歌。

谢广田<br>2013年9月

# 目　　录

## 第一篇　长河碎影



## 第二篇　风流人物

## 第三篇 同学少年

# 第一篇　长河碎影

# 木瓜之役

郑岁华

木瓜之役是发生在浙江官立两级师范学堂教师反对封建旧礼教、旧文化的奴化教育的一场斗争。

1909年6月冬天，浙江官立两级师范学堂沈钧儒因担任浙江省咨议局副议长而辞去监督校长职务，由当时任浙江教育总会会长忠于清帝的夏震武接任。

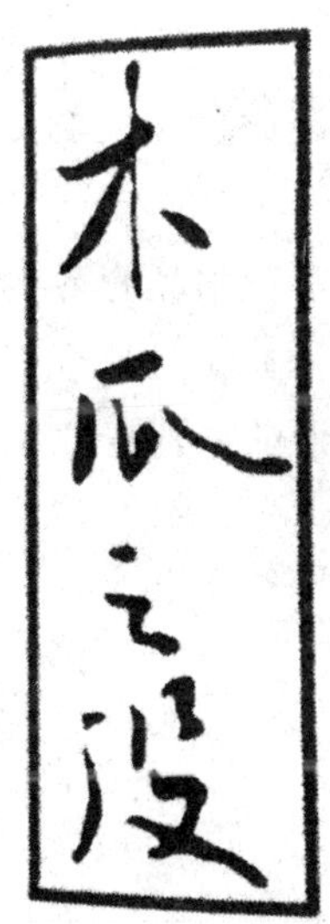

鲁迅手迹

夏震武是一个以道学自命、极端顽固的人物。刚到两级师范学堂，就迫不及待地要恢复陈腐的封建旧文化、旧礼教和封建奴化教育秩序。对待教员，他用当时官场下属见上司的“庭参”礼节，要他们着礼服到礼堂和他见面，在就职时要行祭孔礼，并通知教务长许寿裳在礼堂设立孔子牌位。许寿裳当即予以拒绝，并将这一情况告知全体教师，教师们对夏震武这种倒行逆施的行为极为不满，坚决拒绝所谓官场中下级见上级的“庭参”礼节。特别是周树人(鲁迅)着西装、留西发站在夏震武的对面，使他更加气急败坏地辱骂周树人和两级师范学堂，周树人与他针锋相对。周树人在封建顽固派面前这种大无畏的战斗精神，给了教师们极大的鼓舞，大家群情激昂，一起与夏震武斗争，并在忍无可忍的情况下，宣布停课。周树人和许寿裳等25名教员向浙江提学使辞职，并搬出校舍。

这时，夏震武一面写信给浙江巡抚增韫，请求支持他的“谁反抗就辞了谁”的强硬手段；一面又指使在校同乡师生为他奔走，劝诱教员们复课，但没收到什么效果。最后夏震武采取提前放假的办法遣散学生，企图借此使教员们屈服，但因此引起杭州各校教员的反对，风潮有逐渐扩大之势。这次风潮，坚持了两个星期，浙江巡抚增韫眼看教师心齐力坚，复课无望，只好叫夏震武辞职。

“木瓜之役”纪念照，前排右三为周树人（鲁迅），右四为张宗祥，右七为夏丏尊，后排右五为许寿裳，后排右十四为钱家治

因为夏震武平日木头木脑，顽固不化，大家都叫他夏木瓜，因此这场反对夏震武的斗争，经张宗祥提议，就取名为“木瓜之役”。

“木瓜之役”的矛头直指清政府，它发生在辛亥革命前夜，对我国教育界的民主运动有着相当影响，实际上是一次新旧文化教育思想的斗争。正是这个战役的胜利，使辛亥革命在浙江光复的进程大大加快，为五四时期的浙江省立第一师范学校成为新文化运动基地打下了初步的基础。

# 一师风潮

陈　凡

如果说五四运动是一部北京出品的大片，一师风潮就是一部杭州制造的大片，它的影响同样波及全中国，开宗明义地说：一师风潮是五四新文化运动的延续和深入。

一师风潮的主角是校长经亨颐。经亨颐，1877年出生，留日海归，他苦心经营浙一师约有10年，还兼任浙江教育会的会长。一师风潮的直接起因是一份学生创办的刊物《浙江新潮》。

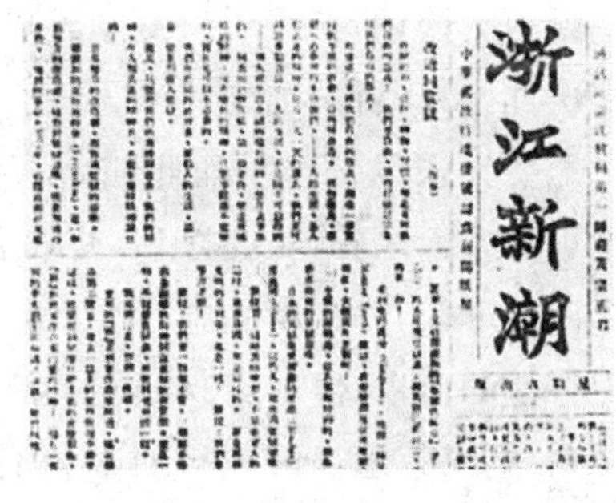
浙江新潮

20世纪初期的中国，每年春秋两季都要举行“祭孔”活动。浙江省的“祭孔”活动，浙江省省长、教育厅厅长都会参加，而作为浙江省教育会会长兼浙江省立第一师范学校校长的经亨颐则是主要的陪祭人。1919年10月2日，杭州举行“祭孔”大典。在新文化思想影响下，浙江第一师范学校新潮社的学生首先表示不愿再参加。学生傅彬然、施存统等在孔子诞生日赴西湖烟霞洞附近拜谒刘师复（中国无政府主义先驱）之墓以示反叛。经亨颐对学生的态度表示支持，并不顾社会舆论的指责，借口到山西太原出席全国教育会联合会第五届年会，提前离开了杭州，避而不就“丁祭典礼”陪祭官。1919年11月7日出版的《浙江新潮》第二期刊登了施存统写的《非孝》一文。文章大意是主张在家庭中用平等的爱来代替不平等的“孝道”。施存统写此文的动机是“由十其父异常虐待其母，而他自己难乎为子：顺父逆母，不孝；帮母斗父，亦不孝。然则如之何而后乎？于是深入一步思维，认识到这个矛盾，

施存统（1898—1970）

是由于中国的旧伦理观念根本不对头，乃联想到一种新学说了”。为此，施存统从克鲁泡特金的著作和国内发行的新杂志中接受了新思想，结合自身的处境，相信“要改造社会，的确非先从根本上改造家庭不可”。一石激起千层浪，此文一经刊发，引起浙江当局的高度紧张，再联系到浙一师发生的蔑视“祭孔”行为，以为洪水猛兽将至，加以“非孝、废孔、公妻、共产”之罪名，并归罪于校长经亨颐及“四大金刚”(积极传播新文化的新派国文教员陈望道、刘大白、夏丏尊、李次九)。先是由省长公署发文至教育厅，命令教育厅查办。公文写道：“查近有《浙江新潮》报纸，所刊论说，类多言不成理，而《非孝》一篇，尤于我国国民道德之由来及与国家存在之关系并未加以研究，徒摭拾一二新名词，肆口妄谈，实属谬妄。查该报通讯处为浙江第一师范黄宗正，以研究国民教育之师范学校，而有此主张蔑弃国民道德之印刷品，真堪骇诧。究竟此项报纸系该校何人主持，现在该校办理情形如何，合行令仰该厅，于文到三日之内，即行切实查明核办具复，以凭察夺，毋延切切！”《浙江新潮》引起轩然大波，省府、省教育厅和军方一致通电北洋政府要求禁掉《浙江新潮》。这份小报仅仅存在了三周，发行了三期便遭查禁。教育厅厅长在收到公文后，立即派员到学校“查办”，还把校长经亨颐叫去谈话，指责说：“据本厅周科长查明，贵校教员陈望道、刘大白、夏丏尊、李次九四人，所选国文讲义，全用白话。弃文言而不授，此乃与师范学校教授国文之要旨未尽符合。而此四人，又系不学无术之辈，所选教材，夹杂凑合，未免有思想中毒之弊，长此以往，势将使全校师生堕入魔障。本厅责成贵校立即将此四人解职，并将学生施存统开除。”教育厅长原以为作为校长的经亨颐会立即执行他的命令，岂料经亨颐支持进步师生，他答复：“我校教师所选文章都是从北京、上海等地公开发行的报刊上选来的，如果使学生读后会产生‘思想中毒’‘堕入魔障’之恶果，政府何以不干脆取缔京沪等地出版之物呢？至于教师不学无术，请教何以见得？且学期中途如何能随便解聘！再说，学生未教好，那是教育者未尽到职责，不能以开除了之，开除学生非为教育之本旨；学生即使言论失当，但没有犯罪，不能开除。何况，新思潮这样勃发，新出版物这样多，其感动的力量，实在大得了不得。要想法子禁止，实在是办不到的。如果空气能排得尽，新思潮才能禁止。斥退学生是教育的自杀，盼官厅明白这一点。”浙江省教育厅当局终于明白，必须首先向“领头羊”开刀。于是浙江省教育厅乘多数学生放寒假回家之机，在 1920 年 2 月 9 日发布“调任第一师范学校校长经亨颐为浙江省视学，任命王锡镛为第一师范学校校长”之令。经亨颐收到浙江省教育厅厅长给他的一封信，信中说：“……本日备具公文，奉台端为视学，尚希屈就……即请

驻厅襄助一切，兼便随时顾问……”经亨颐接到信后，立即回信说：“顷奉令调任视学，未敢拜命！校事遵即交卸，另文呈报……”经亨颐被免职，成了“一师风潮”导火线。

1920年2月12日，学校教师推胡公冕、范允滋持公函面见教育厅长夏敬观，要求恢复经亨颐的校长之职，遭到拒绝。13日，全体教职员再次开会，以全体名义呈文教育厅请愿。被教育厅新任命的王锡镛原为教务主任，他坚决不就校长之职，结果教育厅于14日委派省视学金布兼代学校校长，同时宣布改组浙江第一师范。新任校长金布上任以后，为凝聚人心，宣布原有教师一律续聘。但他没有想到，只有两个人愿意受聘。紧接着，徐白民、宣中华等寒假留校的学生发函通知返乡同学提前回校，以“挽经护校”为号召，群起挽留经亨颐校长，要求当局收回成命。3月13日，浙江省立第一师范学校学生自治会召开全体同学大会，决议“维持文化运动，坚持到底”“留经目的不达，一致牺牲”，决定立即开展请愿运动。同学们推徐白民、宣中华、徐仁、石樵四人为请愿代表，后又增选孔庆恒、方以钜、商逵、钟英如四人为请愿代表。从15日起，学校师生多次发表宣言，并向省教育厅、省公署进行多次请愿，力陈“挽经”的目的是“为维持本校改革精神，巩固吾浙文化基础”。当时刘大白曾手书《全体教职员请愿书》，称“将本校校长调离本校，实夺本校革新之领袖。穷其影响，足挫吾浙文化之萌芽”。他后来又在《浙潮第一声》序言里写道：“我以为为了一种主义，和黑暗势力奋斗，如果当黑暗势力很强的时候，免不了要受挫折，这些受的挫折，叫作牺牲，不叫做失败。只要前仆后继地坚持下去，主义不变，一定有胜利的日子。”“这一次一师学生抱定牺牲的决心，做了一个浙江文化运动的先驱者，虽然所牺牲的不能说不大，但是当时已经引起旁观者的同情心，在未来也一定能够唤起无数的后继者。”3月24日，省长齐耀珊下令解散浙江省立第一师范学校，勒令学生“即日一律离校”。学生们不肯走，还一致反对撤换经先生，主张挽留，不达目的，决不甘休。与此同时，来自北京等地和全省知识界教育界的电文像雪花一样飞来，这些电报无一不是支持经校长的浙江一师，又无一不是谴责浙江当局。次日，当局以“保管校舍”为名派了40多名军警进驻校园。28日，杭州学生联合会发动杭

反动军警进驻校园



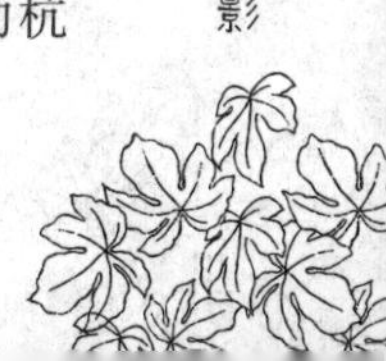

州各校学生4000多人，在理事长宣中华的带领下赴浙江省教育厅和省公署请愿，遭到公署卫队拦阻，引发冲突，学生重伤2人。当晚，杭州学生联合会召开紧急会议，决定通电全国并呈文教育部、司法部，揭露浙江当局的暴行。29日凌晨，浙江省公署调动500名军警包围第一师范学校，绝其粮食和交通，封闭学校，企图强行解散学校。300多名学生围坐学校操场，在体育教师胡公冕等支持下，与军警展开了对峙。学生们高呼"国家兴亡，匹夫有责""我们情愿为新文化而牺牲，不愿在黑社会中做人"。有的学生甚至在军警强行拖拉学生离校时愤夺指挥刀说："你不肯牺牲数十元金钱，甘愿来摧残我辈，我肯牺牲生命，以全人格！"遂即扬刀自杀，还好被周围的人救下。连警察也说："一师学生如此坚忍，不胜佩服，不过我们是奉长官命令，没有办法。"杭城其他学校的整队持水果食物而来的学生，见者莫不泪下。当时校园内出现这样的诗："这是操场，今天为什么变成战场似的模样？这明明是战场，那边为什么挂上红十字旗？警察学生好似对垒的敌兵。难道真是战场吗？"第一师范学校学生的斗争得到了杭州其他学校学生的支持。省立一中、女子职业学校、女子师范等校的学生闻讯赶来声援，以女子职业学校女生队伍为先锋，冲破了军警在校门的封锁线，进入学校与一师学生会合。同时，浙江当局的行径也引起了社会各界的强烈不满，公推蔡元培之弟、杭州中国银行行长蔡谷卿与政府交涉。在各界的压力下，浙江当局被迫与学生重开谈判，并下令军警撤围，收回解散学校的成命。4月1日，浙江省立第一师范学校校长之职由教务主任陈成仁暂代。次日，原聘教职员回校，部分学科复课。4月6日，时任教育部部长蔡元培派北京大学代理校长蒋梦麟到浙江调解。蒋梦麟在浙江省立第一师范学校演讲时，代表北京学界慰问一师师生，并推荐暨南大学教务长兼南京高等师范学校教员姜琦出任浙江省立第一师范学校校长。他的提议获得了学校师生的同意。在社会各界的声援下，省长被迫下令撤围，同意学生提出的"任免校长须得学生同意"的要求。4月17日，全校复课，一师风潮终以学生的胜利而告终。

经过"一师风潮"的洗礼，浙江省立第一师范学校的许多学生开始自觉走上革命道路，有的则成为中共党团组织的骨干。如俞秀松、施存统是中国共青团组织最早的两位中央书记和创始人；杨贤江成了中国第一位马克思主义教育理论家；汪寿华、梁柏台、宣中华、谢文锦、叶天底、庄文恭、蒋友谅、胡成才等成了中国共产党早期的骨干；柔石、潘漠华等成了左翼文化运动的代表人物。在他们当中，许多人成了革命烈士，为中国革命做出了贡献。

# 湖畔诗社

郑岁华

湖畔诗社是1922年4月以浙江籍文学青年为主在杭州成立的新诗团体。是浙江省立第一师范学校时期成立的现代文学社团，是中国新诗运动的重要力量。

## 四位爱诗的青年建立了属于自己的新诗社

1908年，在杭州下城区贡院前，建起了一座学堂，称浙江官立两级师范学堂。1913年改称“浙江省立第一师范学校”，简称“一师”。“一师”曾为浙江新文化运动中心。在五四运动的影响下，校长经亨颐采取了一系列革新措施，学生创办了进步刊物《浙江新潮》。1919年秋反动当局借口查封了《浙江新潮》，并免除经亨颐的校长职务，激起师生强烈义愤，爆发了“一师风潮”。

数年后，有三位年轻人——潘漠华、汪静之和冯雪峰，入读浙江省立第一师范学校。这三位20岁左右的年轻人和同是浙江人的应修人有一个共同的特点，就是热爱诗歌，尤其热爱抒情诗——抒写爱情的诗歌。共同的经历和爱好，使他们产生了一个美好的心愿——建立一个属于我们自己的诗社。于是，在应修人的倡议下，1922年4月4日，在美丽的杭州西子湖畔，在西泠印社四照阁，一个名为“湖畔诗社”的国内最早之一的新诗社诞生了。湖畔诗社的诗人被称为湖畔诗人。

湖畔诗人发起人（左起）汪静之、潘漠华、冯雪峰、应修人

四位诗人，应修人年纪最大，当时 22 岁，潘漠华和汪静之 20 岁，冯雪峰 19 岁。

应修人，1900 年生，浙江慈溪人。小学毕业，去上海福源钱庄学业，后任账房。1919 年五四运动中，发起组织“救国十人团”，始在《少年中国》《文学周刊》等发表诗作。次年任中国棉业银行出纳股主任。1921 年，发起组织上海通信图书馆，倡导青年读书运动。次年 4 月赴杭，与冯雪峰、潘漠华、汪静之结成湖畔诗社，编辑出版《湖畔》诗集，为国内第一个新诗社。

潘漠华，1902 生，浙江宣平（今属武义）人。1920 年夏考入浙江省立第一师范学校，开始文学创作。曾参加组织晨光社和湖畔诗社。

汪静之，1902 年生，安徽绩溪人。早年入读私塾，后入读绩溪县茶务学校。1920 年夏考入浙江省立第一师范学校，1922 年发起组织湖畔诗社。

冯雪峰，1903 年生，浙江义乌人。1921 年考入浙江省立第一师范，参加了文学团体晨光社。1922 年春与潘漠华、汪静之、应修人结成湖畔诗社。

除了上述四人，稍后，有魏金枝、谢澹如、楼适夷、柔石（赵平复）等人加入。

诗社没有固定的组织和章程，只是一种友爱的结合，其成员绝大多数是浙江省立第一师范学校的学生。他们曾先后出版冯、应、潘、汪的诗合集《湖畔》（1922），冯、应、潘的诗合集《春的歌集》（1923），汪静之诗集《蕙的风》（1922）和《寂寞的国》（1927）等。1925 年 2 月创办小型文学月刊《支那二月》，仅出两期。

《湖畔·春的歌集》封面

他们的作品以抒情短诗为主，表现了新文学运动初期刚刚挣脱封建礼教束缚的天真烂漫的青少年对美好自然的向往和对幸福爱情的憧憬，独具一种单纯、清新、质朴的美，表现了对传统封建世俗大胆反叛的精神，艺术上也较成熟。“我们歌笑在湖畔，我们歌哭在湖畔”，表明他们诗社的来历，“树林里有晓阳，村野里有姑娘”，表明他们诗歌的内容。《伊的眼》：“伊的眼是解结的剪刀/不然，何以伊一瞧着我/我被镣铐的灵魂就自由了呢?”更体现了对爱情的坦率。他们风格不同，或者明快，或者凄楚，或者清淡，或者天真。

他们的老师朱自清也在《文学旬刊》（1922 年 5 月号）上撰文，充分肯定了《湖畔》这本诗集：

“《湖畔》里的作品都带着些清新和缠绵的风格；少年的气氛充满在这些作品里。这因作者都是二十上下的少年，都还剩着些浪漫的童心；他们住在世界

里，正如住在晨光来时的薄雾里。他们究竟不曾和现实相肉搏，所以还不至十分颓唐，还能保留着多少清新的意态……有了‘成人之心’的朋友们或许不能完全了解他们的生活，但在人生的旅路上走乏了的，却可以从他们的作品里得着有力的安慰；仿佛幽忧的人们看到活泼泼的小孩而得着无上的喜悦一般。”

朱自清的观点，大致也是为《湖畔》，包括为后面汪静之的《蕙的风》定了基调的，这也确实是这些青年诗人的风格基调。当然朱老师也不忘在艺术上给予点评。朱老师说：

“就艺术而论，我觉得漠华君最是稳练、缜密，静之君也还平正，雪峰君则以自然、流利胜，但有时不免粗疏与松散……修人君以轻倩、真朴胜，但有时不免纤巧与浮浅……”(《“湖畔诗社”资料集》，中国作家协会浙江分会)

在回忆“湖畔”的影响时，当时在武昌读中学的胡风曾说：

“1922—1923年时，我在武昌读中学、读到了湖畔诗社的《湖畔》等诗丛小册子。我很喜欢那里面的一些短诗，对潘漠华、应修人的更是特别喜爱，我还学着写了一些只有几句的小诗。对雪峰他们诗的认识，是我青年时期对诗的一种诱发，和后来对诗的执着的爱的萌芽。”

《湖畔》是1922年4月出版的，到了8月份，汪静之的个人诗集《蕙的风》出版了，后来相关的评论便集中在这一部著作上了。不过有一点要注意，在中国新闻学种类的新诗集出版中，《湖畔》是名列前茅的。因为它只比《女神》晚了一年。十多年之后的1936年，朱自清在编辑《中国新文学大系·诗集导言》中说：

“真正专心致志做情诗的，是‘湖畔’的四个年轻人。他们那时差不多可以说生活在诗里。潘漠华氏最凄苦，不胜掩抑之致；冯雪峰氏明快多了，笑中可也有泪；汪静之氏一味天真的稚气；应修人氏却嫌味儿淡些。”

## 湖畔诗人的人生旅程和产生的社会影响

汪静之——这位曾风靡五四文坛的诗人给我们留下了太多的故事。

1902年7月20日，汪静之出生在安徽绩溪县一个叫余村的山庄。父亲是个茶商，家境比较富裕。15岁时，汪静之爱上了同乡的女子曹诚英，即以诗歌表达自己的爱慕之情。但是，曹诚英听从父母之命嫁给了本地大地主的独生子胡昭万(冠英)。不久，漂亮、智慧的曹诚英考取了杭州女子师范学校，而汪静之却仍就读于绩溪的茶务学校。望着曹诚英的小照，汪静之写下了深沉的相思：“我看着你/你看着我/四个眼睛两条视线/整整对了半天/你也无语/我也无言/……”

1920年夏，他怀着对人间天堂杭州的憧憬和对心上人的思念，考入了浙江省立第一师范学校。他与胡昭万结伴，沿着新安江乘船顺流而下来到杭州。

在浙江省立第一师范学校时，他继续写诗，获得“诗人”的称誉。

为了回报汪静之的深深恋情，曹诚英以极大的热忱和耐心，每逢星期日都邀一位浙江女师的同学来看望他，终于，汪静之在曹诚英介绍的几位美人中，选准了符竹因。有了爱人，汪静之觉得自己开始了一个新纪元，他认为“有了爱情的动力，才能写诗，才有爱情诗”。1924年春天，他们在武汉结为伉俪。从此两情依依，共同生活了60多个年头。

杭州在诗人的眼里是美丽的，因而也成为诗人的第二故乡。1922年4月4日，他与应修人、冯雪峰、潘漠华一起在西泠印社四照阁成立了“湖畔诗社”，并在他们出的第一本流派性诗集《湖畔》上，题写了“我们歌笑在湖畔，我们歌哭在湖畔!”对此，朱自清曾说：“中国缺少情诗……真正专心致志做情诗的，是‘湖畔’的四个年轻人，他们那时差不多可以说生活在诗里。”

湖畔诗社以五四新文坛最著名的三大名家鲁迅、胡适、周作人为导师，请叶圣陶、朱自清、刘延陵任顾问。或许是湖畔诗人写爱情诗最多，因而引起封建礼教顽固派的诋毁，认为败坏道德；另一方面，革命阵营里的“左派”，则认为这种风花雪月、谈情说爱有害革命。

1922年，诗人的爱情诗集《蕙的风》由鲁迅作了修改后，正式出版，并一版再版，风靡当时的五四文坛。初版至今，已经有90余个年头。

湖畔诗社结束后，1926年，汪静之蛰居在上海的亭子间里，一口气撰写了4部文学作品：一部是堪称格律诗典范的《寂寞的国》，一部是长篇小说《翠英及其夫的故事》，一部是中篇小说《耶稣的吩咐》，以及另一部短篇小说集《父与女》。

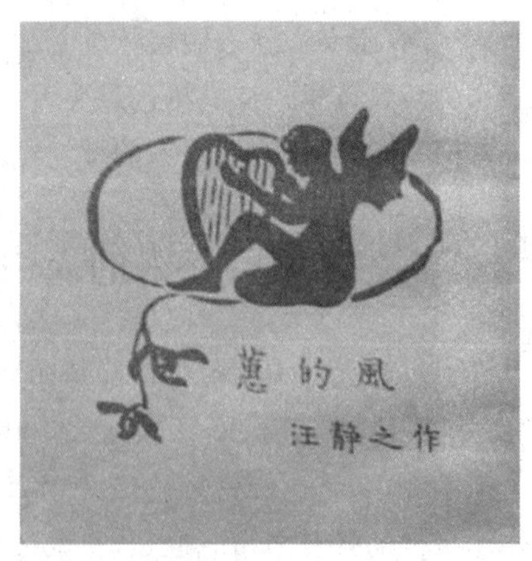


《蕙的风》**1922**年版本

新中国成立后，他应“湖畔”老友、作家冯雪峰的邀请，由上海复旦大学调入人民文学出版社，在文学编辑的岗位上默默耕耘。后来有人告诉他毛泽东主席曾向人问起“汪静之为什么不写诗了”，他感动得流泪了。于是，他从1956年起转到中国作家协会。

“文化大革命”前夕，他敏锐地感觉到时局不太好，便又悄悄回到了西子湖畔，从此在一个市民杂居的居民区里，出现了一位白发老人。每天，他默默地上居委会看一会当天的报纸，而后又默默地离去。“文革”时期的疾风暴雨竟也没有把这位“隐士”刮出来。只有西子湖认识他，因为每当春暖花开和秋菊吐蕊的时节，他定要去西子湖畔走走。

1982年4月4日湖畔诗社建社60周年，一批作家、诗人、学者和不少年轻的诗歌爱好者，在西子湖畔聆听汪静之讲述当年湖畔诗人的风采。同时，一个新的湖畔诗社也在那时宣告成立。在热烈的掌声中，继任社长汪静之先生宣布：“我们从此要歌笑在湖畔。”多少年过去了，当年的许多老朋友已先后谢世，而静之先生还像一棵不老的青松，迎来了一个改革开放的年代，一个有真有美的新时代。他高兴地告诉来访者：“现在杭州湖滨六公园北首的湖畔公园内设有湖畔诗社纪念馆，每年有成千上万的游客前来瞻仰。湖畔诗社纪念馆的设立，是为了纪念柔石、潘漠华、应修人三位烈士。全中国诗人被称为烈士的有六人，‘湖畔’占了一半，所以设立纪念馆是富有意义的。如果这几位先烈地下有知，也一定会感到欣慰。”

1996年10月22日，汪静之也在西湖之畔走完了他将近一个世纪的人生历程。2002年7月20日是他100周年诞辰纪念日。为了纪念这位曾风靡五四文坛的诗人，由上海鲁迅纪念馆主编、百家出版社出版的《汪静之先生纪念集》隆重推出。

四位湖畔诗人中，出现了两位革命烈士，就是应修人和潘漠华。

应修人原先在上海工作，1922年从上海来到杭州与汪静之等师友结识，并成立湖畔诗社。

1925年初，应修人在上海主编《支那二月》文学月刊。“五卅”运动中加入共产主义青年团，任支部书记，不久转为中国共产党党员。次年底，受遣进广东黄埔军校，任中尉会计。1927年“四一二”反革命政变后，至武汉国民政府劳工部工作，7月赴苏联进东方大学（中山大学）学习。1930年回上海，在中共中央军委工作，加入“左联”，后任中共江苏省委

宁波慈城应修人故居内的“修人亭”



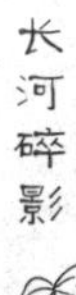

秘书长、宣传部长。次年调中共中央组织部工作。1933 年 5 月 14 日，因抵抗国民党逮捕，坠楼牺牲。早年诗作多反映反封建礼教，感情真挚，风格清新。著有《金宝塔银宝塔》《修人集》等。

1924 年，潘漠华考入北京大学。1926 年到武汉参加北伐军。1927 年初加入中国共产党。“四一二”反革命政变后，曾领导宣平农民起义。后在杭州、上海、河南、河北等地任教，并从事地下革命工作。1933 年参加中国左翼作家联盟，是北方“左联”发起人之一，并任中共天津市委宣传部部长。同年 12 月被捕。1934 年 12 月在狱中的绝食斗争中牺牲。主要作品编入《应修人潘漠华选集》《漠华集》。

《应修人、潘漠华选集》封面

冯雪峰则成为中共文化战线的领导人之一。1925 年到北京大学旁听。1926 年开始从事翻译工作，译介苏联文艺。1928 年 12 月，经柔石介绍与鲁迅交往，成为鲁迅的学生和战友。1931 年任中国共产党“左联”党团书记。曾主编或参与编辑《萌芽》月刊、《文学导报》等“左联”机关刊物及《科学的艺术论丛书》。1933 年 12 月到江西瑞金，任中共中央党校教务主任、副校长。1934 年 10 月参加长征。1936 年受党中央派遣到上海从事抗日民族统一战线工作。1941 年 2 月被国民党当局逮捕，囚上饶集中营。次年 11 月被营救出狱，后到桂林、重庆在周恩来身边从事文化工作。著有诗集《真实之歌》、论文集《鲁迅及其他》《乡风与市风》《有进无退》等。新中国成立后，历任华东军政委员会委员、上海市文学艺术界联合会副主席、中国文学艺术界联合会常务委员、中国作家协会副主席和党组书记、人民文学出版社社长兼总编辑、《文艺报》主编等职。主要致力于文艺评论和杂文的写作，主持鲁迅著作的编辑出版，并创作电影剧本《上饶集中营》。自 1954 年起，在政治上屡遭挫折，先被解除《文艺报》主编一职，继因“胡风事件”株连受批判，1958 年被错

《冯雪峰选集·论文编》

划为右派。1976 年 1 月 31 日逝世。1979 年 4 月,中共中央为他的错案平反,恢复党籍和政治名誉。

中国的文学史,会永远记住湖畔诗社以及它的诗人们的。

# 《湖畔》和它的重印

史 航

《湖畔》封面

《湖畔》,1919 年五四运动以后出现于中国诗坛的一颗新星。虽然就时间而言,它只是五四以后的第五本新诗集,然而就诗的艺术风格而言,却可与郭沫若的《女神》媲美。诗集自费印刷 3000 册,迅速销售一空。当年郭沫若、叶圣陶、郁达夫等都曾写信向"湖畔"诗人祝贺。不少文学刊物发表了赞扬文章,朱自清对《湖畔》也曾推崇备至。

所谓"湖畔诗人",其实是湖畔"四诗友",其中三人:冯雪峰、潘漠华、汪静之,是浙江省立第一师范学校的学生,还有一人是他们的诗友应修人,当时在上海。1922 年 3 月,应修人从上海来杭州,四人同游西湖一星期,据应修人的夫人曾岚回忆:"几个青年欢叙在一起,日里在白堤上散步,桃树下写诗,雷峰塔旁吟诗,诗文唱和,快乐无穷。晚上回到旅馆里,修人就从四个人的诗稿里挑选出一些诗,编了个小册子,定名为《湖畔》,准备带到上海找一家书店出版。"

曾岚的回忆大致是正确的,然而她毕竟没有亲历其境,所以也有失真之处:

其一,据诗人汪静之的回忆,应修人当时得知汪静之将有诗集《蕙的风》出版,所以开始时只是从他自己及冯雪峰、潘漠华三人的诗稿中选出一些,后来想到湖畔诗社四诗友不可缺一,又从《蕙的风》中取出 6 首加进《湖畔》,"作为友谊的象征"。由此可见《湖畔》各诗并非全创作于 1922 年 3 月的一周间。

其二,《湖畔》扉页上的两句题词:"我们歌笑在湖畔,我们歌哭在湖畔。""歌

笑”，正是曾岚回忆文中“快乐无穷”的证据。“歌哭”却是为何？其实，只要仔细分析一下诗人所处的时代与诗人当时的心理特征，就不难理解诗人忽而“歌笑”、忽而“歌哭”的矛盾心理。

当时正处于五四运动以后青年人思想大解放时期。他们入世尚浅，经历不多，精神负担不重，思想感觉又特别敏锐。一方面，他们生活在美丽的西子湖畔，对大自然无限热爱，对人生充满期望；另一方面，他们又感受到旧社会的极端不合理，充满了愤怒与不安。诗人中最年轻的是冯雪峰，年方 19 岁，他在长诗《睡歌》中，用儿歌的形式充满缠绵悱恻的情调，塑造了当时的农村劳动妇女的形象。冯雪峰在诗后的跋语中写道：“此篇也许可作我母亲的写真，我作时泪比诗先出而且比诗多了。”诗人感情与劳动人民的感情是那么自然地熔融在一起！也正为此，在大革命年代，他们先后投入革命斗争的行列：应修人、潘漠华于 1925 年“五卅”运动前后参加了中国共产党，冯雪峰则是于李大钊壮烈牺牲后的白色恐怖中在北京义无反顾地成为共产党员的。汪静之也参加了轰轰烈烈的北伐运动。这是后话。

《湖畔》虽是一本只比手掌稍稍大一点的小册子，印刷却很精美。封面上装饰着一小条横幅的三色图案，象征性地描绘出白云、青山、湖光和苇影的景色。两个小黑体字标出书名《湖畔》，下面用更小的字体印着它出版的时间：“一九二二年油菜花黄时。”然而这么一本有影响的精致的小册子，在它问世以后直到 20 世纪 80 年代初的近 60 年间，都一直没有被重印。如果说，在旧中国，是由于战乱频仍、民不聊生，加上诗人戴上了“红帽子”之故，那么在新中国成立以后，在应修人、潘漠华为之捐躯的新中国里，《湖畔》何以仍然受到冷遇呢？愚以为，弥漫于 20 世纪五六十年代左的思潮，视风花雪月的诗文为资产阶级情调，是一个原因；而另一个原因，就是受到《湖畔》作者中的幸存者的株连。特别是冯雪峰，这位受人爱戴的党在文艺战线的领导人、鲁迅先生的战友和学生，新中国成立后一直受到不公正的待遇。以至于 20 世纪 80 年代初，冯雪峰平反昭雪后，上海书店在影印《中国现代文学史参考资料》时，曾多方求索《湖畔》原件，然而此书几已绝迹，而潘漠华烈士的胞弟潘应人先生珍藏过的《湖畔》，也已在“文革”中散失。

上海书店 1983 年重印的《湖畔》，封面装帧一如原版。它依据的原件是在一个极偶然的机会中得来的。那是在 1982 年的一天，上海的一位青年作家何苦去北京公干，在琉璃厂旧书店淘书，一无所获。出店不远，在一位拄杖老翁的地摊上，赫然摆着原版《湖畔》，问之价格几何？答曰：“我这摊摆了将近两个小

时，可翻阅这些旧书的小年轻，你是头一个。想要，就随意说个价吧。”何苦就以5角钱买下了这本小书。第二天一打听，这老翁竟是中国人民大学的一位教授。不知什么历史问题一直未获解决，老伴去世，儿子远在新疆，他有时来此摆个地摊排遣寂寞。何苦回沪后，除了将《湖畔》送潘应人转上海书店影印外，又托中国人民大学的杨纤如教授打听拄杖老翁的下落，终未果，以致临终时杨纤如教授还在惦记这件事。

生活常常会留下一些难解的谜，留下一丝遗憾。

# 湖畔诗人应修人和“漂流书亭”

谢广田

高尔基云:“书籍是人类进步的阶梯”,诚哉斯言。《杭州日报》等传媒曾分别报道过钱江新城的“漂流书亭”和《都市快报》的“漂流书架”,这些遍布杭城的“书亭”或“书架”,通过“以书换书”或“漂进流出”等活动,开展爱心图书接力,受到了大批市民的欢迎,据漂流书架浙江图书馆站点的统计,10 分钟内就交换了 60 本书。有人认为,“漂流书架(亭)正成为杭州这个历史文化名城的一道靓丽的风景线”。

遍布杭城的“漂流书架”与书亭

这不禁使我想起了湖畔诗人应修人和他的上海通信图书馆,以及他为传播先进文化而做的努力。

应修人(1900—1933)

应修人,1900 年出生于浙江省慈溪市。14 岁时被家人送到上海亲戚做经理的福源钱庄,希望他成为经商的人才。然而他并不走家庭给他安排的道路。他酷爱阅读古今中外名著,购置了《新青



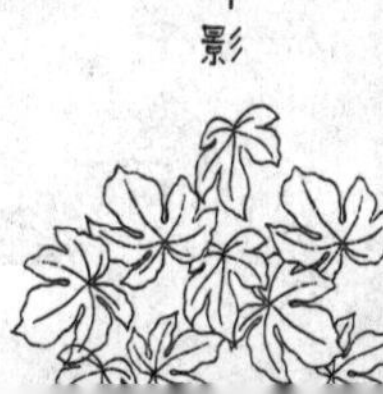

年》《少年中国》和许多新文学作品。他把这些书籍放在一个木箱子里，上面写着“修人书箱”，专供同事中爱好读书的人阅读。受应修人的影响，同事们也买书看书。书越买越多，应修人就倡议把每个人的书集中起来，成为一个小小的图书馆，以便相互流通阅读。这就是 1921 年 5 月 1 日成立的上海通信图书馆，图书馆的馆徽为绿地白花，中间一个白日，四周五个新月，绿色表示成长，图案表示 5 月 1 日。图书馆成员都是钱业界的职业青年，每人都出一部分钱作为图书馆的费用。

其办馆宗旨全文如下：

> 书馆由各地爱读书而不能多买书者组织(有“共进会”，章程另订)，收集各种有益书报，以同类互助的精神，用通信借还的方法，使远近各地方有志读书而困于经济者，无论本馆会员，非会员，都能不离住所，不妨业务，自由借读不出租费的好书。
>
> 本馆完全以互助和信任的态度对待借书者，不取任何物质上的保证，同时也望借书者体念本馆的苦心，实践借书约上的约言，使本馆很少的图书，得以不断地流通……
>
> 还书期限夹在里书的书签上填明，借书者必须在还期以内，赶早寄还，同时借两种的，并须看完一种，先还一种，使本馆可循环出借，使后借者不致久等，倘到期还没看完，宁可先还再借，或预先来信商准展期。

这个并非政府主办的公共图书馆影响越来越大，不仅图书馆的“馆员”早就超越了上海的钱业界，而且借阅者遍及全国，甚至还有海外华侨。应修人和他的同事们还出版了《上海通信图书馆月报》，刊登每月新书目、书报介绍、各地通信等。

正是这样，应修人与冯雪峰等浙江省立第一师范学校进步的文学青年结为书友。

1922 年 3 月 30 日，应修人来到杭州，入住西湖边的清华旅馆，第二天，他和在浙江省立第一师范学校读书的冯雪峰、汪静之、潘漠华共游西湖。他们“在白堤上散步，在桃花下写诗，在雷峰塔旁吟咏，有诗文唱和，有徐徐春风，真是快乐无穷”。在此后几天，四人泛舟西子湖，登栖霞岭，游紫云洞，攀南北高峰，游凤凰岭，上六和塔。无论上山下湖，他们都不忘作诗。

经过几天的欢乐聚游，他们从书友变成了好友。为纪念这次会晤，也为使

他们的友谊有一个永久的见证，他们决定编一本诗合集。这年的4月4日，中国诗坛的第五本诗集《湖畔》，就在四人的游山泛舟中编定了。为使诗集的出版名正言顺，他们决定成立这个用友爱和诗作结成的湖畔诗社，此为我国最早的新诗社团之一。此后他们陆续出版了《春的歌》《蕙的风》等诗集。这些诗集不仅受到了读者的热烈欢迎，而且得到郭沫若、叶圣陶、朱自清等名家的积极评价。朱自清读了这些诗后，认为"仿佛幽忧的人看到活泼泼的小孩而得到无上的喜悦一般"。《湖畔》诗还得到了毛泽东的赏识。据冯雪峰本人的回忆："还在国内大革命时期，在广州工作的毛泽东曾向一位在他身边工作的我的同乡（同学）打听我的下落，说他很喜欢《湖畔》诗，认为写得很好，要我去南方与他一起工作。以诗会友，可见他的诗人气质。"

受进步文学书籍的影响，湖畔诗社和上海通信图书馆的骨干成员纷纷走上革命道路。应修人在"五卅"惨案发生期间毅然加入中国共产主义青年团，担任了图书馆的第一任团支部书记。此后，他和图书馆的其他几名骨干都参加了中国共产党。上海通信图书馆成为党团联系群众的桥梁，不少读者通过图书馆的关系走上革命的道路。冯雪峰后来果然不负毛泽东厚望，到了革命根据地瑞金，并担任中共中央党校副校长，经常与毛泽东秉烛夜谈，深得毛泽东的信任。

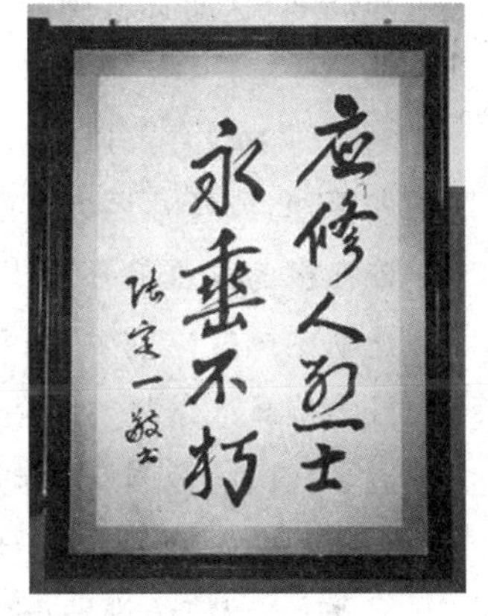

陆定一为应修人题词

不幸的是，1933年5月14日下午应修人去与女作家丁玲联系工作，不料丁玲已被特务绑架，应修人在同预伏在屋内的特务徒手搏斗中坠楼而亡，牺牲时年仅33岁。中国失去了一位有才华的诗人和战士。

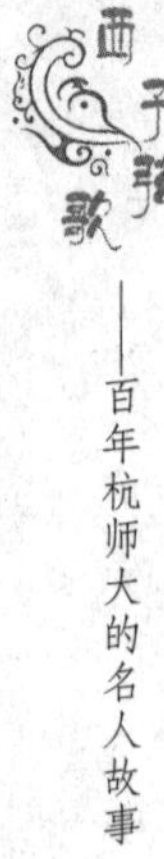


# 烽火炼人师

## ——国难时期的浙江“联师”

谢广田

浙江省立临时联合师范学校(1937—1945)(简称联师)是在原浙江省立杭州师范学校(简称杭师)的基础上,在日寇侵华的炮火中组建于浙西山区的丽水碧湖。

当时的教育部以“战时须作平时看”为办学方针,要求“各级师范学校应予预先筹划,或迁移后方,或就地避迁,以求继续办学”。浙江省立临时联合师范学校在极为艰难的环境下坚持办学,弦歌不辍。其发展速度不但没有减弱,反而是新中国成立前发展速度最快的时期。那时不仅有一支高质量的教师队伍,而且为抗日战争培养了一批热情爱国,有知识、有能力的青年才俊。这可以说,创造了我国师范教育史上的一个奇迹。

然而时至今日,对于国难时期我国这一特殊历史时期的师范教育的名校,几乎鲜有提及,仿佛被淹没在历史的尘埃中。这是“联师”的后人扼腕叹息的。本文撷取“联师”的几个片断,以供今人了解 70 多年前的联师概况。

## 战乱中的迁校

1937 年夏,卢沟桥事变后,局势剧变。“八一三”淞沪抗战后,战火已波及杭州。杭州笕桥军用机场及市区上空隆隆的飞机声淹没了南山路新校舍的琴声。为防空袭,校方在沿教学大楼西首和靠近女生宿舍西北面的两个排球场,设计建筑了两个地下室。不料,该年 11 月 5 日,日军在金山卫、全公亭一线登陆,不久嘉兴沦陷,沪杭线被切断。师生不得不挥泪告别杭城,于 11 月 13 日或乘船(教职工、女生及体弱男生)或步行(男生)撤退到建德梅城。并于 11 月 19 日借梅城严州中学部分校舍(三元坊旧学府)上课。同年 12 月杭州陷落,局势更趋紧张,学校被迫提早放假。不久又奉命停办,教职员工留职停薪,学生回家自

学。校方在丽水租用府前大街潘信宜店屋设立杭师办事处，专门办理学生借读、转学及其他事宜。

1938 年上半年，日军在浙江一度暂停进攻。7 月，省教育厅将杭师与省立杭州高级中学、省立杭州初级中学、省立杭州女子中学、省立民众教育实验学校、省立嘉兴中学、省立湖州中学 7 校合并，在丽水成立浙江省立临时联合中学，分设初中、高中、师范三部。杭师与省立民众教育实验学校合为师范部，主任由杭师校长徐旭东担任。由于徐旭东已于同年 4 月赴贵州中小学教师服务团工作，故主任一职由杭师教务主任唐兆祥暂代，校址设在距丽水县碧湖镇三里许的三峰村。联中师范部一方面吸收两校原有学生，一方面以沦陷区学生为主要对象招收秋季一年级新生，于该年 9 月 1 日正式复课，当时有普春三、普秋三、普秋二、普春一、普秋一、民秋三和民春一各一个班。此外还有简师班(学制不满三年的班)，简师各班由于人数过少，又并入相应的年级，也有两个班合并的。师范部合计 10 个班。

1939 年 7 月，省立临时联合中学三部分别独立。师范部改称浙江省立临时联合师范学校，简称联师，校长仍为徐旭东。校址仍在丽水碧湖三峰村，借用祠堂庙宇上课住宿，后来新建泥墙茅屋教室、办公室“凹”字形用房一幢及简师分部用房、教职工宿舍等简陋房屋。

丽水碧湖三峰联师校址

校友吕型伟(新中国成立后曾任上海市教育局副局长)回忆，当时男生住村东大樟树下的关帝庙，女生住祠堂，可见条件之简陋、环境之恶劣。

1942 年，日军数次逼近碧湖。学校曾两次迁往景宁县的桃源，局势稳定后再搬回碧湖，并在桃源设立分校。至 1944 年 9 月，学校已粗具规模。有专任教员 25 人，职员 14 人。有 14 个教学班(其中普通师范班 6 个，简易师范班 8 个)，在校生 418 名(内有女生 62 名)。校园占地面积(含分校)39 亩。有普通教室 30 间，实验教室 14 间，另有运动场、图书馆、礼堂、会议室、诊疗室、膳堂、浴室及师生寝室等。

## 烽火炼人师

在抗战初期的严峻形势下，国民政府统治区的中等师范学校从1936年的841所、87902名学生，骤减到1937年的364所、48793名学生，数月之间，师范学校减少过半。面对如此严峻的形势，教育部采取了一系列应变措施，如在战区坚持“战时须作平时看”的办校方针，要求各地采取各种临时措施，以维持正常教育，各级师范学校不能停止招生，应予预先筹划，或迁移后方，或就地迁避，以求继续办学。要求组织各级师范学校学生参加民众训练和民众教育工作，使师范生能为全国总动员“唤起民众一致奋起卫国卫乡”而贡献自己的力量。

这里不能不提当时的校长徐旭东，徐旭东(1899—1945)，原名曦，浙江兰溪市上华乡马鞍徐村人。父母早卒，刻苦勤学，毕业于北京高等师范英语系和国立北京师范大学教育研究科。曾任浙江省立高级中学等校教员，后任职于国民政府教育部中等教育司，参与修订中学和师范规程及各种教育章则法令，此后任浙江省教育厅督学，1934年经陈布雷推荐，任杭师校长，掌校11年之久。提出“物质低水平，教育高水平”口号，1937年，学校因战乱内迁浙西丽水碧湖，成立浙江省立临时联合师范学校，旭东先生仍任校长。其间，国民政府曾电催他另任高职，徐旭东以联师师生安危为由，婉拒了国民政府的好意。1945年10月徐旭东病逝于碧湖任所。师生为纪念他对学校的贡献，于1947年将杭州南山路校址教学大楼命名为“旭东楼”，举行“徐故校长纪念碑”立碑典礼，并设“旭东奖学金”以资纪念而励来者。

徐旭东(1899—1945)

当时校长之下分设教务、训导、事务、体育卫生、推广教育处，各设主任一人，另有军事训练团，设团长一人。还有附属小学、附属国民教育实验学校，附设民众教育馆，亦各设主任一人。并设校务委员会、社会教育推广委员会、地方教育辅导委员会、生产劳动训练委员会、战时后方服务训练委员会、教生实习指导委员会、毕业生服务指导委员会、财务稽查指导委员会、公费救济费学额审查委员会、招生委员会、出版委员会和体育卫生委员会等共12个委员会。据1935年6月公布的《师范学校规程》，对1932年12月公布的《师范学校法》及《师范

学校规程》在学制上未作变动。联师在战时仍沿用创设时规定的3年学制。

为适应抗战时期军事斗争及民众教育的需要，联师实行的改革中比较重要的是实行分科师范教育。过去被忽视的科目，如体育、音乐、美术、劳作等，设专科加以专门培养。如体育师范科，抗战前，没有体育师范科的设置，更未开设体育师范学校，仅在普通师范学校中开设体育课。联师在1937年就举办体育师范科，至1940年毕业25人。所学的课程有：体育教材教法、体育原理、体育行政、体育测验与统计、改正操及按摩术、运动裁判、韵律活动、田径活动、球类运动、技巧运动、水上冰上运动与武术等。体育师范科的开设还推动了联师群众性体育活动的开展，联师学生经常参加校内外的体育竞技比赛。

1941年参加碧湖区纪念五四越野跑优胜合影

抗战爆发后，联师师生积极参加了民众教育与民众训练工作。二三年级的学生几乎都参加了民训工作，他们组队奔赴农村和山区，每到一地，就访问地方人士和家庭，召开民众抗敌宣传大会，张贴抗敌标语漫画、举办抗敌歌咏会、化装讲演、抗敌游艺表演，以及进行补助教育与生活教育。

联师设有“推广教育处”，专司社会服务之职，包括举办小学教育函授班；派员对各县市就初等教育、社会教育及战时教育之理论与实践问题作轮回讲演；举办小学教育通讯研究部，发行通讯研究之刊物；办理本校毕业生服务调查及指导事宜；指导在校学生实习社会教育推广事业；改组并充实民众教育馆，开展公民教育、生计教育、知能教育、康乐教育；办理富民教育、路亭教育；改善并扩

充三峰小学等。

学校组织学生参加战时后方服务工作，以1940年度第一学期为例，全校学生分别参加了警卫消防组、歌咏组、戏剧组、壁报组、漫画组、讲演组、防空防毒组、民众教育组、军乐组等活动。学生除每星期三下午参加两小时的分组训练外，还利用节假日参加社会服务。如协助当地自治机关查封食粮，检查清洁，推行冬耕，劝募寒衣捐、义民捐，慰问出征军人家属等。

联师的教学研究也有了新的进展。教务处设学科会议，有言文科、算学自然科、社会科、教育科、体育音乐科、美术劳作科等6个教学研究会，教学改革也有新的动作。在课程改革方面，与国民政府1935年的教学计划相比，课程设置有增有减，并特别重视实习。此外，还重视体育、音乐、美术、劳作等学科师资的培养。联师培养了三届共60名体育与艺术的师资，顺应了当时对小学教师的专业化要求。

在教材的改造与编写方面，联师各科教师都对原有教材作了必要的改造或编写，例如“国文”补充发扬民族意识、民族道德及历史上民族英雄的传记；“历史”科的外国史部分补充各国历史上抵抗外敌和民族英雄的史料以及日本侵略中国的历史；“教育心理”增设成人学习心理，略减心理卫生及学科心理中之成绩考查部分；“教育概论”补充战时教育、民众教育及现代教育趋势等材料；“小学教材及教学法”补充成人教育教材及教学研究材料，“音乐”补充当时流行的抗日歌曲等。此外，还特别重视战时生产劳动教育。联师的劳动教育包括：工业劳动生产（内设粉笔组、酒精组、金工木工组、肥皂组、织袜手工组等）；农业劳动生产，开辟农场，从事生产水稻及农副产品蔬菜等劳动。这样既能培养学生艰苦朴素、热爱劳动的思想作风，又能解决战时物资供应紧张之苦，减轻学校和师生负担。

抗战八年，学校在极为艰难的环境下坚持办学，弦歌不辍。正如校友单政平忆母校诗云：

中华多难时，
薪胆一席同敌忾，
弦歌累月更增知，
烽火炼人师。

织袜手工组在开展实践活动

8 年中，省立临时联合师范学校共为战时的小学教育培养 581 名合格师资，包括 15 届普通师范科毕业生 370 名，3 届民教师范科毕业生 43 名，1 届体育师范科毕业生 25 名，2 届艺术师范科毕业生 33 名，5 届简易师范科毕业生 110 名。其中既有一辈子从教的教师，也有卓有成就的文学家、艺术家和其他专家学者。

1945 年联师普通师范毕业生合影

## 名师荟萃

抗战八年，烽火连天，时局动荡不定，而联师始终弦歌不辍，在异常艰苦的条件下坚持办学，得益于有一支好的教师队伍。据1944年度第一学期的统计，学校有专任教员25人。所聘教师大多有专长，受到学生的敬佩。如：大学问家，著作有《十三经概论》《经与经学》《诸子与经学》《文字学》等的蒋伯潜；教育实验推行者俞子夷；美术家，擅长山水花卉，著有《美术史》《艺用解剖学》等的姜丹书；艺术大师弘一法师《清凉歌集》的谱曲者之一的刘质平；被誉为音乐教育家的顾西林，以及袁恒初、祝其乐、周天初、唐兆祥、蒋祖怡、郑仁山、张同光、章志琨、康颖犀、方祖泽、叶元珪、孙多慈、汤鸿翥等都是学识渊博、富有经验的名教师。其中，在教育部于1943年举行的推进师范教育运动周中，对在师范教育服务15年以上且品德高尚、努力工作、卓有成绩的教师予以奖励。浙江省奉令推荐1名。联师美术教师周天初获此殊荣。此外，教务主任兼史地教师唐兆祥也获省教育厅奖励。一些海外游学归来的学者也加盟该校。如专题讨论导师郑晓沧是美国哥伦比亚大学教育学硕士，教育研究法教师沈有乾是美国斯坦福大学哲学博士，教育测量教师熊文敏是美国斯坦福大学硕士，文化史教师沈仲端是美国哈佛大学政治学硕士，农业及乡村社会教师陈石民是日本帝国大学农学士，等等。

周天初，浙江奉化人。1916年毕业于上海美术专科学校，1922年毕业于日本东京美术学校西洋画科。他毕生的主要精力放在师范的美术教学上，曾在浙江省立一师、女师等校任教，1931年起一直在杭师任教。与姜丹书共同奠定了联师复校后美术教学的基础，桃李满天下。擅长油画、中国画，曾任浙江省政协委员、省美术家协会副主席。

周天初(1894—1970)

顾西林(1892—1968)

顾西林,上海人,本名陈畹芳,改名顾怡若,西林是她的字。1906年进上海启明女校音乐专修课学习音乐与英文,历时6年,兼任该校助教。1933年到杭师任教。她在校任教30余年,为学校的音乐教育倾注了全部的心血,被学生爱称为"音乐妈妈",培养出吴逸亭、何芸、陈乃铨、陈良森等知名音乐家和一大批艺术教育的师资。"文革"中受迫害含冤去世。生前曾任杭州市人民政府委员,省、市人大代表、杭州市文联主席、中国音乐家协会浙江省分会主席等职。

顾西林(坐者)在象山疗养院时与杭师音乐团成员合影

1960.1.21.星期四.(上午)
"我对共产党的认识" ([illegible])
1. 解放前,我对党没有丝毫认识,也不参加社会活动.
2. "既要有洁身自好之志,又要有时时防人之心".
3. "唱戏的不养老不养小"
4. 今后我的一切(艺术)活动都是为了党的集体事业.
5. 在任何情况下,我永远记住:首先,我是一个共产党员,其次才是一个艺术家
6. 作为一个党员艺术家,我更要[illegible].
7. 我永远记住:不能因为我个人的错误,让

顾西林手迹

唐兆祥(1899—1968),字继笙,浙江兰溪人。1924 年在南京高等师范文史地部毕业,获东南大学文学学士学位。曾在浙江省立一中、八中等校任教,1934 年起一直在杭师任史地教师,曾任部主任、教务主任、联师代理校长之职。他在史地教学中重视培养学生的教学能力,深得学生好评。新中国成立后,任学校政治史地科教研组长,在首次评职时,他与顾西林、周天初、袁恒初四人同时被评为杭州市中学一级教师,是杭州市七个中学一级教师之一。

孙多慈(1912—1975),女,安徽寿县人,著名画家。1931 年以优异成绩考入南京中央大学艺术系,随徐悲鸿学画,同时选修宗白华的美学课、胡小石的古诗选和徐仲年的法语课,学业成绩出众。由此而与徐悲鸿有着紧密关系。1933 年起她在安庆、桂林等地任教,抗战中避难丽水并在联师任教。1940 年与浙江省教育厅长许绍棣结婚。1948 年任中国台湾艺术学院教授,后任院长。1975 年因患癌症逝于美国洛杉矶。1946 年,中华书局出版她的第一本作品《孙多慈素描集》。次年 11 月,在安庆举办孙多慈画展。1947 年在上海又举办个人画展。1951 年后,先后在美国哥伦比亚大学、法国美术学院进修。历史学家李则纲评价孙多慈作品说:“孙君的作品,表态的抒写,具肃穆壮丽之长;动态的描绘,擅深纯温雅之美。于而已敷外,尤其有一种耐人情志的天才。”

孙多慈画像

当时师资来源有两方面,一是徐旭东从杭州师范带去的一批骨干教师;二是从北京、上海、杭州等地流亡途经丽水碧湖逗留下来的高校教授、讲师与文化人暂时受聘的。校友吕型伟回忆说自己从这些教师身上,“不仅学习了一些教育理论,而且学到不少治学精神与道德修养,可以说是终身受益”。

抗战胜利后,联师师生告别丽水,迁回杭州,恢复原校名:浙江省立杭州师范学校。国难时期浙江“联师”多难而又辉煌的一页,是联师师生及其后人永远铭记的。1998 年,杭师校庆 90 周年时,联师校友毛育刚,以 80 余岁的高龄,还专程从中国台湾来杭州“寻根”,同时返校参加这一盛会的联师学生还有 20 余人。

# 陈布雷题写的中师生“毕业纪念刊”

谢广田

1998年教师节前夕，我作为浙江省杭州师范学校的校长，正在忙碌于学校建校90周年的庆典，忽然接到了数百里以外浙江省一个小山村的陈先生的长途电话，说是他在整理父亲的遗物时，偶然地发现他父亲保留的在杭师读书时的学习资料、校徽、成绩单、毕业证书、通讯录等，愿意捐赠给他父亲的母校。

笔者任教的浙江省杭州师范学校，其前身是创立于1908年的浙江省立两级师范学堂。其首任监督为沈钧儒。鲁迅先生从日本留学回国后，曾在该校任生物和化学教员。著名学者马叙伦、陈望道、刘大白、夏丏尊、李叔同(弘一法师)、叶圣陶、俞平伯等都曾是该校的教师。此后学校多次更名，1923年与杭州第一中学合并，成为该校的师范部。1931年恢复独立建制，定名为浙江省立杭州师范学校。陈先生的父亲陈世杰先生，就是那时的学生。

陈先生捐赠的资料中，最吸引我注意的是一本已经发黄的同学通讯录。封面上的题词为“浙江省立杭州师范学校县师师资科毕业纪念刊”，系当时兼任浙江省教育厅厅长的陈布雷先生的手迹。

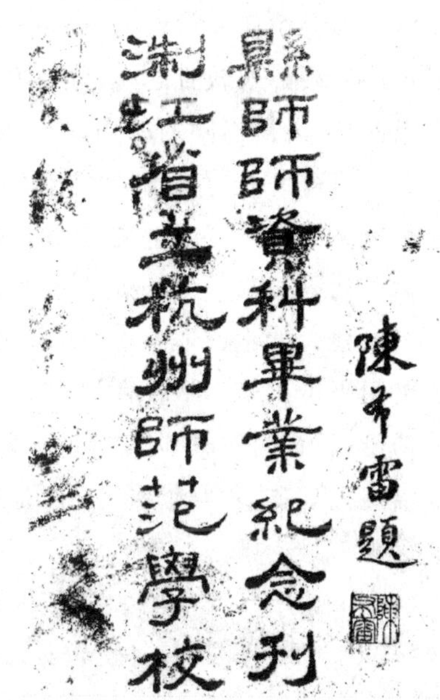


“县师师资科”是当时为缓解农村小学教师匮乏而举办的速成班。据陈先生提供的陈世杰的毕业证书，陈世杰于民国20年(1931年)6月毕业于浙江省宁海县县立初中，民国21年(1932年)6月即毕业于我校县师师资科，可见学制仅为一年。“纪念刊”所提供的有名有姓的学生照片29幅，加上无名氏照片4幅，推测该班毕业生至多为33名。陈布雷当

时贵为国民政府教育部次长，兼任浙江省教育厅厅长，竟慨然允诺为这33名未来的小学教师“纪念刊”题写刊名，可见“县师师资”在陈布雷这位教育厅长心目中的分量。

陈布雷(1890—1948)，浙江慈溪人。原名陈训恩，号畏垒，字彦及，早年就读于浙江省立第四中学(即今日的浙江省宁波中学)，后转入宁波效实中学，1911年毕业于浙江高等学校(即今日的浙江大学)。同年在上海《天铎报》做记者。1912年3月加入同盟会。1912—1920年在宁波效实中学、宁波师范学校等校任教。1920年赴上海，先在商务印书馆编译《韦氏大学字典》，后任《商报》主编。1927年加入国民党。历任浙江省政府秘书长、省政府委员兼教育厅长、国民党中央党部秘书长、《时事新报》主编、国民政府教育部副部长、国民党中央宣传部副部长等职。1935年后历任蒋介石侍从室第二处主任、国民党中央政治会议副秘书长、代理秘书长、国民政府军事委员会副秘书长、最高国防委员会副秘书长等职，长期为蒋介石草拟文件。1948年11月13日在南京自杀。安葬于杭州市九溪上海市总工会疗养院2号楼东邻。

陈布雷作为蒋介石的重要幕僚，被蒋介石尊称为“布雷先生”，有国民党第一支笔之称。他的字，有人从书法上面来分析：“很老到的手笔，也很工整，唯一缺乏的是坚韧。”事实是，在国民党败局不可收拾的情况下，陈布雷选择了自杀，可谓“字如其人”。

该“纪念刊”还收有当时的校长章颐年的题词“确立教育信念，发扬民族精神”，训育主任陈重然的“以身作则，为民先锋”，教师袁心灿的“学而不厌，诲人不倦”，教师朱叔青的“自强不息，自强才不愧为青年，不息才算真正毕业”等语重心长、风格不同的题词，凸显大师风范。

值得一提的是该“纪念刊”还收录了在该班任教过的24名教师的照片，从中可见当时师资力量之雄厚。他们中不乏名重一时的教师如袁心灿、俞子夷、袁恒初等。一些海外游学归来的学者也加盟该校。校长章颐年本人就是美国密歇根大学心理学硕士，是国内知名的心理学家。又如专题讨论导师郑晓沧是美国哥伦比亚大学教育学硕士，教育研究法教师沈有乾是美国斯坦福大学哲学博士，教育测量教师熊文敏是美国斯坦福大学硕士，文化史教师沈仲端是美国哈佛大学政治学硕士，农业及乡村社会教师陈石民是日本帝国大学农学士，等等。

上述雄厚的师资力量并非偶然。据查，民国时期尤其是陈布雷主政教育(1929—1934)时，对师范教育可谓情有独钟。1932年，国民政府公布《师范学校

法》及《师范学校规程》，规定师范学校教员由校长聘任，但需经省市教育行政机关核准。教员分为专任及兼任两种，兼任教员人数不得超过教员总数的四分之一；按学科性质分，又分为普通学科教员与教育学科教员两类。前者与普通学校教员资格相同，后者则需富有教育学识及教育经验，多为国内外师范大学或大学教育学院教育科系毕业生。1934 年 5 月，教育部颁布《中学及师范学校教员检定暂行规程》，浙江省教育厅据此对全省师范学校教员资格进行检定。对具有下列资格之一的进行无试验检定：教育部认可的国外大学本科毕业。国内师范大学本科、高等师范大学毕业后，有一年以上的教学经验；国内外专科学校或专门学校本科毕业后，有两年以上教学经验；曾任师范学校教员 5 年以上，经督学视察认为成绩优良；发表有价值的专门著述。具有精练技术（专适用于劳作科教员）。对具有下类资格之一的进行试验检定：国内大学本科毕业；国内专科学校或专门学校本科毕业后，有一年以上的教学经验；曾任师范学校教员两年以上；具有精练的艺术技能（专适用于图画、音乐教员）。师范学校教员经检定合格，由省市教育行政机关给予检定合格证书，其有效期为 6 年，期满重新检定。1935 年度第一学期开始进行中等及师范学校教员检定。由于有了较为严格的教师资格准入制度，抗日战争前的省立杭州师范学校有较强的师资队伍，章颐年、徐旭东两位校长都是名重一时的学者，他们延聘的教师无论就其学历还是学术造诣，在当时都是一流的。这也许与陈布雷主政教育的“环境”大有关系吧！

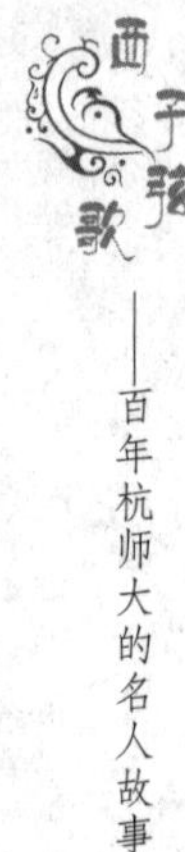


# 校史上的一次尊师活动

谢广田

1945年，日本天皇宣告无条件投降，中国人民终于迎来了抗战的伟大胜利。我校奉令撤销桃源分校，全部集中到丽水市碧湖镇上课。并拟于1945年度第一学期结束时迁回杭州，并恢复原校名：浙江省立杭州师范学校。我校将碧湖三峰校址原有房屋及不便移动之校产校具等分别移交当地主管行政机关接管，全校师生克服重重困难，分批行动返回杭州，图书仪器校具等分批装运，直至1946年2月才陆续运抵杭州原校址（现杭州南山路中国美术学院）。同时在杭州招收普师新生及各级插班生，简师科停止招生，原有简师各班办理到毕业为止。附属小学及附属民众教育馆亦在克服重重困难后陆续开办。

由于复原经费不足，我校被日寇破坏的校舍迟迟未能修复，教具损失严重，教学设备多感缺乏，严重影响了教学工作的正常进行。

当时我校面临诸多困难，可谓百废待举。而长期主持我校、在国难时期与师生同甘共苦的徐旭东校长又不幸病逝，全校师生惋惜不已。为此，开展了一场令人难忘的尊师活动。

我校师生高度评价徐旭东11年来主持校务工作的贡献，认为他的“精神是永远与杭师的生命共存共荣的”，为此，采取下列行动来纪念：将杭州南山路校址教学大楼命名为旭东楼，并于1947年1月1日举行命名典礼；建立徐故校长纪念碑，并于本校恢复独立建制16周年纪念日（1947年6月23日）举行立碑典礼；将徐旭东遗像放大安置图书馆阅览室，以资纪念；规定凡徐旭东子女在本校读书，免收一切费用；设立旭东奖学金以资纪念而励来者。在校友会下设置旭东奖学金管理委员会，筹募基金2000万元，以其利息之全部作为奖学金。除按期提取十分之一赠予徐旭东之直系遗族作为教学辅导费外，其余额平均颁发给领受奖学金之学生，每学期奖励10—16名。学校为此制定分配及得奖的条件。

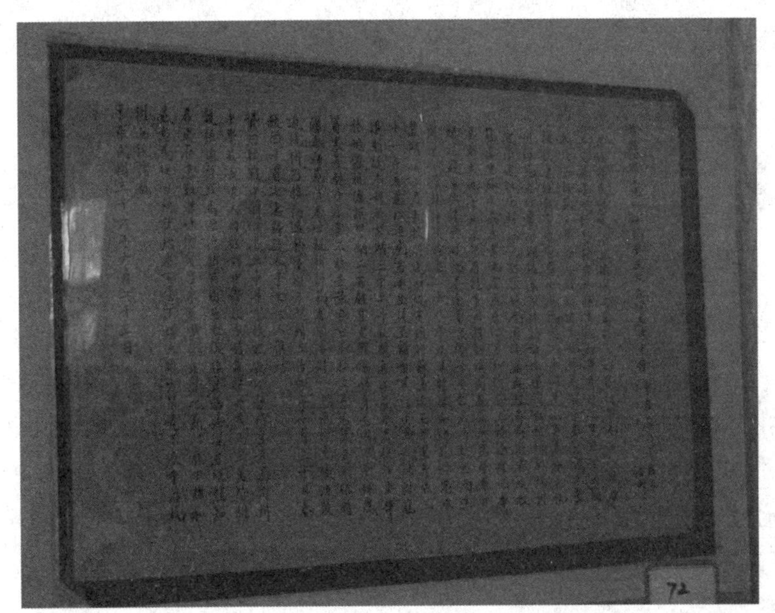

1947年6月在杭州南山路原校址内立的徐旭东校长纪念碑

学校以此为契机，对在职教师也予以礼遇，以提高其专心致力于教育事业之兴趣。具体措施有：

1947年6月校长孔祥嘉与有10年教龄的5位教师合影

敦聘服务成绩优异之教师返校任教；于本校恢复独立建制16周年纪念日征款刊印美术家周天初担任教师25周年执教本校16周年纪念册；在本校恢复独立建制16周年纪念典礼时，全体同学对服务本校10年以上教职员周天初、唐兆祥、祝其乐、汤鸿翥、邹士润等五人行鞠躬礼；校长平时要与教师谦和相处，不时交换意见，并酌量举行教师性质之餐叙或茶会；给予教师在教育教学研究上种种便利。

# 红 色 印 迹

史　航

在灾难深重的旧中国，进步知识分子和革命青年团结在中国共产党的周围，为了祖国的繁荣富强，为了建设和平、民主、自由的新中国，与专制独裁的反动政府进行了不屈不挠的斗争。杭师是一所有着光荣革命传统的名校，她的师生，在这漫长的斗争岁月中，留下了一串串的红色印迹。

## “民先”的战斗

抗战期间，在“联中”开学不久，丽水地下党通过碧湖新知书店经常向青年学生介绍革命书籍，并吸收进步学生参加“中华民族解放先锋队”(简称“民先”)。杭师1936年毕业的革命学生童超已从延安回到浙江，党分配他到金华工作。1938年9月，中共浙江省委又分配他到处属(今丽水地区)特委，担任特委“民先”地方部队队长。“民先”主要在工人、农民、青年学生和知识分子中开展工作。碧湖“民先”是由地下的中共碧湖区委直接领导的，区委书记邱昔光以碧湖新知书店作掩护，积极地进行工作。联中师范部一年级学生黄素姬的父亲是地下党员，他介绍黄素姬认识了碧湖保育院职员白天(丽水新知书店负责人的夫人)。在白天的介绍下黄素姬参加了“民先”，并在1940年被吸收入党。童超去碧湖了解联中“民先”工作的开展情况，就是和黄素姬在新知书店接头的，后来又在野外某地召开联中“民先”小组会，组长即黄素姬，组员有杨宗震、田黛仙等。时隔不久，联中的“民先”组织改由碧湖

民族解放先锋队的宣传活动

合作金库职员俞崇思领导。在俞崇思领导期间，为了扩大党在青年中的影响，又吸收了师范部学生商学辛、李之媛和高中部学生楼爱姑等组织读书会。当时他们读的是《大众哲学》《社会科学基础教程》等书。每逢星期日上午集合在三峰附近，漫谈读书心得，讨论革命形势，研究疑难问题。其后，师范部还有莫君华、邢官群、阎铮等12人相继参加。“民先”除了组织读书会，还经常秘密宣传党对抗日战争的主张，传播抗日根据地胜利喜讯，组织学生为新四军募捐，散发传单等。“民先”的活动在学生中影响越来越大，引起了反动派的注意，就派特务三青团员周逸美混入读书会偷窃学生来往信札，进行破坏活动。

1939年上半年，国民党发动反共高潮，地下党组织开始转移，党中央决定解散“民先”，原“民先”队员以更隐蔽的方式进行革命活动。

## 三教师传播革命火种

1934年9月，徐旭东主持校务后，聘请了周伯皆、罗绳武和赵独步等三位有“红帽子”的新教师。周伯皆、罗绳武都是北师大毕业生。周伯皆是蒋经国的同学，因为是留苏学生，各校都不敢聘请他，徐旭东认为周伯皆学有专长(数学)，决心聘他来杭师执教数学。但迫于形势，徐旭东表面上说是请周伯皆经管图书，来校后则请周伯皆教数学，并担任级任教师。周伯皆不仅课堂教学出色，对学生也很关心，他常常介绍进步书籍给学生看，热心于传播革命思想。罗绳武是个学识渊博而又很谦虚的教育家，参加过北伐战争，他担任心理学和教育学教学。

至于女教师赵独步，原是日本留学生，教数学，更是个革命家。她的丈夫是上海左联领导人朱镜吾，抗战期间任新四军政治部宣传部长，后在皖南事变中牺牲。第三届校友童超(原名童士英，新中国成立后曾任浙江省政协常委)在《母校的回忆》一文中说：“我们和这几位老师接触，认识到他们的思想比较进步，班里的吕忠锋(新中国成立后在国家计委工作)和一批要求进步的同学，经常到这几位老师住处请教。一部分女同学也经常和赵独步老师接触(周伯皆称呼她为赵姆妈，表示亲热)，如陈怜儿(又名陈琏，陈布雷的女儿，1939年7月，她就瞒着父亲参加了中国共产党，走上了与其父完全不同的道路。她积极参加抗日救亡活动，新中国成立后在团中央工作，并当选为青年团第二届和第三届的中央委员和常委，‘文化大革命’期间她从11楼跳下自杀。1979年，陈琏被平反，胡耀邦同志为纪念陈琏写了八个大字：‘家庭叛逆，女中豪杰’)等，后来通过



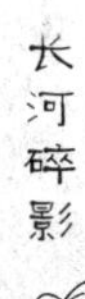

各种渠道，都参加了革命。”

在全国形势的影响下，在进步教师的指导鼓舞下，杭师学生的革命运动又一次活跃起来了。当然，国民党反动派对于周、罗那样的进步教师是不能容忍的。罗绳武在1935年7月被迫离开杭师(罗绳武于新中国成立后曾任郑州师范专科学校校长，中国人民政治协商会议第四届全国委员会委员)；周伯皆于1936年1月也离校他去。(抗战开始后，蒋经国任江西第四行政区专员公署专员，周伯皆被聘为第四行政区动员委员会秘书，是蒋经国四大秘书之一。)赵独步也因思想“左倾”被迫离校，后于1938年参加新四军。起初赵独步给《抗敌报》做明码新闻稿的译电员，后任教导总队抗日军人家属子弟学校教导主任。这些老师离校前，曾向学生提议组织读书会，以便让更多的学生得到社会科学的陶冶。因此，这年秋季开学之初，吕忠锋、邢承藻、童超、咸信、江之大等人发起组织读书会，由咸信执笔写了倡议书，张贴在公告栏。这引来了轰动，签名参加的约有五六十人。接着召开成立大会，推举童超主持大会，请张同光等老师参加指导。会上讨论了读书会宗旨和主要活动内容，并聘请一些教师做辅导报告。

號外 抗敵報 號外

新四军《抗敌报》号外

读书会成立后，曾举行了几次讨论会，会上大家联系国家大事，漫谈读书心得，宣传革命形势，并以困难时期青年应负的责任互勉。还曾在《浙江商报》副刊上出过几期会刊，每半月一次，内容是综合性的，由咸信负责编辑，请张同光老师审阅后发表。后遭到国民党反动派查禁停刊。读书会的公开活动虽被迫停顿，但进步教师所撒下的火种却仍然在燃烧、在蔓延。

## 在“一二·九”运动中

1935年12月9日北京首先爆发了学生爱国运动，反对华北“防共自治”，要求国民党政府讨伐殷汝耕，动员全国对敌抵抗，提出以反对日本帝国主义吞并中国华北为核心的9项政治纲领，呼吁停止内战，共赴国难，团结全国各界民众，武装反抗日本侵略者，为中华民族的独立解放而斗争。“一二·九”运动得到全国人民的支持和响应。各大城市的学生均举行请愿集会、示威游行，声援北平学生的行动。陕甘苏区学生联合会也发出响应的通电，12月18日，中华全

国总工会发表《为援助北平学生救国运动告工友书》，号召全国工友起来抗议出卖华北与屠杀、逮捕爱国学生。鲁迅、宋庆龄等知名爱国人士也撰文赞扬爱国学生的英勇奋斗精神，捐款支持学生抗日救国运动。北平学生也组织了“平津学生南下扩大宣传团”前往河北宣传抗日救国。

杭州的运动是由浙江大学学生会领导的，由施尔义（现名施平，新中国成立后曾任上海师范大学党委书记）、黄继武等人负责。当时杭师的学生会主席是童超。

“一二·九”运动中的杭州学生示威游行

12 月 11 日，杭州市中等以上学校学生一万余人举行示威游行。杭师学生由童超带领前去参加，游行队伍先在湖滨民众教育馆公共体育场集合，举行大会。浙大代表施尔义宣布主席团成员名单后做了报告，介绍了北平学生为了挽救华北危亡在 12 月 9 日举行游行示威时遭到国民党政府血腥镇压的经过，这激起了全场同学同仇敌忾，大家愤怒地高呼：“打倒日本帝国主义！”“反对华北自治！”最后大会一致通过了四项决议：

（一）通电全国，反对华北自治；

（二）要求政府立即收复失地，讨伐汉奸殷汝耕；

（三）通电全国学校，支援北平同学，要求政府释放被捕学生；

（四）成立杭州市学生联合会，领导全市学生抗日救亡运动。

会后，一万多名学生冒着严寒，开始游行。这时当局已派来大批军警，妄图拦阻学生队伍，但都被学生冲开了。学生队伍首先到国民党浙江省党部，而后到国民党省政府。反动派害怕异常，紧闭铁门。队伍涌向宝石山脚昭庆寺旁的日本领事馆。这时杭州市警察局局长赵龙文亲率干警，荷枪实弹，气势汹汹地前来镇压。大会主席团成员严正地与之交涉，并对警察们宣讲团结起来一致抗日的道理。在彼此相持的状态下，学生乘隙冲过他们的封锁线，到达了日本领事馆。这股浩瀚的声势迫使日本领事馆人员龟缩在馆内，一个人也不敢出头露面。学生队伍在日本领事馆四周高呼“打倒日本帝国主义！”“日本强盗滚出去！”等口号，经过很长一段时间，各校学生才分别整队回校。

“野火烧不尽，春风吹又生”。“一二·九”运动掀起了全国抗日救亡运动的新高潮，杭师的爱国学生运动也进入了新阶段。

# “九一八”的怒吼

抗日战争前的浙江省立杭州师范学校，尽管逐步走上了规范化的道路，获得了相对稳定的发展，但当时动乱的社会，日本的侵略，使偌大的中国已经没有平静的校园。

1931 年 9 月 14 日，杭师复校开学，仅隔 4 天，就爆发了震惊中外的“九一八”事变。师生愤而抗议。9 月 21 日下午 3 时，全体教职员工举行抗日会议，并与学生联合组织“救国抗日会”，其后，学生又单独成立“抗日救国会”。9 月 23 日，学校停课，全体师生冒雨参加杭州市抗日救国市民大会。当时全国学生的抗日爱国热潮正迅速掀起，9 月 25 日后，各地学生络绎奔赴南京请愿，杭师学生代表陈秀梅等 24 人与杭州各校代表一起，为反对蒋介石的对日政策，冲破当局的种种阻挠，于 11 月 23 日乘火车到达南京，住在金陵大学体育馆。蒋介石被迫于中央大学大礼堂出见学生代表。面对热忱救国的学生，他欺骗学生说：“我们都是浙江人。杭州有一个岳王庙，我要做岳武穆‘尽忠报国’。对日本政府我自有对策，一定抗日，你们回去读书好了。”当时浙江省教育厅厅长张道藩也在南京，他用欺骗分化的手段，于同年 11 月 25 日，用专车强行把学生代表押回杭州。杭师师生极为愤慨，进行下一步的斗争。

1931 年“九一八”事变后，浙大和杭州其他大、中学校的学生高举抗日旗帜，集会游行

学生代表由南京返杭后，浙江省教育厅厅长张道藩当即采用高压政策，对

各校学生轮流训话。12 月 7 日张道藩来到杭师，污蔑学生的爱国正义斗争为“越轨行动”，扬言将予以“惩处”。学生听了非常愤慨，积极会同杭州市各校学生起而抗争。当声势浩大的学生队伍直奔教育厅时，张道藩已闻风而逃，教育厅也关上了大门。愤怒的学生敲不开门，就从墙外跳入，四处寻不见张道藩，队伍往里西湖张道藩寓所进发，因见“张公馆”大门紧闭，大家就越墙而入，遍寻张道藩不见影踪，学生怒火中烧，立即大闹“张公馆”。然后整队来到国民党省党部，把它团团围住，并由学生代表进内提出坚决抗日的要求，其他学生则把抗日标语和传单贴满街头巷尾，雄壮的爱国歌声震动了杭城。

## 燃烧自己，献出光和热的“白煤学社”

1931 年“九一八”事变后不久，杭师进步学生姚思铨、舒文等组织了“白煤学社”。他们立意要为中华民族的独立和解放像白煤一样燃烧，献出自己的光和热。该社定期出版墙报，介绍分析抗日形势，宣传抗日救国思想，反映同学们的抗日爱国热情。“白煤学社”还秘密组织“读书会”，介绍许多进步书籍给同学。如马克思、恩格斯关于辩证唯物主义和历史唯物主义的著作，高尔基的《母亲》，鲁迅的《呐喊》《彷徨》等。“白煤学社”的影响越来越大，遭到反动当局的镇压。1932 年 6 月 16 日深夜，反动军警包围学校，搜捕姚思铨、舒文等“白煤学社”成员。姚、舒等在同学的掩护下，越墙从隔壁的横河小学厕所逃出。但是，陈凤超、励芳蛾等 25 人仍先后被捕，陈凤超牺牲于上饶集中营。此后，学校当局在政府压力下被迫开除了姚思铨、舒文、陈鸿波等“白煤学社”主要成员，这些学生离校后纷纷投奔革命，走上抗日救国的第一线。如舒文、陆谷初等先后参加了新四军；何进、沈元洪等相继去延安进了陕北公学和抗日大学；姚思铨则在国民党统治区从事文艺工作。他在抗日战争初期，曾在金华主编进步刊物《刀与笔》，大力宣传抗日救亡。又以笔名“万湜思”刻了许多版画，并翻译了马雅可夫斯基的不少诗作。他的版画集《中国的战斗》，至今为美术界所重视，认为是反映历史真实的佳作。舒文在新中国成立后曾任上海市高等教育局局长、上海市人大常委会副主任。其夫人骆慕曹（也是“白煤学社”成员），曾任上海电视台台长。

姚思铨画作

# “五二〇”惨案前后

国民党反动派为了推行其全面内战的方针、镇压中国共产党领导的爱国民主运动，眼见全国学生运动日益发展，在1947年5月18日公布“维持社会秩序临时办法”。对一切“越级”或10人以上的请愿、罢课、游行示威采取“格杀勿论”的处置。5月20日，京、沪、苏、杭学生代表6000人在南京参加“挽救教育危机”联合大游行，向国民党参政院请愿，提出：“要和平、要饭吃、要读书。”游行队伍经过总统府门口遭受血腥镇压。这就是震惊中外、骇人听闻的“五二〇”惨案。消息传到杭州，各校学生无不义愤填膺。5月21日，浙大宣传小分队到杭师沉痛控诉“五二〇”暴行。杭师同学自动离开教室听浙大同学的控诉。但也有少数三青团特务前去密告学校对面的青年军。青年军围攻杭师，群殴浙大学生。幸得杭师教师覃英（覃英，字谷兰，湖南宁乡人，著名作家王鲁彦的夫人。解放战争时期在我校任教，并指导“中流社”的革命活动，成为受学生爱戴的进步教师，民主运动的中坚分子，地下党员）、杨增慧等与进步同学一起设法掩护浙大学生，使他们由附小后门劳动路返回浙大。

作家王鲁彦和夫人教育家覃英

为抗议“五二〇”南京暴行，杭州学生于5月24日举行规模宏大的示威游行。参加的有浙大、英大及省立医专、杭高、杭师等学校3000多名学生，其中杭师学生就有200多人参加。游行队伍从浙大出发，走向梅花碑省府衙门。学生沿途高呼“严惩凶手”“反对内战，让老百姓活下去！”等口号。有不少市民自动参加了游行队伍，所以声势浩大，吓得反动派惊惶万分，在省府衙门前调集宪兵荷枪实弹如临大敌。游行之后，反动政府下令各校开除参加游行的学生。当时杭师由于参加人数多，而且组织严密，反动派无法入手，就采取另一种手法来打击进步学生，从而发生三青团殴打进步学生事件：普秋二班级任居葆辉本是国民党海盐县党部书记长，他扶植普秋二反动势力，公然贴出标语说：“看文汇报者是共产党，杀！”“唱民主歌曲者是共产党，杀！”。“五二〇”惨案发生后，居葆辉等人到处造谣，说这是共产党搞出来的，学生参加游行是受骗上当，等等。进步学生非常气愤，决定和居葆辉进行辩论。就在5月24日晚上举行音乐会之后，同学们到居葆辉住处，邀

他到健身房面对面辩论。居葆辉躲在床下不敢出来，校长孔祥嘉赶来劝说学生先去健身房，留下几个代表等待居葆辉。同学们就把队伍拉回健身房，岂知一群三青团分子从男生寝室角落里跃出，手持凳脚，殴打留下的几名学生代表，而且追打不放。同学周金跃和孙方华当场身受重伤，晕倒在地。学生代表向孔祥嘉校长提出三个要求：保障学生人身安全；查办凶手；受伤同学立即送医院治疗。在同学们的强烈要求下，孔祥嘉不得不接受这三项条件。

## 中　流　社

抗日战争胜利后，国民党政府在发动全面内战的同时，大力加强对学校的思想控制和法西斯统治，成立各种反动社团组织与进步学生的社团对抗。

1947 年 6 月中旬，中共上海局青委派洪德铭来杭工作。通过地下党联络员浙大学生陈永时、王来棣、赵槐等联络杭师，王来棣以亲戚身份经常住在覃英老师家里。同年 9 月，在陈永时等同志的协助下成立了中共地下党领导下的学生社团“中流社”，寓中流砥柱之意。中流社作为杭师很有影响的社团组织，以开展课外读书、研究革命文学、社会科学，团结青年学生，反对国民党黑暗统治为宗旨。中流社活动最鲜明的两项内容：一是墙报的民主爱国倾向，文章的质量也是精悍、含蓄，具有锋芒的；另一个是文艺晚会的生动活泼，富有激情，吸引了相当数量的文艺爱好者，以致有了 1948 年的大发展。中流社一任社长周水荣、二任社长徐一杰、三任社长倪全庆、四仟衬长石慕英、五任社长施秀贞。指导老师先后有覃英、袁微子、李益中、张同光、杨增慧等。

中流社文艺晚会后演职员合影

同年 10 月 26 日，国民党反动派以“共匪密谋活动”为名，非法逮捕浙大学生自治会主席于子三等四名学生。29 日于子三在狱中被害。10 月 30 日，浙大师生员工召开控诉国民党暴行、追悼于子三烈士大会。杭师学生参加了追悼会，并推派 3 名代表到狱中探望被押浙大学生，探狱后成立罢课委员会。地下党杭州工委于 1947 年底 1948 年

春在杭师发展党的外围组织“Y·F”(“青年朋友”的英文缩写,组织名称是新民主主义青年社),成员有朱瑞漪、李镜波、徐一杰、章菊美、施秀贞、倪全庆、张逸民、李义、陶子森、徐德馨、陈贤祝、沈盛根等,他们都是中流社骨干。

1948年1月上旬,浙大举行于子三烈士追悼大会,中流社送挽联一副:“一个人倒下去,千万人站起来。”杭师有70多人签名,20名代表前去参加。

1948年春季,李镜波在“Y·F”的积极活动和中流社社员的支持下,通过竞选当选为学生自治会主席,这对反动势力无疑是沉重的打击。由于李镜波担任学生自治会主席,我党开展工作就容易多了,因此,杭师学运出现了可喜的局面。可是,中流社的骨干没有注意到国民党反动统治这一严峻的客观现实,失于锋芒太露。该社受到了校内外反动派严密注意,李镜波、朱瑞漪等上了黑名单。因为李镜波是学生会自治会主席,有公开号召力,加上他的一本抄有解放区政治经济形势资料的笔记本被特务窃走,所以他成了反动派首先下毒手的对象,特务曾三次企图诱外密捕,未遂。尽管李镜波知道自己处在危险之中,但他仍然在同志们的保护下,坚持校内斗争,以至于几个月不出校门而留起了长发。1948年暑假李镜波出门投邮,被保安司令部特务逮捕;李镜波在狱中坚持斗争,并越狱参加了金萧支队。为了保护全市地下党外围组织的安全,杭州地下党组织切断了与杭师“Y·F”的联系,并且通知朱瑞漪撤离杭州。杭师的学运暂时沉寂了。

## 反饥饿反内战

1945年8月14日,日本天皇宣告无条件投降,中国人民终于迎来了抗战的伟大胜利。我校于1945年度第一学期结束时迁回杭州,复员后恢复原校名:浙江省立杭州师范学校。因徐旭东校长不幸病逝,省教育厅派省督学朱文治于1945年12月11日到校任校长。自1946年1月3日起,全校师生克服重重困难,分批行动返回杭州。同时在杭州招收普师新生及各级插班生,附

位于杭州南山路的浙江省立杭州师范学校旧址

属小学及附属民众教育馆亦在克服重重困难后陆续开办。

国民党政府在发动全面内战的同时，大力加强对学校的思想控制和法西斯统治，对于穷人子弟集中的师范院校，尤其重视对师范生的“管训”。1946年6月发布的《战后各省市五年师范教育实施方案》，强调要“特别注意师范生精神训练”。提出“精神训练注意坚定其对三民主义之信仰”，还要配合进行以蒋介石的“新生活教条为根据”的生活训练。除了采取上述立法措施外，国民党当局还派国民党和三青团骨干到学校进行党团建设，强迫教师集体加入国民党，把持学校领导机构；复员大批青年军人到师范院校就读，成立种种反动社团组织与进步学生的社团对抗；派遣特务渗入学校，监视进步师生的言论行动；甚至动用专政工具，逮捕杀害进步师生，镇压学生运动。

由于国民党反动派依靠美帝国主义的支持，发动全面内战，造成经济破坏，物价高涨，人民群众无以度日。国民党政权日趋黑暗和腐败，对文化教育加强控制，严加压制正确舆论，肆意迫害进步人士。我校教师不仅待遇菲薄，社会地位低下，而且往往因种种原因而遭到排挤，在精神上备受压抑，师范生“毕业即失业”的现象更是十分普遍，从而引起师生的极大愤慨，师生的爱国民主运动风起云涌。我校师生的爱国民主运动，既是当时国民党统治区学生运动的缩影，又是在中国共产党地下党的领导、浙江大学学生运动影响下逐步形成和发展壮大的。

杭师由碧湖迁回杭州南山路原址前，师生员工曾提出发放教职员工的“无价米”和学生的“膳余米”，借此作为返杭的路费。但校长朱文治拒绝了这个建议，答应在回杭后发还。复校上课后，学校当局被迫发放教职工的“无价米”(折款发还)。但对学生的膳余米拖延不发。当时蒋管区物价飞涨，学生过着半饥半饱的生活。

3月底，进步学生吴廷育等组织“迅行读书社”。该社吸收各班爱好文艺、倾向进步的同学参加，设有壁报编辑部、时事座谈股等组织。社长徐群土、壁报编辑股长吴廷育，并聘请祝其乐、柯秉铎等进步教师为指导教师。读书社配合学生会开展各种爱国活动。

4月，学生为了解决饥饱问题，自筹“膳食处理委员会”，并由代表徐群土向校长索要膳余米以改善伙食。此时校长竟推翻诺言，并扬言“膳余”本非学生所该有，学生无权过问。由此激起学生的公愤，推举徐群土作为与校长谈判交涉的代表。校长不敢公开露面回答问题，并声言要对“闹米风潮”的为首肇事学生进行严肃处理。



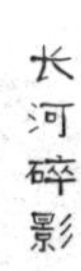

不久，校方纵容特务火烧男生寝室。学生自治会（当时的自治会主席是罗声）掀起护校斗争：在全市张贴布告，发表“告同胞书”，提出：撤换校长朱文治；惩处纵火犯；保护学生学籍和生命安全。杭市各报均有新闻报道。

6月上旬，浙大、杭高、杭师等14所学校学生代表召开会议，成立“杭州市大、中学生联合会”。我校学生罗声是主席团成员之一。中旬，杭师学生参加全市学生的“反饥饿、反内战、反迫害”示威游行。著名教授马寅初、郑晓沧、田汉等参加了游行。

6月下旬，我校学生联合高工、高商、高医、蚕校等5所专业学校组织了“要饭吃、要书读、要活命”的示威游行。并在省教育厅大门前静坐示威，校方为尽快结束学潮，竟提前举行期终考试，并引进青年军进驻学校。

在学生的强大攻势面前，朱文治不得不同意发还部分膳余款每人3000元（只值三月份米价的五分之一）。虽然事情未了，发还给学生的膳余款很少，但同学们都感到是一大胜利。

不料，校方竟以“顽劣成性，任意妄为，言行失检，而故意聚众滋扰，违反校规，破坏校誉”为由，于7月15日开除了徐群土等学生。此前，校方已经提出开除和退学的学生名单37人，并公开勒令罗声、罗永乾、华惇立等5名同学退学，同时解聘部分进步教师。

1946年8月底，杭师学生为校方开除学生和解聘进步教师掀起抗议活动。他们联合高工、高商、高医、蚕校等5所专科学校，在教育厅大门前静坐示威，提出改善伙食、撤换杭师校长朱文治等要求。教育厅迫于社会压力，终于撤换了朱文治，改派孔祥嘉为杭师校长。孔祥嘉在这种形势下，不得不召回部分被解聘的教师，恢复20余名学生学籍。

## 黎明前的战斗

1948年，人民解放军发起规模空前的秋季攻势，并取得了决定性的胜利。党中央要求各城市地下党组织，在人民解放军逼近各城市时，进行策应和配合，迎接人民解放军。杭州市地下党组织研究了杭州出现的政治变化，认为杭师学生斗争对全市学运有一定影响，党有必要直接进行领导。1948年9月，中共杭州市工委指派地下党员丁水德以学生身份考进杭师，开展建党工作和对敌斗争。党的指导方针是：隐蔽精干，积蓄力量，等待时机，迎接新中国成立。在工作中要团结大多数群众，孤立敌人，打击最顽固之敌；策略上要有理、有利、

有节。

丁水德进入杭师以后，首先接近“Y·F”成员施秀贞，吸收她入党。嗣后，在各项斗争中，党组织又先后发展华云山、钱锡汀、章菊美、赵信毅等同学入党。1949年2月，党又将乍浦水产学校的一个党员调来杭师（名字叫楼英祥、以新生名义考入）。与此同时，杭师地下党组织还在教师中吸收陈友琴、袁微子参加党的队伍。于是，党在杭师的力量逐步加强了。杭师地下党员之间一直实行单线联系。1949年4月基于形势发展的需要，成立学校党支部。在地下党组织的领导下，杭师学生运动进入了新的阶段。

1948年秋季开学的杭师，面临的政治情况是复杂的。李镜波被捕以后，进步势力受到压制，反动气焰嚣张。国民党杭师区分部、三青团组织、出身于青年军和忠义救国军的反动学生，还有军统、中统的特务分子，他们狼狈为奸、耀武扬威。杭师的地下党是新进入阵地的，主要精力首先集中在社团工作上。当时校内的组织有中流社、太阳诗社、音乐团、迅行社。中流社明显进步，有“Y·F”活动的基础，而且成员最多，占全校学生的三分之一。太阳诗社倾向进步，追求光明，但该社囿于诗歌爱好者，成员不多。音乐团专业性较强，出于杭师的教学特点，参加的成员较多，影响不能小看。党组织的态度是着重抓好中流社，使之成为开展全校工作的前沿阵地和立足点；对太阳诗社争取成为中流社的斗争伙伴；对音乐团与之友好接近，积极参加他们的音乐活动，作为党联系群众、争取群众的另一纽带。对迅行社一般社员做好团结工作。学生党员和党的积极分子先后参加了中流社，教师党员被聘任为该社指导师。这个社的先期，党主要是通过进步力量对它进行领导，后期则由党直接掌握了领导权（施秀贞担任第五任社长、华云山担任研究股长）。

1949年2月，原校长、学者蒋伯潜老先生隐退，浙江省政府当局指派朱元松任杭师代理校长。自治会改选。三青团骨干分子陈某跳了出来，此人是高班学生，颇有活动能量。在学校各派反动势力互相勾结并大肆鼓吹哄抬之下，当选为学生自治会主席。党组织研究了对策，决意开辟第二阵地，在党的力量和进步力量占优势的一年级5个班级的学生中组织联合级会——取名“五联级会”。当时全校共有10个班级，一年级学生占了一半以上。由地下党员担任主席的“五联级会”开展了富有成效的活动。为了扩大影响，先后演出话剧《生死恋》《北京人》，请老师蒋祖怡、李益中仕导演（兼任角色），袁微子写剧评。“五联”赢得了声誉。它与陈某把持的学生自治会作了分庭抗礼的种种斗争，使陈某的自治会处于孤立的地位。这样，通过中流社和“五联级会”，党实际上掌握着全校

学生工作的领导权。

1949 年 3 月底，中共杭州地下市委布置：在全市大中专学校中，利用合法外衣，组织群众性的应变会（后改称安全会），任务是团结群众、保卫学校，迎接历史性政治大变革，迎接杭州解放。

杭师安全会是在临时学生代表大会上宣布成立的。代表大会还选举了主席和各部门的负责人，丁水德被选为主席，陈友琴、袁微子担任指导教师。其他党员同志都进入安全会各个部门，以合法身份领导着全校师生员工迎接解放斗争。

安全会的工作主要有以下两个方面：

（一）“备粮护校”，针对反动学生提出的“发放储备粮，各自逃难回家乡”的主张，五联级会和中流社发出抗议书，并提出“备粮护校”的口号，以便在可能发生的解放军攻城战斗中，我校师生要在相当的日子里保证主副食的供给，坚持斗争，迎接新中国成立。所以，一方面组织膳食管理委员会按照学校原来的渠道迅速有效地购粮，另一方面号召师生自费备粮。

此外，安全会还组织纠察队通宵值班护卫学校，防止反动派破坏。

（二）革命宣传。安全会组织专人收听新华社广播，抄成大字报在旭东楼门庭公布，使全校师生认清革命形势，鼓舞了斗志，还开展了各种形式的文娱活动，演唱师生自编的革命歌曲。与杭州市大专中等学校之间也开展了必要的联络与交流活动，保持行动一致。

1949 年 4 月中旬，杭州市教师“罢教”，我校地下党领导全校教师积极参加斗争，向当局提出改善待遇、提高薪金的要求。杭师学生积极支持教师罢教，并以发通电、义卖募捐等形式支持教师。

在这一阶段，涌现出许多活动骨干，其中有 40 余人在新中国成立后被输送到青干校，成为各条战线上的主力军。此外，在解放战争时尚有不少学生参加浙东游击纵队金萧支队，据不完全统计也有 40 余人。他们为人民的解放事业做出了贡献，有的献出了宝贵的生命，被追认为烈士。

1949 年 5 月 3 日，杭州解放。杭师学生在党的领导下开始了新的战斗历程。

# 第二篇　风流人物

# 鲁　迅

## ——中国文化革命主将

陈　凡

鲁迅(1881—1936),原名周树人,字豫才,浙江绍兴人。现代文学家、思想家和新文化运动旗手。1909年受聘浙江官立两级师范学堂,任生理卫生学和化学教员兼日籍植物教员铃木珪寿的日语翻译。在校期间,为“木瓜之役”的主要参与者。1910年6月,应蔡元培之邀,赴绍兴府中学堂任监学。辛亥革命后任职教育部,同时在北京大学、女子师范大学授课。1918年,首次用“鲁迅”笔名发表白话小说《狂人日记》,1926年南下厦门大学、中山大学任教。1927年10月定居上海,专事创作。1930年参与发起并领导中国左翼作家联盟,1936年病逝。

## 生　平

鲁迅,清朝光绪辛巳年八月初三(1881年9月25日)出生于浙江绍兴府会稽县东昌坊口新台门周家,初名周樟寿,后改名周树人,字豫山、豫亭、豫才。1902年考取留日官费生,赴日本的东京弘文学院学习。1904年9月,入仙台医学专科学医,后弃医从文,希望能改变国民精神。1905—1907年,参加革命党人的活动,发表了《摩罗诗力说》《文化偏至论》等论文。1909年,与其弟周作人一起合译《域外小说集》,介绍外国文学,同年回国,先后在杭州、绍兴等地担任教



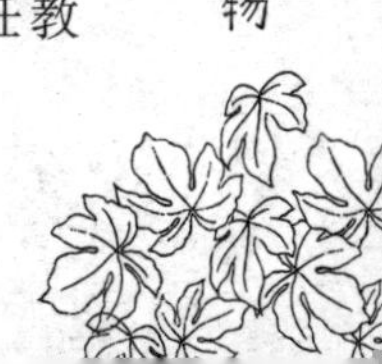

师。辛亥革命后，鲁迅曾任南京临时政府和北京政府教育部部员、佥事等职，兼在北京大学、女子师范大学等校授课。

1918 年 5 月，首次用“鲁迅”作笔名，发表中国现代文学史上第一篇白话文小说《狂人日记》，奠定了我国新文学运动的基石。五四运动前后，参加《新青年》杂志工作，成为五四新文化运动的主将。

1918 年到 1926 年间，陆续创作出版了短篇小说集《呐喊》《彷徨》，杂文集《坟》《热风》《华盖集》《而已集》，散文诗集《野草》，回忆性散文集《朝花夕拾》(又名《旧事重提》)，中篇小说《阿 Q 正传》。从 1927—1936 年，创作了历史小说集《故事新编》中的大部分作品和大量的杂文，收辑在《坟》《而已集》《三闲集》《二心集》《南腔北调集》《伪自由书》《准风月谈》《花边文学》《且介亭杂文》《且介亭杂文二编》《且介亭杂文末编》《集外集》和《集外集拾遗》等专辑中。

1936 年 10 月 19 日因肺结核病逝于上海，上海上万民众自发举行公祭、送葬，葬于虹桥万国公墓。1956 年，鲁迅遗体移葬虹口公园，毛泽东为重建的鲁迅墓题字。

## 弃 医 从 文

鲁迅早年在日本仙台医学专科学校学习。让他弃医从文的，一是匿名信事件，二是看电影。鲁迅在《藤野先生》一文中有详细的描述：

有一天，本级的学生会干事到我寓里来了，要借我的讲义看。我检出来交给他们，却只翻检了一通，并没有带走。但他们一走，邮差就送到一封很厚的信，拆开看时，第一句是：“你改悔罢！”

这是《新约》上的句子，但经托尔斯泰新近引用过。其时正值日俄战争，托老先生便写了一封给俄国和日本皇帝的信，开首便是这一句。日本报纸上很斥责他的不逊，爱国青年也愤然，然而暗地里却早受了他地影响。其次的话，大略是说上年解剖学试验的题目，是藤野先生在讲义上做了记号，我预先知道的，所以能有这样的成绩。末尾是匿名。

我这才回忆到前几天的一件事。因为要开同级会，干事便在黑板上写广告，末一句是“请全数到会勿漏为要”，而且在“漏”字旁边加了一个圈。我当时虽然觉得圈得可笑，但是毫不介意，这回才悟出那字也在讥刺我了，犹言我得了教员漏泄出来的题目。

中国是弱国，所以中国人当然是低能儿，分数在60分以上，便不是自己的能力了，也无怪他们疑惑。但我接着便有参观枪毙中国人的命运了。第二年添教霉菌学，细菌的形状是全用电影来显示的，一段落已完而还没有到下课的时候，便影几片时事的片子，自然都是日本战胜俄国的情形。但偏有中国人夹在里边：给俄国人做侦探，被日本军捕获，要枪毙了，围着看的也是一群中国人；在讲堂里的还有一个我。

"万岁！"他们都拍掌欢呼起来。

这种欢呼，是每看一片都有的，但在我，这一声却特别听得刺耳。此后回到中国来，我看见那些闲看枪毙犯人的人们，他们也何尝不酒醉似的喝彩，——呜呼，无法可想！但在那时那地，我的意见却变化了。

那时鲁迅的心里像大海一样汹涌澎湃。一个被五花大绑的中国人，一群麻木不仁的看客一一在脑海闪过。他意识到如果中国人的思想不觉悟，即使治好了他们的病，也只是做毫无意义的示众材料和看客，现在中国最需要的是改变人们的精神面貌。

这两件事对探索救国救民之道的鲁迅刺激很大。匿名信事件使他深感弱国弱民备受歧视的悲哀，激发了他强烈的民族自尊心和为拯救民族、富国强民的斗争精神。看电影事件更深深地刺激了鲁迅，他极为沉痛而愤慨地写道："中国是弱国……也无怪他们疑惑。"用这样的反语来表达作者的自尊心所受到的挫伤，思想上所受到的极大的震动，以及改变志向、弃医从文的决心。

## 严谨治学

鲁迅在我校担任教师期间，曾自编《生理学讲义》《植物学讲义》，传授进化论，打破封建思想束缚，加讲生殖系统。他经常带领学生赴野外采集植物标本。目前北京鲁迅博物馆内还保留着当年鲁迅在杭州采集标本的记录，记录的地点有孤山、钱塘门内外、栖霞岭、灵隐、师范学堂内、吴山、玉皇山、葛岭等。记录末行有他自己作的统计："3月所采集共七十三种。"

他教学态度非常严谨。有一次，鲁迅和日籍教师铃木珪寿带领学生去采集植物标本，走到半路，一个学生看到路边有一株开着小黄花的植物，不知叫什么名称，就指着它问铃木老师："铃木先生，这叫什么？"铃木老师答："这叫一枝黄花！"此回答引来学生大笑。原来学生以为铃木老师不懂，信口说说的。这时鲁

迅严肃地对大家说："我们做学问的，知就是知，不知就是不知，不能强不知为已知，不论是学生或是先生都应这样。植物的范围很广，刚才这种植物是不是叫作'一枝黄花'，你们可以到《植物大辞典》里查一查，有图，可以对照。这是菊科植物，是叫一枝黄花。"

鲁迅在杭州任教

鲁迅自日本回国在杭州、绍兴任教期间，虽然生活比较宽裕，但是思想却比较苦闷，他对现实存有极大的不满，仍在思考救国的道路，对这段时期他回忆道：

回国之后，去了浙江两级师范学堂做教员。虽然我钟爱国文，却重操起我的"旧业"——我担任的是生理学教员和化学科教员，这是受了友人许寿裳之邀。他四月回国在学校任教务长，因为他荐的这份差事，使得生活宽裕了不少，每月也可给作人他们寄去生活所需。这段时间很是快活：我为寿裳译过讲义，绘过插图；我也时常跟同事们行走于吴山圣水之间采集植物标本；我可以以百无禁忌的态度，传授学生生理知识，教会他们尊重科学——对于学生青年，我唯有信，唯有寄予希望，唯有爱——有时我甚至会联想到在百草园的那段日子，那段我的学生时代，这或许是绝望当中的一丝希望吧。

但不久前，监督沈钧儒的去职和夏震武的继任，使得学校的氛围徒增了一股封建思想的味道。他企图以"廉耻教育"空论，取代学校新学"邪说"，力挽世风，可悲抑或可笑?！我自然与他是水火不容的，所幸有丏尊等与我一同激烈决绝，罢教以示对抗。不知这事将如何了结，但我定然会不动摇地坚持下去。就好比当初种树之事，所有人都不以为然，认为只需"当一天和尚撞一天钟"，但我当一天和尚，钟总是要撞，而且会用力地撞，认真地撞，直到学校里绿树成荫。

罢教这事还在进行中，需要团结更多的力量，不仅是学堂的十几个新学教员，还有整个浙江的教育界，还有所有接受过新学教育的学生，这将是一场民主力量与保守势力的冲突，乃至抗争，路漫漫其修远兮！

这罢教事件其实就是当时的"木瓜之役"。

## 在木瓜之役中

1909年冬，浙江官立两级师范学堂监督沈钧儒因被选为浙江省谘议局副议长而辞去监督之职，由浙江省教育总会会长夏震武继任。夏震武是一位极其正统的理学家，以尊孔读经出名。他认为当时的师范学堂已是“正学扫地”“离经叛道”，因而要进行“廉耻教育”，以恢复“正学”。夏震武上任的前一天，派人带了一封信给教务长许寿裳，说他第二天到校时，全体教师必须穿上各自的品级礼服在会议室迎候，还必须设立“至圣先师”孔子的神位；又说他将率领全体教师“谒圣”，不得有误。这封信在全校教师中掀起轩然大波，遭到教师们的反对。夏震武上任时，头戴白石顶帽，身穿天蓝色大袍，外罩天青色套子，脚踏一双黑靴。但学校走廊上冷冷清清，没有人来迎接他。当他召集全校教师会议时，教师们是三三两两地进门，并不穿礼服，表情冷漠，也不向他打招呼，会议室里也没有所谓的“至圣先师”的神位。特别是鲁迅，他不仅不穿礼服，反而穿了一件西装，留西发，连假辫子也未装一条。面对这样的情况，夏震武火冒三丈，说：“你们这个师范学堂办得不好，简直不像样！”鲁迅愤然而起，厉声道：“我们学堂什么地方办得不好，你讲出道理来！你想不讲道理，用权势来压我们，这是办不到的！我们是不怕压的，也是压不倒的！”教师们纷纷诘问夏震武。夏震武无言以对，恼怒而出。此后，他一面指责进步教师是“离经叛道”，一面到抚院告状，诬蔑这是原监督沈钧儒挑起的，目的是排挤新监督。于是，教师们请沈钧儒带领大家到抚院揭发夏震武的阴谋，并决定辞职罢课。教师罢课，学生无课可上，引发学生请愿。当局无奈，只得请杭州的耆绅陆记春出面，到校挽留教师。鲁迅和夏丏尊则曰：“我们如再就职，人格何在？”不久，许寿裳、鲁迅、夏丏尊、杨乃康等25位教师辞职，迁居湖州会馆（今小营巷酱园弄）。教师们一个个搬出学校，同时杭州各校的师生也积极声援。最后的结果是夏震武于1910年1月4日被迫移交权力，辞职离校。由于夏震武思想保守，大家给他取了一个外号，曰“木瓜”，这场清末轰动全省的教师风潮因名“木瓜之役”。这次斗争取得胜利后，以许寿裳、鲁迅、夏丏尊为首的进步教师还留下了一张珍贵的纪念照片。“木瓜之役”是浙江最早的教师风潮。这场风潮的实质是一场坚持进步民主主义文化反对封建旧文化和旧礼教的斗争。

## 以笔为矛

1911年的辛亥革命也曾使鲁迅感到一时的振奋，但接着是袁世凯称帝、张勋复辟等历史丑剧的不断上演，辛亥革命并没有改变中国沉滞落后的现实，社会的混乱、民族的灾难、个人婚姻生活的不幸，都使他感到苦闷、压抑。五四运动之后，他压抑已久的思想感情像熔岩一样通过文学作品猛烈喷发出来。鲁迅先生在短篇小说、散文、散文诗、历史小说、杂文各种类型的创作中，都有自己全新的创造。他的一生是为中华民族的生存和发展挣扎奋斗的一生，他用自己的笔坚持社会正义，反抗强权，保护青年，培育新生力量。在前期，他热情支持青年学生的正义斗争，揭露段祺瑞执政府镇压学生运动、制造"三一八"惨案的罪恶行径，写下了《记念刘和珍君》等一系列震撼人心的文章；在后期，他反对国民党政府对共产党人和进步青年的血腥镇压，参加并领导了左翼作家联盟和中国民权保障同盟，写下了《为了忘却的记念》等一系列充满义勇正气的文章。最充分体现鲁迅先生创造精神和创造力的应该首推他的杂文。"杂文"古已有之，在外国散文中也能找到类似的例证，但只有到了中国现代文化史上，到了鲁迅的手中，"杂文是匕首、是投枪"，这种文体才表现出它独特的艺术魅力和巨大的思想潜力。从五四起，鲁迅就开始用杂文的形式与反对新文化的各种不同论调进行斗争，但那时他还是不自觉的，到了后来，有些人开始嘲笑他是一个"杂文家"，他才更明确地意识到"杂文"的力量，并且开始自觉地从事杂文的创作。鲁迅说，杂文是"感应的神经"，它能够"对于有害的事物，立刻给以反响或抗争"，从而为新文化、新思想的发展在旧文化、旧思想的荆棘丛莽中开辟出一条蜿蜒曲折的道路，使之能够存在，能够发展，能够壮大。鲁迅一生写了16部杂文集。在这16部杂文集中，鲁迅把笔触伸向了各种不同的文化现象，各种不同阶层的各种不同的人物，其中有无情地揭露，有愤怒地控诉，有尖锐地批判，有辛辣地讽刺，有机智地幽默，有细致地分析，有果决地论断，有激情的抒发，有痛苦地呐喊，有亲切地鼓励，有热烈地赞颂，笔锋驰骋纵横，词采飞扬，形式多样，变化多端。它自

由、大胆地表现现代人的情感和情绪体验，为中国散文的发展开辟了一条更加宽广的道路。鲁迅杂文在中国现代文学史上的地位是不容抹杀的。毛主席说："鲁迅是中国文化革命的主将，他不但是伟大的文学家，而且是伟大的思想家和伟大的革命家。鲁迅的骨头是最硬的，他没有丝毫的奴颜和媚骨，这是殖民地半殖民地人民最可宝贵的性格。鲁迅是在文化战线上，代表全民族的大多数，向着敌人冲锋陷阵的最正确、最勇敢、最坚决、最忠实、最热忱的空前的民族英雄。鲁迅的方向，就是中华民族新文化的方向。"

# 马叙伦

## ——教书不忘革命

刘也

马叙伦(1885—1970),字夷初,号石翁,浙江杭县(今杭州市余杭区)人。著名的教育家、语言文字学家和民主革命家。他在1908年至1922年期间,曾数次在杭州师范大学的前身——浙江官立两级师范学堂、浙江省立第一师范学校担任教员、校长(1921—1922),还担任过浙江教育厅的厅长。是新中国第一任教育部部长,为奠定社会主义教育基础做出了卓越的贡献。

## 艰难求学

1885年4月,马叙伦出生在山清水秀、人文荟萃的杭州。他十岁丧父,母亲靠刺绣供他念书,他不负慈母期望,学习勤奋。戊戌变法后,杭州有了新式学堂,马叙伦进入著名的“养正书塾”(杭州高级中学的前身)读书。开始时他对从未接触过的数学、英文等课程感到困难,但他发愤追赶,不到半年,就在考试中连得了7个第一,连升两班,一年后就升为特班生。1901年,养正书塾改为杭州府中学堂,当时学堂特设了师范生班和预备生班,马叙伦被选为师范生。师范生是最优秀的学生,除了本身的学习外,还要担任预备生的教师,指导这些小同学的学习。后来,由于不满学校压制民主、随意开除学生,马叙伦等人代表大家写呈文向当局控告学校,同时许多学生还离校以示抗议。校方见事态扩大,就用分化手段使部分学生回校上课,马叙伦等坚持斗争的学生被开除学籍。从

此，追求真理、求知若渴的青年马叙伦失去了在校读书的机会，愤然走上了社会。

## 教书与革命

1902 年，年仅 17 岁的马叙伦为赡养母亲弟妹，来到上海担任《选报》的编辑，不久就担任了《新世界学报》的主编。当时的上海是各种思潮集中角逐的场所，马叙伦身临其境，感到耳目一新。而办报又使他比较广泛地接触了社会，除了接触革命党人、维新派人物之外，他还读了很多进步书刊，并积极参加爱国活动，时常与蔡元培、章太炎等人讨论国事，受到了许多教益。后来，他办《国粹学报》，邀章太炎、柳亚子等人写文章，鼓吹民族民主革命，希望在中国文化遗产中寻找到反清反帝的武器。

此后，马叙伦在杭州、江山、诸暨等地做了两年教员，继续传播反清革命思想。

1906 年下半年，他应邀至广州两广师范馆和方言学堂教书。方言学堂的学生中有许多是同盟会会员，他与学生不仅有良好的师生关系，而且也有共同的革命思想。

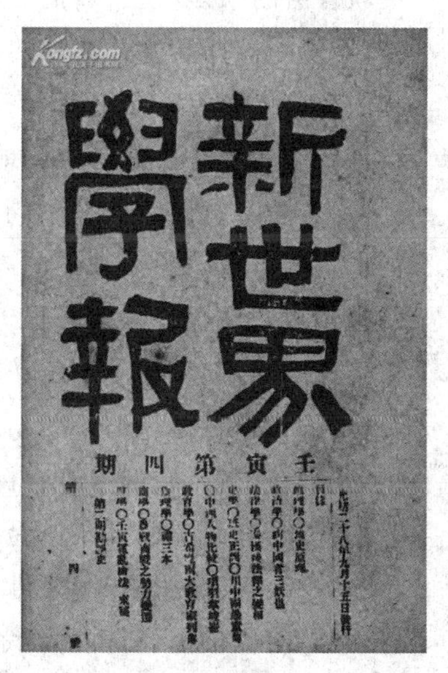
新世界學報
壬寅第四期

马叙伦主编的《新世界学报》封面

1908 年，马叙伦回到杭州，在浙江官立两级师范学堂当教员，并兼任《浙江日报》社论主笔等职。他除了教学和写稿，还积极参加革命活动。当时杭州的秘密革命组织常在西湖边的白云庵、彭公祠和三潭印月等处集会，讨论革命的思想和实际斗争问题，马叙伦都积极参加。1910 年，他参加了由柳亚子等人发起组织的南社。南社是以江南知识分子、知名人士为基础，以文学为阵地的进步团体。1911 年夏，马叙伦专程赴日本会见章太炎，商讨革命策略，经章太炎先生的介绍而加入了同盟会。回杭州后，马叙伦立即投入了江浙两省民众掀起的爱国护路运动。武昌起义后，他与汤寿潜、陈介石等人在杭州共同发起组织民团活动，准备响应起义。他还与汤尔和、楼守光三人分别担任城区巡防、联络驻军等职务。

可是辛亥革命的所谓胜利犹如昙花一现，马叙伦眼看袁世凯复辟帝制的阴

影笼罩着北京城，心中极为愤慨和悲痛，再也不能埋首教学和研究。马叙伦为了反对袁世凯的复辟，做了许多工作：马先生的学生廖容当时在总统府任职，经过他做工作，廖容回广东召集旧部，参加护国军，踏上了讨袁的征途；章太炎由于公开反对帝制，被袁世凯监禁，章以绝食相抗。马叙伦为营救章太炎做了许多努力，同时还设法去监禁处看望，劝章太炎进食，保存斗争的本钱。

1915 年冬天，在袁世凯称帝之前，马叙伦辞去北大和北医专的两处教职以示抗议，时人称他为“挂冠教授”，北京、上海的报纸对此事都作了报道，产生了很大的影响。

1917 年初，蔡元培出任北大校长，邀请马叙伦回北大任文科教授。马先生支持蔡元培的改革，成为教员革命新营垒内的中坚力量。五四运动爆发时，马叙伦被推选为北大教职员会书记、主席，以后又被选为北京中等以上学校教职员联合会的书记、主席。他出席各种会议，发表演说，写文章宣传反帝爱国的主张；他慰问被捕学生并参加对当局的谈判。在运动高潮时，马先生在北大文学院的教员休息室昼夜工作，当时北大对外的宣言、声明、抗议书等文字，大都出自马叙伦的手笔。他还机智地营救过五四运动的领袖人物陈独秀。1920 年一个傍晚，马叙伦偶然获悉军阀当局要逮捕陈独秀，情况紧急，陈独秀住得较远，如果直接去报信恐怕来不及，马叙伦焦急万分，突然灵机一动，想起了一位北大的进步教授住得离陈独秀很近，而且住处有电话，就让这位教授立即通知陈独秀离开。当夜，反动军警出动抓人却扑了个空，陈独秀已经离京脱险了。

五四运动后，马叙伦受北京教育界的信任和推举，领导了颇有影响的“索薪运动”。在游行请愿时，走在队伍前列的马先生头部受伤，再加上积劳成疾，头痛失眠加剧，只得回杭州休养。

1931 年马叙伦第 4 次到北大任教，“九一八”事变爆发，他痛感祖国山河破碎，常以明代抗倭名将俞大猷、戚继光的事迹激励学生。他热烈拥护中国共产党的《八一宣言》，在北大教授的聚餐会上发言说：国家民族已到生死存亡的最后关头，国共两党应该联合起来共同抗日。

1936 年后，马先生先后当选为北平文化界救国会主席、华北民众救国联合国主席，全身心地投入到抗日救亡运动之中。他针对部分师生的思想提出了“教书不忘革命、读书不忘救国”的主张，对促进师生参加抗日救国活动起了积极作用。他还亲自两度入川，策动四川军阀刘湘加入反蒋阵线，促其抗日。

1937 年 8 月，马叙伦迁居上海法租界，不久上海沦陷，他蓄须隐居，更名邹华荪（意即中华民族的子孙）。马叙伦的旧友汤尔和当了敌伪华北临时政府的

教育总长，特意派人拿着他的亲笔信去上海，请马先生担任北大校长，马先生勃然作色，严词拒绝："现在国难深重，我岂能到敌人刺刀下去混饭吃？请回复汤总长，我是绝对不去的。但愿汤总长珍惜前程，保持晚节。我不写回信了。""不写回信"乃是决绝的表示。1940 年 3 月，汪精卫的追随者陈公博到上海，陈原是北大的学生，他想请马叙伦出任伪立法院院长或上海市市长。马叙伦断然拒绝说："我是决不会出来帮日本人忙的，休要痴心妄想。"并且以国家民族大义劝陈公博停止卖国活动，不要与汪精卫同流合污。后来陈自己做了伪立法院院长兼任伪上海市市长，他几次托人向马叙伦致意，希望约期与马先生晤谈，还派人送钱送米。尽管马叙伦当时生计艰难，时有断炊之虞，但是马先生将钱物如数退回，与陈断绝来往，高风亮节令人敬仰。

1945 年日军投降。但国共两党的《双十协定》墨迹未干，国民党就调兵遣将，内战的危险迫在眉睫。马叙伦又积极地投入到"反内战，争和平，反独裁，争民主"的洪流之中，他通过各种进步报刊发表了大量文章，以大无畏的精神抨击反动派的独裁统治及发动内战的阴谋。为适应斗争的需要，文化界的爱国民主人士希望成立比较永久性的团体，马叙伦和大家一起做了许多具体准备，并于 1945 年 12 月在上海成立了中国民主促进会，以马叙伦为首的 14 人被选为理事，发表了《对于时局的宣言》，举起了反独裁反内战的旗帜。从此"民进"以一个政治组织出现在中国的历史舞台上，发挥着重要的作用，这与马叙伦先生的努力是分不开的。

马叙伦为制止内战以及祖国的新生做了大量工作，甚至不惜流血牺牲。1946 年 6 月，由马叙伦领衔的上海著名人士 164 人，发表了致蒋介石、美国特使马歇尔及各民主党派要求和平的"呼吁书"，同年 6 月 23 日，上海各人民团体公推马叙伦为首的 9 人代表团赴南京请愿。在下关车站，反动当局唆使暴徒把马叙伦、雷洁琼等代表打成重伤。当夜，周恩来同志得到消息后，立即向反动政府提出强烈抗议，翌晨两点，又与董必武、邓颖超等人赶到医院探视慰问受伤代表。周恩来对马叙伦说："你们的血是不会白流的。"不久，毛泽东主席和朱德总司令从延安致电马叙伦等人表示支持和慰问。

## "贤者在位，能者在职"

马叙伦一生曾担任过多年的教育行政领导工作。他曾任浙江省立第一师范学校的校长，浙江省教育厅厅长，三次担任北洋政府及国民党政府的教育部

次长并代理过教育总长。他又是新中国的第一任教育部部长、高教部部长。在旧时代黑暗的官场，马叙伦敢于独树一帜，激浊扬清；对新中国的教育事业，他却是鞠躬尽瘁、死而后已。

1921年，马叙伦任浙一师校长时，提倡民主办学，把北大“教授治校”的一套办法推行到一师，使一师迅速改观。经蔡元培、李大钊推荐，不久马叙伦又任浙江省教育厅长，他决心激浊扬清，改革教育。按官场旧习，新官上任，僚属也要重新更动，上司还要交下一批推荐名单，叫你不敢不用。马叙伦却坚持“贤者在位，能者在职”的原则，对各方推荐一概不予敷衍，不徇私情。连省长、督办也深知他的脾气，不敢交下一张条子。不久，浙江发生大风灾，省立30所中学和11所师范学校的校舍多半墙倒屋塌，马叙伦除了报请省议会解决外，还亲自带人到萧山、绍兴两县视察。这在当时的教育界是前所未有的。

20世纪20年代，马叙伦数度在教育部任职，他认真解决各校困难，还做到了不欠薪。这在那个时代是很不容易的。马先生特别爱护进步青年，注意掩护共产党人的活动。教育部一次得到一个密件，说共产党首领李寿常在各校活动，咨请教育部马上查办。马叙伦意识到“李寿常”就是“李守常”（即李大钊）的谐音，决然冒着风险拖延不办，并立即通知李大钊转移，使其脱险。但是他革新教育的理想，在军阀政权下只能成为泡影。1928年他又出任了南京国民政府的教育次长，他事必躬亲，案无留牍，在他的任期内完成了大学学制的改革，还为保存和发掘我国的文化遗产做了许多努力。但是，马叙伦因为不愿迁就官场中的种种陋习，事事秉公办理，为新军阀所不容。1929年冬，他赋诗一首：“袍笏登场又一回，未酬素志鬓先衰。身无媚骨难谐俗，从此柴门不再开。”作为他在旧社会仕途的结束语，就此毅然辞官回乡。

1949年10月，新中国诞生了，党和人民选择了德高望重和卓有成就的老教育家马叙伦担任政务院文化教育委员副主任、第一任教育部部长。1952年改任高等教育部部长。

旧中国留下的是民穷财尽、百废待兴的局面，要建设新中国就必须重视培养和选拔各种人才，这就使教育摆在了非常重要的位置。马叙伦这位爱国者和饱经忧患的老教育家，以强烈的事业心开始了献身于人民教育事业的新征程。在党的领导下，他参与了对全国各级各类学校进行一系列调查研究和大政方针的部署工作，他有计划地主持召开了一系列重要会议，制定了新中国教育的总方针以及各种条例、方案、办法等法规性文件，使人民的教育事业从起步开始就方向明确、有章可循。他还主持了将接受外国津贴的高等学校一律收归中国自

已办理的工作，支持创办了新型的综合性大学——中国人民大学。

马叙伦特别关心学生的健康问题，当他看到一份学生健康水平下降的报告后很是着急，他了解到学生的课外活动过多，负担过重，在参加全国政协第一届第二次会议期间，及时向毛主席报告，得到了毛主席的批示："健康第一，学习第二。"此后毛主席又两次就学生的健康问题亲笔写信给马叙伦："……营养不足，宜酌增经费。学习和开会时间宜大减，病人应有特殊待遇。全国一切学校都应如此。""此问题深值注意，提议采取行政步骤，具体解决问题。"马叙伦积极贯彻毛主席的指示，亲自组织教育部的同志们调查情况并提出具体措施：例如规定了学生的自习、睡眠、文体活动的时间表，减轻学生负担，改进学校食堂的伙食、卫生等。这些措施在马先生的督促下在全国各级学校得以迅速贯彻，学生的健康状况也逐步有了改善。

马叙伦历来对师范教育非常重视。他在1951年就指出："对于各级师资的培养与提高，是整个人民教育事业能否办好与能否发展的关键，是整个教育建设的中心环节。"他还很关心小学教师的生活和政治待遇，认为小学教师，特别是农村小学教师的工作很繁重，生活很艰苦，必须努力设法改善他们的待遇。马叙伦殚精竭虑、不辞劳苦的工作得到了党和人民的高度评价。

马叙伦先后担任过全国政协副主席，中央人民政府委员，文化教育委员会副主任，教育部、高教部部长，中国文字改革研究委员会主任，中国科学院学部委员，民进中央主席，民盟中央副主席等数十个职务，他对国家大政方针积极发表意见，受到党和政府的重视。例如在新中国成立前夕，马叙伦是政协筹备会第六组组长，主持拟定国旗、国徽和国歌的方案。经过他们反复讨论确定的方案，最终都得到了中央人民政府的批准并予以公布。在政协第一届全国委员会第一次会议上，鲁迅的夫人许广平发言："马叙伦委员请假不能来，他托我来说，中华人民共和国成立，应有国庆日，所以希望本会决定把10月1日定为国庆日。"1949年10月2日，中央人民政府就通过了《关于中华人民共和国国庆日的决议》，规定每年10月1日为国庆日，并以这一天作为宣告中华人民共和国成立的日子。这个全国各族人民隆重欢庆的节日竟与马先生有着这么密切的关系！

马叙伦也是一位学识渊博、治学态度严谨的学者。他在语言文字学、老庄哲学、诗词、书法等方面都有很高的造诣。他著作甚丰，他的巨著《说文解字六书疏证》在我国文字学中有突出地位；他在金石甲骨文的研究中也做了空前的尝试；他精研老庄哲学，有自己独特的见解，受到学术界的重视；他是爱国诗人，

诗作富有时代特色；他还是一位著名的书法家，他的书法笔势劲逸，风神飘洒，被誉为“今世王绍宗”（王绍宗是唐代书法名家）。

1957年，马叙伦因长期用脑过度而卧床不起，党中央对他十分关怀，周恩来总理多次指示：要想尽办法进行抢救。1970年5月4日，马叙伦先生逝世。党和人民将永远缅怀这位曾为祖国的繁荣昌盛做出过重要贡献的民主斗士和著名的教育家。

# 经　亨　颐

## ——“卓然自立，与时俱进”的教育改革先锋

陈永华

经亨颐(1877—1938)，字子渊，号石禅。浙江上虞人，教育家、社会活动家。1900年，因参与通电反对慈禧废光绪帝，被通缉避居中国澳门。1903年赴日本留学，入东京高等师范学校数学物理科。1908年归国后任浙江官立两级师范学堂首任教务长，此后历任浙江省立两级师范学校和浙江省立第一师范学校校长及浙江省教育会会长。1920年因“一师风潮”离职赴浙江上虞创办春晖中学并任校长。曾任中山大学代校长、国民政府执行委员、全国教育委员会委员长等职。1938年病逝于上海。

## “抗世违俗，卓然自立”的“经毒头”

经亨颐的一生，横跨两个时代，从清末到民国。其间，社会在剧烈变革，新旧思想在剧烈交锋，现实考验着每一个人。在很多人沉沦的潮流中，出身于封建贵族家庭的经亨颐却始终保持着抗世违俗、卓然自立的个性，丝毫未被逆流左右过。

经亨颐隶书五言对联

经亨颐从少年时代就离开家乡上虞，跟随伯父经元善到上海，身处上海这个近代中国的窗口，使他开阔了视野。甲午战争后中国民族危机加深，更对他产生了深刻的影响，在一片救亡图存的呼声中，他也开始接受了维新思想，



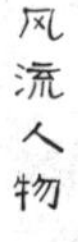

并协助当时任上海电报局总办的伯父经元善为康有为变法积极筹款。戊戌变法失败后，经亨颐遭到查办而逃亡中国澳门，1903 年，他留学日本，选择了东京速成师范就读，后又入东京高等师范物理科学习，其间，他十分关注资产阶级的教育思想，尤其赞赏日本教育家及川平治所提出的“动的教育学说”。经过资产阶级教育思想的洗礼，经亨颐更加感觉到中国教育的落后，改革旧教育的紧迫感，使他在 1908 年不惜中断学业，回国应聘任当时刚筹建的浙江官立两级师范学堂的教务长，潜心致力教务擘画工作。按照当时的规定，学成归国的留学生只要赴学部做一次例行的考试，即可授予举人或进士。经亨颐却偏不这样做，“以示志不在功名”，(姜丹书《我所知道的经亨颐》载《浙江文史资料选辑》第 4 期)他的声望由此日高。

辛亥革命以后，两级师范学堂改名为浙江省立两级师范学校(1913 年夏改为浙江省立第一师范学校)，经先生首任校长，同时兼任省教育会会长，这并不是他爱权位，而是勇于承担责任。他坚持独立自主的办学精神，专心发展教育。针对当时复杂多变的政治纷争，他始终保持革命民主主义者的立场。他既拒绝与地方军阀拉帮结派、同流合污，更反对皖系军阀的穷兵黩武。对皖系骨干杨善德的督浙，他冷眼静观。当他在上海得悉浙江有人拉他作为欢迎杨善德的代表时，非常恼火，在当时日记中，他写道：“晨起阅报，见浙人有欢迎杨督军数列，而另一方面又有公民大会之发起，目余名亦其列，被控，可恨！”他断然拒绝出面欢迎杨善德，明确表示了他对军阀的厌恶和不合作态度。杨善德 60 大寿时，铺张穷极奢华，并且当局还规定文武贺官必须着宝蓝亮纱长袍、玄色亮纱马褂，虽然是夏天，但也忌着白色服装。那些趋炎附势之流，当然是遵命。但经亨颐却故意在杨善德的寿期以前，面向全体学生做了一次反奢侈和个人专制的演讲。在杨善德的寿辰那天，他独穿一件白色夏布长衫，也不加马褂，前去祝寿。这在一般人看来，实在是“叛逆”行为，“青年们对经亨颐抗世违俗的光辉性格，印象相当深刻”。正是由于他的这种个性，经亨颐在当时有“经毒头”的绰号。

浙一师在他的主持下，也可以说：“时时有改革精神，时时过改革生活。”

在 20 多年的教育实践生涯中，经亨颐始终把追求独立的教育、追求教育人员独立的人格作为一项不容置疑的内容。他反对教育行政部门任意改校长“聘任制”为“委任制”的做法，使校长的自主权没有被剥夺，为他的教育改革创造了条件，对他主持的教育会，他也表明了鲜明的态度。他通过向社会募捐在杭州平海桥西建成教育会所，使教育会事业得以顺利开展。同时，也通过这一手段与官厅始终保持着教育会的相对独立性。

“一师风潮”后，经亨颐受排挤被迫从浙江一师离职，但是他的教育热情并未减弱，他在上虞参与创办了私立春晖中学，在任春晖中学校长及以后兼任宁波省立四中校长期间，他继续不顾旧势力反对，实行新教育。

1931年左右，经亨颐到南京，当局一度想让他担任教育部长，他提出了一个先决条件，即“任何人不得干预教育部长之职权”。否则不干。其追求教育之决心及刚毅性格由此可见一斑。

经亨颐画作

经亨颐这样一种个性，甚至也体现在他的书画作品上，从传世的《经颐渊金石诗书画合集》来看，他的书法作品遒劲有力，画作多以松竹菊梅等清隽之品为题材，“大气磅礴，笔力超拔”。

## “专心教育、与时俱进”的改革家

1908年之时，尽管清政府已废除科举制度，但是仍坚持各级学堂要“以四书五经，纲常大义为主”，整个教育界仍弥漫着陈腐的封建气息，经亨颐从接任两级师范学堂教务长开始，就对制度逐步进行了改革。在课堂上，压缩“修身经学”教学时数，重视对学生进行西方科学技术和资产阶级政学时事的教学，将数学、化学博物、外国语正式列入课程，在教学方法上主张因材施教，在新招学生中作甄别考试，按不同程度分别编入预科、本科，以便利教学。为了解决当时艺术等科师资问题，他又筹办高师图画手工专修科。

苏俄十月革命后，进步的思想传入我国，特别是经过五四运动、新文化思想激荡，面对滚滚而来的进步新思潮，经亨颐认为：“知其势力之伟，故不宜为顽强之抗抵而当与顺应，知其功用之大，故不宜为淡漠之恝置而当加以欢迎！”表明了他对新文化运动的态度和立场，五四前夕，他将原来的《教育周报》改为《钱江潮》，不断发表进步文章，使其成为倡导新文化的工具，在第一期上，他发表了《动学观与时代之理解》一文，提出了“与时俱进”的教育改革方针，酝酿进行改革。

五四运动爆发后，他作为一位有声望的教育家，毅然站出来支持进步青年的爱国运动，5月12日杭州各校学生上街游行声援北京，这一天日记中写道：“9时，全城中等以上学生3000余人，自公众运动场出发，先过教育会，气甚壮，余

出助呼万岁，直至下午 3 时始回原处，秩序甚好。”他的这一行动，给了学生极大的鼓舞，但也招来了顽固守旧势力的攻击，反动当局甚至扬言要撤他的职。但经亨颐不以为然，依然为支持学生运动而奔波，在 5 月 27 日的日记写道：“余所处地位，新旧交攻，众矢之的，收放则可，而志不能夺！”6 月 12 日，当五四运动取得胜利的消息传到杭州后，他高兴地欢呼：“民治精神可贺，可贺！”

在迎接五四新思潮的同时，经亨颐的思想也在这场运动中得到洗礼，他曾说：“五四运动凑巧为我做十周年的纪念（在一师任职），使我大觉悟、大忏悔。”“这几月的进步，至少抵得上二十年。”在一年一度的祭孔大会前夕，经亨颐不顾社会舆论的指责，借口到山西出席全国教育会议，毅然提前离开杭州，做出了当时很多人认为的“大逆不道”行为。

五四以后，经亨颐更是以北京大学为榜样，在浙江一师大刀阔斧进行了教育民主改革。

首先，实行职员专任。当时的教师往往同时兼好几个学校的课，这样，做教员的至多对教课负责，而不是对学校负责，他以为这是一种流弊，易形成校长之专权，不利于学校的民主决策，难以达到“集思广益”的效果。1919 年秋季，他聘了专职教员 16 人，每星期开例会一次，共商学校大事。

其次，支持学生自治，以推行民主管理精神，培养学生自治能力。他把学校事务分为学校行政和学生自治两部分，规定学生自治制度由学生自行议定，学校不予干涉。经过充分酝酿和筹备，1919 年 11 月 16 日，一师学生自治会正式宣布成立，以后各地学校相继仿效。

再次，改革国文教授。经亨颐认为师范学校不是“国故”专政，“经史子集，不但苦煞了学生，实在是误了人生”，更无益于教育的普及，而且“国文应当为教育所支配，不应当国文支配教育”，因此国文课应改为国语课，教授白话文，所用教材除了由国语老师自编外，更多节选《新青年》《每周评论》上陈独秀、鲁迅等人的白话文章，注重了文章的思想性。

最后，试行学科制。原来的学年制规定，学生一门课考试不及格，就留级，其他课程也要重读一年，经先生以为这种制度是“轻视青年光阴，束缚学生的能力”，于是提出了试行学科制的设想，其办法是：以每一学科为单位，规定各课程的学分数，该课程学分数又分若干年修毕，修完各科学分后毕业。

为了保证教育改革的实施，他大胆聘用思想进步的教师，如陈望道、刘大白、李次九，夏丏尊等，这四人当时被称为“四大金刚”，在校内广泛传播新文化，推进了学校教改实施。

浙江一师实行教育改革后，校风大为改观，学术氛围浓厚，学生思想活跃，课外活动丰富多彩，出现了一些学生自发组织的团体，如浙江新潮社、书报贩卖部、劳动团等，在经亨颐与新派教员的倡导下，学生中掀起了阅读《新青年》《星期评论》《每周评论》等进步书刊和追求新思想的热潮，一师一时成为浙江新文化中心，成为东南各省青年向往所在。

一师的民主教育改革，在当时的社会上引起了强烈的反响和共鸣，但也受到政府当局与各种旧势力的非议和中伤，他们视一师为“洪水猛兽”，把经亨颐看成是眼中钉、肉中刺，非去之而后快，经亨颐曾对学生谈过自己当时的困难处境：“你们称我为‘母亲’一语，实在当不起，你们用这句话表示无限感情，我就用这句话来比方，声诉我的苦衷。这‘母亲’是可怜的！”但即使如此，他毫不畏惧，依然我行我素。省教育厅先是逼他辞职，他当着教育厅厅长夏敬观的面理直气壮地回答：“自辞则可，受讽而辞则不可，如以我为不合，请撤职可也。”继而，省教育厅又下令要经亨颐开除进步学生施存统，辞退提倡新文化的陈望道等四位老师，又遭到他的断然拒绝。教育厅慑于他在浙江教育界的威望，不敢明目张胆撤职，只得乘学校放寒假、学生离校之机，以调经任省视学为名，罢了他校长之职，反动当局演出的“倒经”丑剧，激起了广大师生极大义愤，他们为“挽经”掀起了轰动全国的“一师风潮”，得到海内外舆论界的普遍支持，迫使教育部派人前来调停，调停的结果是改派有维新思想的姜琦担任校长，维持经亨颐开创的改革措施。

经亨颐被免去一师校长之职后，拒不赴任有名无实的“省视学”之职，离开了杭州，回到家乡上虞。

“官职可夺，其志难夺。”先生创新教育的志向并未受挫，他把自己在上虞的住处命名为“长松山房”，并写下了这样的诗句：“为木当作松，霜寒不改容。我爱太白句，居亦曰长松。”足见其不畏霜雪的凛然正气，他有感于公立学校办学完全受制于官僚而不能施展自己的抱负，因而亲自到上海劝请上虞富商陈春澜资助 20 万元，在环境安静、风光秀丽的白马湖畔建立了私立春晖中学，请了一师的夏丏尊、丰子恺、刘质平、朱光潜等人为教师，在春晖中学继续贯彻一师的革新精神。

在近 20 年的教育实践中，经亨颐热情宣传进步的教育思想，切实贯彻蔡元培制定的国民教育方针，并以一师、春晖中学、宁波省立四中为基地，大胆地进行教育改革探索，管理上变专制为民主，制度上变机械为灵活，内容上变腐朽为清新，一洗封建教育之旧习，使学校充满自由民主的气氛，出现了生动活泼的新

局面，在浙江以至全国中学界产生了深远的影响。

经亨颐不仅是一位杰出的教育活动家，而且在教育思想方面也有独到见解，先后撰写了《全浙教育私议》《春晖中学计划书》《动学观与时代之理解》《今后学校训育之研究》《改革师范教育的意见》等文章，竭力提倡动的教育和人格教育，以其卓著的功绩在近代教育史上写下了光辉的一页。

## “霜寒不改容”的进取者

一师、四中两次改革、两次受挫的事实，使经亨颐认识到在反动政府控制下，“教育救国”的道路是走不通的，教育不可能不受政治干预而独立，所以他毅然放下自己热爱的事业投身于国民革命的洪流中。

在第一次国内革命战争时期，他是孙中山三民主义的积极拥护者。当时，他与廖仲恺、陈树人齐名，是著名的国民党左派，第一次国共合作破裂后，他与宋庆龄、何香凝等结下了深厚的战斗友谊，积极参加营救，掩护廖承志等中共党员和革命人士的活动，也正是此时，精于书法和雕刻的他操起了画笔，开始作松、竹、菊图，并与何香凝、陈树人、柳亚子、黄宾虹、于右任、张大千、潘天寿等组成“寒之友社”，寄豪情于艺术。

经亨颐画作

九一八事变后，经亨颐积极响应中国共产党“停止内战，一致抗日”的主张，1935 年，曾与宋庆龄、何香凝、柳亚子、孙科等人率先响应中共《八一宣言》。邓小平同志高度评价说：“1935 年 8 月 1 日，中共中央发表《八一宣言》，宋庆龄同志和何香凝、柳亚子、经亨颐、陈树人以及于右任、孙科率先响应，影响巨大。”1937 年，经先生还和宋庆龄等 14 人在国民党三中全会上提出了以恢复孙中山三大政策、重建国共合作共同抗日为内容的提案。

“七七”事变后，经先生忧愤成疾，一年后的 9 月 15 日病逝于上海广慈医院，终年 62 岁。

生逢乱世的经亨颐，面对动荡不安的局势，反动新旧官僚的统治，始终保持着抗世违俗、卓然自立的个性，出淤泥而不染，勇于接受进步思想，顺应历史潮流，走完了他的一生，“论定盖棺离乱日，寒松终不负初衷”，经先生是无愧于他的一生、无愧于那个时代的。

# 李 叔 同

## ——无尽奇珍供世眼　一轮圆月耀天心

谢广田

李叔同(1880—1942),幼名成蹊,学名文涛,字叔同。1880年10月23日生于天津。1905年留学日本,1912年至1918年在我校执教,在众多领域都有着开创性的贡献,是我国著名的书画篆刻家、音乐家、戏剧家、教育家、诗人、学者,在诸多文化领域中都有较高的建树,是中国新文化运动和中日文化交流的先驱,并先后培养出一大批优秀艺术人才,名画家丰子恺、音乐家刘质平等文化名人皆出其门下。1918年8月19日,李叔同在杭州虎跑定慧寺出家,法名演音,号弘一。1942年10月13日圆寂于福建泉州。他是中国近现代佛教史上一位杰出的高僧、南山律宗的第十一代世祖。

坐落于杭州虎跑泉大慈山的李叔同弘一法师纪念馆,门前楹柱上镌刻了赵朴初先生的一副对联:“无尽奇珍供世眼,一轮圆月耀天心。”它令人想起出家后以“弘一”自号的李叔同传奇般的一生,以及他在杭州的艺术教育生涯、出色的才华和超凡的人品。

## 以艺术“唤起民众”

1899年,他移居上海,即在上海文坛崭露头角。所作诗词歌赋,时人争相传诵。1902年,他考入上海南洋公学经济特科班,与黄炎培、邵力子、谢无量等同学,师从蔡元培。后来,因学校发生罢课风潮,李随全体学生相继退学。1905年,他的母亲王氏去世,他改名李哀,继又易名岸,决心东渡日本留学。临行填

《金缕曲》一阕，其中有“破碎河山谁收拾?”“度群生那惜心肝剖”等语，辞意激昂，表达了他对祖国的拳拳之情和报国之志。

抵日本后，李叔同补习日文，并独立编《音乐小杂志》，印成后寄回国内发行。他又和日本汉诗人摁南(森大来)、石棣(永阪周)等名士颇多唱和。1906 年 9 月，李叔同考入东京美术学校，学油画，并在音乐学校研究作曲理论，学习钢琴。其间又与日本新派戏剧家藤泽浅二郎研究新剧演技。他与同学曾孝谷等在东京组织我国第一个话剧社团:“春柳社”。1907 年春节期间，为赈济我国淮北水灾，春柳社公演《巴黎茶花女遗事》，李叔同以“息霜”艺名饰茶花女，获得成功。欧阳予倩也来观剧，并托人介绍加入春柳社。7 月，又演出《黑奴吁天录》，李叔同饰美国贵妇人爱美柳夫人。日本戏剧家土肥春曙等特在《早稻田文学》7 月号上予以介绍。

丰子恺在《怀李叔同先生》一文中，提到李叔同在日本创建春柳社，以及扮演茶花女的事。“他自己把腰束小，扮作茶花女，粉墨登场……现在我还记得这照片:卷发，白的上衣，白的长裙拖着地面，腰身小到一把，两手举起托着后头，头向右歪侧，眉峰紧蹙，眼波斜睇，正是茶花女自伤命薄的神情。”从这里，我们也看出弘一法师李叔同演茶花女的认真与投入。

1911 年，李叔同学成回国。应天津直隶模范工业学堂之聘，任图画教员。民国成立，他至上海主持《太平洋报》副刊。苏曼殊小说《断鸿零雁记》，即在李主编的副刊发表。李与柳亚子等缔交，创立文美会，又主编《文美杂志》，并参加南社。

不久，《太平洋报》因亏损停刊，李叔同应经亨颐之聘，任教于浙江省立两级师范学校。

## 以艺术教育作育英才

1912 年，李叔同应聘到了杭州，从此开始了他的艺术教育生涯。

浙江省立两级师范学校(1913 年改名为浙江省立第一师范学校)坐落于杭州下城区贡院旧址，占地 136 亩，为当时浙江省规模最大的新式学堂。招收小学毕业生，学制 5 年，校长经亨颐治校有方，在一师校歌中，有“陶冶精神，道德润心身”之语。

音乐与美术，为美育的重要内容，经亨颐特别重视，在李叔同之前，学校原有日籍教师，但由于中日文化间的隔阂，教学难免不尽如人意，一些学生对音美这两门课有轻视感，认为是可学可不学的“游戏课”。为此，学校解聘了日籍教

师，特请李叔同来任教。一开始，师范生对于当时在文坛上颇负盛名的李叔同并不了解，有些学生甚至以为他无非是一个“潇洒豪放的贵公子”而已。

上课的预备铃声响了。一般教师来上课，总是等学生全部到齐，自己才进入教室。学生们以为这位音乐老师也不会例外。所以上第一节音乐课时，学生们嘻嘻哈哈、推推搡搡地走进教室，准备等老师进来学“唱曲儿”。岂知李叔同早已端坐在讲台上，但见他那“高高的瘦削的上半身穿着整洁的黑布马褂，露出在讲桌上，宽广的前额，细长的凤眼，隆正的鼻梁，形成威严的表情。扁平而阔的嘴唇两端带有深涡，显示出和蔼的表情”。(引自丰子恺《怀李叔同先生》)这副相貌，用“温而厉”三个字来概括，恐怕是不多不少。再看讲桌，上面放着点名簿、讲义、教课笔记本、粉笔；讲桌旁边的钢琴衣解开了，已经掀起了琴盖，端端正正地放着琴谱，琴顶面板上还放着一只怀表，用于控制时间。

夏丏尊词、李叔同曲的浙江第一师范学校校歌

学生们大吃一惊，嘈杂声立刻平息，大家乖乖地坐到各自的课桌前。立刻又发现黑板上早已写好了这一课要讲的内容。李叔同站起来，向同学们深深一鞠躬，倒把学生弄得很不好意思，大家面面相觑，不知如何还礼。

第一节课就这样开始了。

虽然大多数同学学得很认真，但有些学生仍旧习难改，一个年纪稍大的同学在偷偷地看闲书；还有一个较小的同学把痰吐在地板上。李叔同全然看在眼里，但他没有吱声，照常讲他的课。到下课时，他用轻而严肃的声音说：“你们两位同学等等再走。”这两名就是看闲书和吐痰的，两人木然不动，待全班同学走出后，李叔同对年纪稍小者说：“下次痰不要吐在地板上。”说完，他微微一鞠躬，

表示你们可以去了。还有一次，一名学生离开教室时把门碰响了，李叔同和气地把他唤回来，严肃地说："下次走出教室，轻轻地关门。"说完，他也是微微地一鞠躬，送他出去，自己轻轻地把门关上。

这样的说服感化教育，远远胜过呵斥、训话。学生从心底里敬佩这位老师，都愿意听他的课。李叔同除课堂教学之外，还利用课余时间辅导学生练琴。他每星期把新课弹一遍给学生听，略略指导琴法的要点，叫大家课后自己练习，一星期后必须练得纯熟，再弹给他听。学校辟有独立的专用教室，各有大小五六十架风琴和两架钢琴，黎明薄暮、课余饭后，整个学校都充满琴声，五六十架风琴、一台练习用的钢琴，课余时间没有空余的。

丰子恺后来在《甘美的回味》一文中回忆说："我们的同学们讲起还琴都害怕。我每逢轮到还琴的一天，饭总是不吃饱的，我在10分钟内了结吃饭与盥洗两事，立刻挟了弹琴讲义，先到练琴室内抱一下佛脚，然后心中带着一块沉重的大石头而走进还琴教室，我们的先生，他似乎是不吃饭的，早已静悄悄地等候在那里。"

使学生们惊讶的是，李叔同对每个学生弹琴的进程非常熟悉，什么人弹到什么地方他都记得，能使学生从当时的程度渐渐地高深起来。而且他对弹琴的要求十分严格，无论附点、切分音、休止符、强弱等，都非常注意，非常准确。丰子恺还回忆说："我坐在大风琴边，悄悄地吸了一口大气，然后开始弹奏，先生不逼近我，也不正面督视我的手指，而斜立在离开我数步的桌旁……但我确知他的眼睛是在斜视我的手指。不但遇到我按错一个键板的时候他知道，就是键板全不按错而用错了一根手指时，他的头便急速地回转，向我一看，这一看表示通不过。先生指点乐谱，令我从某处重新弹起……有时重弹幸而通过了，但有时越是重弹，心中越是慌乱而错误越多。这还琴便不能通过。先生用平和而严肃的语调低声向我说：'下次再还。'于是我只得起身离琴，仍旧带着心中这块沉重的石头而走出还琴教室，再去加上刻苦练习的工夫。"

李叔同是中国较早研究西洋音乐的人。他不但弹奏贝多芬等名家乐曲，还自己作曲。不过他从事教学后，就专心谱制作为教学的歌曲了。

1915年，李叔同写了好几首诗词，把它配上优美的西洋乐曲或自己所做的曲，教学生唱，一时脍炙人口。例如《送别》："长亭外，古道边，芳草碧连天。晚风拂柳笛声残，夕阳山外山。天之涯，地之角，知交半零落；一壶浊酒尽余欢，今宵别梦寒……"——这首用美国乐曲配的词，抒发了作者对远方友人的真切情意，以及在旧社会怀才不遇的悲怆之情。用词绮丽典雅，曲调凄楚动人、朴实流畅。《送别》不涉教化，意蕴悠长，音乐与文学的结合堪称完美。歌词以长短句

结构写成，语言精练，感情真挚，意境深邃。歌曲为单三部曲式结构，每个乐段由两个乐句构成。第一、三乐段完全相同，音乐起伏平缓，描绘了长亭、古道、夕阳、笛声等晚景，衬托出寂静冷落的气氛。第二乐段第一乐句与前形成鲜明对比，情绪变成激动，似为深沉的感叹。第二乐句略有变化地再现了第一乐段的第二乐句，恰当地表现了告别友人的离愁别绪。这些相近甚至重复的乐句在歌曲中并未给人以烦琐、絮叨的印象，反而加强了作品的完整性和统一性，赋予它一种特别的美感。淡淡的笛音吹出了离愁，幽美的歌词写出了别绪，听来让人百感交集。

1913年新春，李叔同为自己的诗作《春游》谱曲：

春风吹面薄于纱，
春人妆束淡于画。
游春人在画中行，
万花飞舞春人下。
梨花淡白菜花黄，
柳花委地芥花香。
莺啼陌上人归去，
花外疏钟送夕阳。

李叔同谱的曲是三部小合唱，在我国声乐史上，出现多部合唱，这还是第一次。此歌旋律轻盈、跳荡，和声正规、和谐，大有集体游春的意境，令人陶醉。

对于美术课，李叔同也十分严肃认真地对待。还未上课，他已能叫得出多数学生的姓名，原来李叔同早已把学生的点名簿拿去默认过了。由此可见他对教学的认真。每次上美术课时，李叔同总是预先把各时代、各名家的代表作搜集起来，附记在纸条上，在桌上堆了一大堆。

一年级的美术课，是木炭石膏模型写生。此前，浙一师学生一向习惯于临摹，李叔同却提倡写生。潘天寿、丰子恺等人按李叔同的方法学习，果然进步很快。

李叔同在浙江第一师范所上音乐图画课，开国内艺术教育之先河，在社会上引起了很大的反响。1915年，南京高等师范学校校长江谦亲笔致函经亨颐校长，要把李叔同聘走。李叔同权衡再三，觉得离不开浙江一师，又感慨于江谦校长的盛情，最后决定杭宁两校各兼教半个月。当李叔同在浙一师缺课时，由助教代课，同学们仍然很认真地学习。

李叔同的人体写生课，后排右二站立者为李叔同

在浙江第一师范，李叔同还首创人体模特写生教学，又与经亨颐、夏丏尊等支持学生组织了金石篆刻研究会，名曰“乐石社”，师生共同研究篆刻，发扬民族艺术，满足师生的艺术需求。成立“乐石社”那天，四五十位社友一致推荐李叔同为社长。“乐石社”的活动，开国内课外活动小组之先河。与此同时，李叔同又与吴昌硕、叶舟结为好友，后又参加了西泠印社。

更可贵的是，李叔同尊奉“士先器识而后文艺”思想，以为首先重道德品质。因此，李叔同高尚的师德、卓越的才华，以及对学生藏而不露的爱心，使所有受过他教诲的学生都终生难忘。

弘一法师李叔同出家前与刘质平(左)丰子恺(右)合影(1918 年 4 月)

出身于贫困家庭的学生刘质平，对此感触尤深。李叔同深知刘质平的音乐天赋与刻苦精神，对他精心辅导，为他开“小灶”，讲如何弹琴、如何作曲等等。如李叔同要去南京兼课，不得不离开杭州十来天，他怕刘质平荒废学业，就亲笔写信请美籍钢琴家鲍乃德夫人对刘质平继续辅导。在刘质平临近毕业之际，李叔同考虑到刘质平的经济状况，为刘质平申请官费留日而四处奔波，素来不肯求人

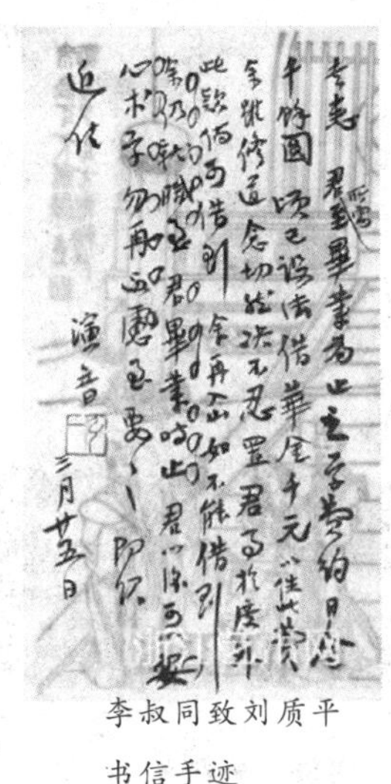

李叔同致刘质平书信手迹

的李叔同吃尽了软钉子，毫无结果。最后李叔同从自己每月105元薪水中拿出20元，以助刘质平读书。李叔同对刘质平的资助，不仅仅是师生情谊的流露，更显示了他关心艺术教育、为国家培养艺术人才的心愿，蕴含了李叔同的拳拳之心。

李叔同是浙一师的音乐、美术教师，但他也是一位老同盟会会员，是一位矢志不渝的爱国者，他没有忘记自己在《金缕曲》中"度群生那惜心肝剖"的抱负。辛亥革命的成功，使他感到中国有了希望。他吟写的《满江红》中："看从今一片好山河，英雄造"的气势，表露了李叔同对祖国的满腔热忱。很显然，他心目中的艺术教育，是把艺术人才的发现与培养和中华民族的崛起紧密地联系在一起的。

## 依然是一位积极的爱国者

1918年，浙一师校园里传出了惊人的消息，正当盛年的李叔同要出家当和尚去了。许多人都不相信这是真的，然而事实确实如此。

事情是夏丏尊引起的。一次，夏见日文杂志上一篇介绍断食之文，说断食是身心更新的修养方法，能产生伟大的精神力量，释迦牟尼、耶稣基督均曾有断食之举。李叔同听了决心予以实践，于1916年底去杭州虎跑定慧寺断食17大。从此对寺院生活发生了兴趣。返校后虽仍旧授课，但却已开始茹素读经。他为人执着，如专心于一事，必深研到底。后来得著名儒学家、书法家马一浮先生的指点，又目睹马一浮之友彭逊之在定慧寺出家，深受感动，遂亦皈依三宝，拜了悟法师为皈依师，演音之名，弘一之号，即皈依时所取定。

1918年，李叔同结束教务，将平生所作油画和水彩画赠予北京美专，笔砚碑帖赠予书法家周承德，书画和自己临摹的书法赠予夏丏尊和堵申甫，自刻的印章和友人赠送的92方金石赠予西泠印社，衣服书籍等赠予丰子恺、刘质平等学生，好玩小品赠予陈师曾，自己径往定慧寺师从了悟和尚，剃度出家。同年秋，他在杭州灵隐寺受具足戒，从此成为比丘。

出家后的李叔同孜孜探求佛经奥理，依然才华横溢，其时虽"诸艺俱疏"，但书法不废。所写佛号经偈与人结缘，得者珍如拱璧。华夏出版社出版的《弘一

大师遗墨》，即颇受书法界青睐。作为佛教徒，他精研戒律，苦学潜修，闭户著书，出家后的李叔同讲经说法，颇有盛名，被佛门称为“振兴南山律宗第十一代祖师”。除修持宣传佛法外，他还积极地协助他在浙江一师的高足丰子恺编辑《护生画集》，帮刘质平谱著《清凉歌集》，又敦促高文显辑著评传《韩偓》，以表彰晚唐诗人韩冬郎。始终与浙一师的友人、学生有联系，其自尊自爱、自强不息的精神，是贯彻始终的。他依然是一位积极的爱国者，1937 年抗战爆发，法师应邀为厦门市第一届体育运动会作歌。词云：“禾山苍苍，鹭水荡荡，国旗飘扬，健儿身手，各显所长，大家图自强。你看那，外来敌，多么披猖！请大家想想，切莫再彷徨。请大家……把国事担当！”有谁能相信，这洋溢着爱国激情的呼声，竟会出自一位“与世绝缘”的老僧笔下呢？

出家后的李叔同

李叔同作词的厦门运动会歌

1942 年 10 月 13 日，李叔同圆寂于闽南泉州。浙江佛教界为了纪念这位先辈，把他的部分骨灰迁回杭州，葬在他出家的虎跑大慈山后山上。1953 年，法师的好友和弟子叶圣陶、马一浮、钱启濛、章锡琛、丰子恺等集资在虎跑茶室后面的山腰里建造了纪念石塔。李叔同纪念室也已在 1984 年 6 月正式开放。

# 姜丹书

## ——艺苑耕耘五十年

史 航

姜丹书(1885—1962),出生于江苏省溧阳西乡南渡镇大敦村,17岁时考入南京两江师范学堂的图画手工科。作为中国自己培养出来的第一代艺术教师,到浙江官立两级师范学堂(后改名为浙江省立第一师范学校)任手工和图画教师。1924年兼任刘海粟先生创办的上海美术专门学校教授。翌年,辞去一师教职,任上海美专艺术教育系主任并兼中华书局的编辑工作。此后,又曾先后兼任国立西湖艺术院(今中国美术学院前身)、上海新华艺术专科学校和中国纺织染专科学校的教职。新中国成立后,姜丹书进入无锡华东艺术专科学校(今南京艺术学院前身)任教。1958年退休回到杭州,被选为浙江省美术家协会副主席,1962年6月因心肌梗死逝世,享年78岁。

### 艺苑耕耘

姜丹书先生一生从事艺术教育。早期的14年,主要是在浙江官立两级师范学堂(即后来的浙江省立第一师范学校)度过的。那时该校名流荟萃,校长经亨颐,教师周树人(鲁迅)、李叔同(弘一法师)、夏丏尊、胡公冕、沈尹默、马叙伦、张宗祥、陈望道、叶圣陶、刘大白、俞平伯、朱自清等,均与他先后同事并建立了深厚的友谊。经亨颐被反动势力迫害去职后,因不愿与蒋介石政权同流合污,曾一度在上海以出卖书画金石为生或在他校任职,但姜丹书仍与他保持密切联系,积极参加了经亨颐发起的画社"寒之友社",并受经亨颐的委托,在杭州西湖

仁寿山购得数亩土地，亲自设计作图，监工造屋，准备建“寒之友社之所”。可惜只建了一半，因经亨颐猝逝而中断。对于李叔同，姜丹书更可谓是“心仪已久”。李叔同于1912年秋到浙江省立两级师范学校教图画和音乐时，两人是朝夕相处的同事。他们志同道合，声气相应，交往益契。著名美术家丰子恺、潘天寿等都是他俩的弟子。然而姜丹书对于这位密友中年出家为僧一直不以为然。1932年柳亚子到姜丹书家小饮，席间柳挥毫赠姜丹书诗八首。其中一首：“重话樽前李息霜，风流文采亦何常。精修苦行吾无取，麻醉神经事可伤。”诗后还有小注：“评息翁披剃事感成此赋。”可见他俩的看法是相同的。

然而这并不妨碍姜丹书和出家后的李叔同之间的友谊。姜丹书母亲的墓志铭即为李叔同署名为大慈演音出家后的第一幅作品。(因为李叔同为僧后释名演音)

李叔同书写的姜丹书母亲的墓志铭

早在辛亥革命时，姜丹书就曾带头剪去辫子，并在故乡溧阳手擎大刀率领村民巡逻，以防清军来犯。1920年春，浙江发生了震惊全国的“一师风潮”，广大师生与军阀当局和封建守旧势力进行了不懈的斗争。姜丹书义无反顾地站到进步势力的一边。当反动武装军警包围学校、进步学生被赶至大操场上就地坐下“仰天叫哭、抵死抗拒”，局势异常危急之时，姜丹书和一些散居校外的教师自动地到文龙巷奉化试馆内集会，决定分作两路紧急救援：一路去买馒头，从西面围墙外抛进操场，以解被围学生的饥饿；一路奔往在杭其他学校告急求援。姜丹书奔往女子师范学校，直入教室大声呼救。很快就集中了2000多名学生，以女子职业学校、女子师范学校的学生为先锋，直赴浙一师，与一师学生汇合。姜丹书还不顾个人安危，与王更三、胡公冕等进步教师当场对军警进行说理斗争，终于迫使反动当局让步。

和李叔同一样，姜丹书把他的心血贯注于艺术教育事业，指望用教育来唤起民众，振奋民族精神。他50余年的艺术教育生涯，除初期教过15年西画以外，由于教学的需要，转入专教技术理论。主要是教艺用解剖、透视、用器画等课，其中又以教艺用解剖的时间为最长。他边学、边教、边研究、边著作，出版了10多种艺术理论书籍，在国内多属创造性工作。辛亥革命后，全国实行新教育。

姜丹书《美术史参考书》书影

当时教育部公布的《师范教学大纲》中规定，师范学校必须教美术史。但课本呢？《大纲》中又在括号内写明“暂付阙如”。既要教，又无课本，怎么办？当时正在浙江第一师范任教的姜丹书思索良久，决定与其等课本，还不如自己搜集资料边学、边教、边编讲义，使学生不致因无课本而辍学。于是他三次易稿，通过试讲，写成了《美术史》及《美术史参考书》，1917年由教育部审定作为本科用师范学校新教科书，由商务印书馆出版。《美术史》一书包含甚广，分上篇中国美术史四章和下篇西洋美术史九章，时间上从上古时代一直写到当时最流行的画派（印象派、后期印象派、立方体派、未来派等）；内容以绘画为主干，包括建筑、雕刻、治印、书法、工艺美术等。下篇西洋美术史中还附带讲到印度及东方诸国的美术。在当时确是填补了教材中的一项空白。

## 桃李满天下

姜丹书执教50年，可谓“桃李满天下”，然而他却异常谦和，从不以师辈自居，总是把学生所取得的成就归功于学生自己的努力。一次，有位报社记者来访，问：“潘天寿、丰子恺是否皆出于先生门下？”先生答道：“说是‘及门’可以，说是‘出门下’可不敢当！他们的成就是靠自己努力取得的，与我无关。”这位记者一再要求姜丹书将他的学生择优开一名单，他再三说：“我们当教师的，好比育婴堂的奶娘，婴儿吃奶时投在我们怀里，一旦能吃饭就离开我们了。所以他们以我为师可以，不以我为师也可以。”尽管姜丹书这样说，实际上，他的学生们始终不曾忘怀他。潘天寿成家后，提到姜丹书时总是称他为“丹书夫子”，潘天寿的得意门生来楚生更是称姜为“老师的老师”。1973年，姜丹书已谢世11年，丰子恺在接待客人时仍深情地回忆了不少他在浙江一师读书时的情景，以及李叔同和姜丹书两位图画教师对他一生的影响。1959年，姜已退休回到杭州，漫画家米谷（朱吾石）远道来看他，并自认是他的学生。姜觉得米谷大名鼎鼎，平时看到他的作品，简直心仪为师的，孰知竟是自己的学生！当米谷说出学生时代的真姓名，才觉得脑海中还有他学生时代的印象，两人相视而笑，都感到由衷的喜悦。对于学生的青出于蓝而胜于蓝，姜丹书常喜借王石谷对王麓台说的话来

作比:“此烟客(石谷)师也,而师烟客耶?”这确是十分贴切的!自认是姜丹书学生的并非全是艺术界人士,像已故杭州大学副校长、著名数学家陈建功也曾就读于浙江一师,因为图画是公共科目,所以也听过姜的课。1961年在浙江省纪念辛亥革命50周年的晚宴上,陈建功和潘天寿一起站起来将姜丹书介绍给浙江省省长周建人,说:“姜先生是我们俩人的老师,周树人(鲁迅)先生的同事。”著名作家许钦文从潘天寿处知道他的老师金咨甫和朱酥典都曾是姜的学生。后来在姜的公祭会上表示:“遗恨不曾当面叫声太先生!”

在众多的学生中,与姜丹书情谊最深的要数潘天寿。20世纪20年代末,姜与潘天寿都在上海工作,同时又都在杭州的国立西湖艺术院兼课,每周来往于沪杭之间,各住3天,人称“航船老师”。姜丹书特地写诗《沪杭车上口占示同道潘天寿》记述此事。诗曰:“古无往教只来学,今我憧憬做教航。七日巡回千里路,十年挈破五提筐。春怡桃柳迷烟景,秋赏柏枫耀艳阳。夏雨冬风老扑面,同行赖有一潘郎。”抗战前夕,姜丹书又与潘天寿、来楚生等一起组织画社“蓴(莼)社”,一则取“吴道子中年行笔如蓴(莼)菜条”之义,二则以莼为西湖名菜。蓴社每个月雅集并作画一次,地点就在姜丹书的“丹枫红叶楼”画室。姜丹书与潘天寿经常在一起吟诗作画,畅叙胸怀。师生结伴去普陀,登黄山,溯富春江,吊严子陵,游善卷洞、张公洞,访诸暨苎萝村、西子祠等。日寇逼近杭州时,姜、潘两家又结伴沿建德逃难至金华,才挥泪分手。后来,姜丹书转徙上海,潘天寿远走滇边。姜丹书曾赋诗三首寄“滇边阿寿”,其中有“记取当年惯伴游,婺江一别散盟鸥”,“苦忆三年不赋诗,衹因意绪若迷痴。谁教如此西湖客,一走蛮荒一混夷”等句,可见两人感情之深。现在,姜、潘两人皆已作古,然而两家眷属仍有通家之好。姜比潘大12岁,两人都属鸡,所以两人生前曾合画一幅《双鸡图》,一人画一只鸡。多年以后潘天寿的夫人仍能指认图中哪一只鸡“姓姜”,哪一只鸡“姓潘”。

## 书 生 本 色

正直、乐天、朴素、善良是姜丹书的本色。他的大半生是在战火和颠沛流离中度过的,多次携家逃难。对于军阀混战、日寇侵华和抗战胜利后国民党的腐败统治,他深恶痛绝。抗战时姜丹书在上海,夫妻二人带着三个孩子住在法租界一家香烛店楼上,屋子狭小且朝北,冬冷夏热,窗临闹街,日夜喧嚣不绝。环境可谓恶劣,生活也很艰难。为了维持最低生活,他到处奔波,有时一天要跑7

所学校教书，忙得连早饭也来不及吃。可是姜丹书推己及人，常常发动艺术界友人募集作品举行书画义卖展览会，筹款救济难民同胞。讲课之暇，还常与汪亚尘、朱屺瞻、唐云等好友一起吟诗作画，他作的《燕见焦梁学骂人》，画面上几只燕子停在发了绿的柳树上，对着被烧毁的残栋焦梁，似乎在痛骂日寇的滔天罪行。他又在一幅《煮蟹图》上题道："豆萁燃未了，君已不横行。"下注"刺寇也"三字。憎爱之情借诗话表露无遗。

姜丹书颇有安贫乐道的精神，始终过着俭朴的生活，保持着一个不阿世不媚俗的学者本色。他抱定终身为艺术教育事业服务的宗旨，从不去投机钻营，即使有人送官上门，他也不变初衷。抗战胜利后，国民党一批官员，贪污纳贿，大发"胜利财"，舆论称接收为"劫收"。姜丹书对此深为痛恶。1945 年 10 月，迁至重庆的国立艺专聘请姜丹书为接收杭州校舍校产委员，姜以人地关系义不容辞，率领一批职员至杭东奔西走，多方交涉，才将校产点收封存并造册上报。几个月中，他以自己的旧宅作为临时办公处，白天到处奔波从不雇车，晚上没有电灯，则买灯草与菜油点火(当时洋油价贵)伏案工作。他事必躬亲，一切经费出纳全部公之于众，公物虽细如针芥也不准进门，同事无不钦佩他的为人。也有人暗中笑他为"伧夫"，埋怨他自己不去发财，也不准别人发财。姜丹书笑而听之，仍然我行我素。直到当时新任校长潘天寿从重庆来杭，他当面交接清楚后，才两袖清风返回上海教书。

## 丹 枫 红 叶

在姜丹书的画稿中，红柿出现最多，这也是他最擅长的题材。红柿既是一种佳果，鲜甜可爱，又象征着美好与吉祥。每年秋天，他常常如痴如醉地徜徉于杭州西溪的柿林里，仔细观察，现场写生，苦练数十年。他画柿子时，先用笔饱蘸彩墨，只几笔就画出一只红柿，再以黑线略为勾出轮廓，鲜艳之状可掬。姜也善于写诗和散文，他的遗稿《丹枫红叶室诗草》中，有的感赋史事，常有新解；有的意深语妙，风趣横生；有的则颇具异国风情，句亦奇崛。新中国成立后，姜丹书以高昂的热情开始了他新的艺术教育生活。1955 年，无锡华东艺专为姜丹书开了一次个人画展，作为他年逾古稀、从事艺术教育将届 50 年的纪念。展览会上除了绘画以外，同时也展出了他已出版的十余种专著及未出版、将出版的手稿。姜丹书对新中国十分热爱，以 70 多岁的高龄，仍在讲台上为新一代大学生讲课，课余仍积极绘画与写作。退休前，他总结了一生的教学经验，写出了最后

姜丹书画作

一本专著——《艺用解剖学三十八讲》。还在此书后附录《六部艺用人体解剖学图书校勘记》，对国内流行的六种中外艺用人体解剖学图书校勘，一一指出其误处，俾使藏有这些图书者能据以改正。姜丹书对学术研究就是这样认真严谨、一丝不苟的。退休后，姜丹书在西子湖畔的丹枫红叶楼度过他生命中的最后 4 个年头。这几年中，他仍孜孜不倦地致力于艺术教育和学术研究。政协和美协每有会议和活动，他是必到的一个，而且常能畅所欲言。作家许钦文在回忆姜丹书的散文中说："（他）童颜、直率、健谈、精神抖擞；有先生在一起，我们总觉得是热热闹闹的。"姜丹书还写了不少艺术史料和文史资料。他自称是"白头宫女"谈"天宝遗事"，虽一鳞半爪，均为自己亲身经历，许多有史料价值的掌故，也只有他这样的老人才能写出来。就在他逝世的那天早晨，他还亲自跑到浙江省政协文史资料委员会抽回一篇有关艺术史的资料文章伏案修改。他曾经说过："古诗人说'春蚕到死丝方尽'，那么我吃了一世人民的桑叶，最后更应该做一只薄皮茧子作为报答吧！"

姜丹书这样说的，也一直这样在做。艺苑耕耘 50 年的历程，就是明证。当他和李叔同、刘海粟等老一辈艺术教育家开始耕耘的时候，我国的艺术园地还是一片荒芜。正是无数先行者的奋斗拼搏和像他那样的艺苑园丁一代又一代的辛勤劳动，才迎来了艺术园地姹紫嫣红、争奇斗艳的局面。抚今追昔，人们对这位艺苑老园丁，怎会不倍加思念呢？

# 沈 尹 默

## ——教育先驱，书法泰斗

郑岁华

沈尹默(1883—1971)，原名君默，浙江吴兴人，著名书法家、教育家、文史学家。早年留学日本，1908 年在浙江官立两级师范学堂任教。后任北京大学教授和校长、辅仁大学教授。新中国成立后历任中央文史馆副馆长、上海市人民委员会委员、第三届全国人大代表等职务。

## 一生与教育结缘

沈尹默是一位杰出的教育工作者。他一生关怀教育事业，关心教师的培养，全力爱护学生，关心他们的健康成长。

1907 年，由于经济困难，家里无力供他在日本继续求学，24 岁的沈尹默不得不中途停学回国。次年，他回到了故乡吴兴县竹墩村(今浙江省湖州市下昴乡竹墩村)。在家乡，他得到同乡俞环澄的赏识，并把他介绍到杭州代课。接着，便在浙江官立两级师范学堂、杭州府中学堂任教，开始了教师生涯。先后同苏曼殊、周树人(鲁迅)、陈叔通、沈钧儒、陈独秀、刘季平、柳亚子、章士钊、马一浮等文化界人士往来，特别是同鲁迅，由于后来他们又同在北京，一起先后参加了五四新文化运动和北京女师大学潮的战斗，因此更成了至交，来往不绝，直到鲁迅逝世后，他还时常用诗词和笔墨来寄托自己深深的怀念。

1913 年，由杭州工业学校校长许炳堃推荐，沈尹默从杭州来到北京，在北京

大学中文系任教。1922 年，沈尹默又兼任了北京女子师范大学教授，再次直接从事师范教育。

沈尹默到北京女子师范大学任教以后，由于他和鲁迅、马裕藻（幼渔）等人不仅具有渊博的学识，而且十分爱护学生，具有敢于主持正义的刚直节操，因此赢得了广大学生的敬仰和尊重。当时，许广平也正在北京女师大读书，她在后来一篇回忆鲁迅的文章中曾叙述了初到女师大的情景：“……我初到北平时，即听朋友说北平文化界之权威，以三沈、二周、二马为著（指沈尹默兄弟三人和鲁迅兄弟以及马裕藻兄弟的合称）。女师大竟有那么多的名教授，这是使同学们非常欣慰的事。”特别是他们公开支持北京女子师范大学风潮的正义斗争，在当时更是轰动了北京，影响到全国，鲁迅先生也曾多次在著作中写到这件事。

一个优秀的教育工作者，必然对学生怀着一片真挚的爱心。沈尹默坚决反对那种放弃教育、单纯惩办学生的教育思想和做法，他常说：“搞教育者，教育学生成人也，开除自己的学生，岂不是宣告自己在教育上的失败么？”特别是在 1932 年他任职北平大学校长时，因当时反动政权压制学生抗日爱国运动，命令开除沈毅然等学生，对此，他十分反感，坚决抵制，因抵制无效而愤然辞去校长职务，移居上海，以示抗议……从此，他虽然离开了直接从事学校教育的讲坛，但他还是从各方面关心教育工作，关怀着对下一代的培养。在他言传身教的影响下，沈尹默一家许多人都从事教育工作。直到 1963 年，年逾 80 高龄的沈尹默到北京出席全国政协三届会议时，知道他的大儿媳妇仍在北京二十七中学（即原孔德学校）工作，十分高兴，希望她不要再回大学工作，而且“一定要钻研业务，教好孩子……”后来，当他得知他的长孙被保送进师范大学以后，更是高兴，亲切地拉着手，对他说：“我是老师，你爸爸是老师，你妈妈是老师，你将来也是老师，咱们全家都是老师……”他那种关心教育、热爱教师工作、始终为教师职业自豪的挚爱深情，深深地教育并激励着后人，为当好一个人民教师、培养好新的一代而不懈努力！

1917 年 1 月，中国著名教育家蔡元培出任北京大学校长，立志革新北大，到任之前，先去访问沈尹默，征询他的意见。沈尹默完全赞同办教育必须在不断革新中前进，以及“学术自由、兼容并包、兼通新旧、融合中西”的教育主张，并向蔡提出了三项重要建议：一是要重视经济问题，让北大的经费有保障；二是要组织评议会，让教授来治校；三是要重视教师知识的更新与提高，应该规定每隔一定年限，派部分教师和学生到国外去进修深造。沈尹默的这些革新建议，立即被采纳，有些建议后来写进了北大章程规定。

就在蔡元培就任北京大学校长的同时，沈尹默还积极协助他创办了北京孔德学校。这是一座新型的学校，从小学到高中，须读10年，学生一般都是北大教工子弟，由蔡元培兼任校长，沈尹默兼任校董。

沈尹默不仅为孔德学校的创办和革新教育操劳，而且还多次把私人积蓄捐献做学校教育经费。即使在他已离开了学校多年，甚至八年抗战流寓重庆的艰苦岁月中也不例外……沈尹默一生之所以对教育事业、对教师工作充满了无限深情，并为之倾注了无数心血，正是因为他心中有着无穷的爱：爱祖国，爱生活，爱孩子，更爱未来！

## 书法成就名扬四海

沈尹默先生是陈毅进城后第一位拜访的民主人士，是第一届上海市人民政府委员，是周恩来总理任命的中央文史馆副馆长、历届上海市人民委员会委员、全国人大代表和政协委员。1949年后，他先后参加了市政协、市博物馆、市文管会、中国画院、市文联、市文史馆的工作，亲自创建了新中国成立后第一个书法组织——上海市中国书法篆刻研究会，为祖国文化事业的繁荣，尤其对中国书法艺术和理论做出了卓越的贡献。毛主席曾接见过他，对他的工作和艺术成就给予了高度的评价。

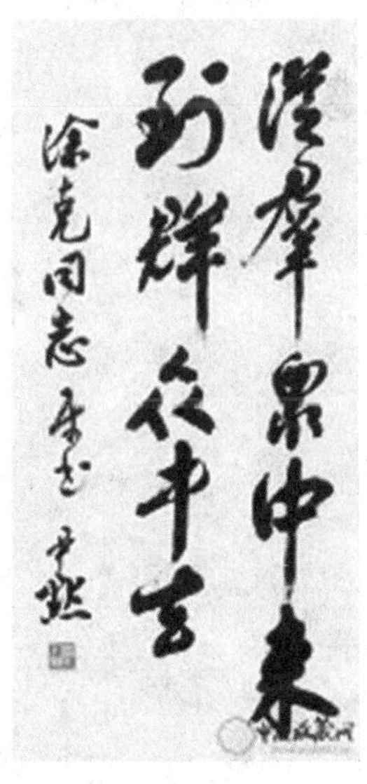

沈尹默书法作品

民国初年，书坛就有“南沈北于(右任)”之称。20世纪40年代书坛有“南沈北吴(吴玉如)”之说。著名文学家徐平羽先生谓沈老之书法艺术成就“超越元、明、清，直入宋四家而无愧”。已故全国文物鉴定小组组长谢稚柳教授认为：“数百年来，书家林立，盖无人出其右者。”已故台北师大教授、国文研究所所长林尹先生赞沈老书法“米元章以下”。

《中南海收藏书画集》的第一页乃是沈老写给毛主席的书法。周总理家中和办公室都曾挂过沈老的字。

他的书法用笔挥洒自如，如行云流水，自然流畅。笔墨跌宕起伏，浓淡相间，有欧阳询之神韵，带赵孟頫之骨肌，深受众多文人墨客的赏识。沈先生的书法理论著作则多发表于1949年以后：1952年的《谈书法》，1955年的《书法漫谈》，1957年的《书法论》和《文学改革与书法兴废问题》，

1958 年的《学书丛话》，1960 年的《答人问书法》，1961 年的《和青年朋友们谈书法》以及《和青年朋友们再谈书法》，1962 年的《谈中国书法》和《怎样练好使用毛笔字》，1963 年的《历代名家学书经验谈辑要释义——上》，1964 年的《书法艺术的时代精神》和《二王法书管窥》，1965 年的《历代名家学书经验谈辑要释义——中》，1978 年的《书法论丛》，1981 年的《沈尹默论书丛稿》。沈老书法作品广泛流传于海内外，深得人们的喜爱。特别是 1981 年出版的《沈尹默书法集》，比较全面地收集了他 20 岁以后各个时期的代表作，反映了他书法嬗变的全过程。1999 年的《沈尹默手稿墨迹》则为他的草稿书札精品 40 余件，以行草为主。近年来在海峡两岸收集到沈老书墓志铭 8 种，从 1921 年到 1960 年，横跨 40 年，可以看到沈老楷书从北碑、唐晋风味演变到自成独特风格的过程。

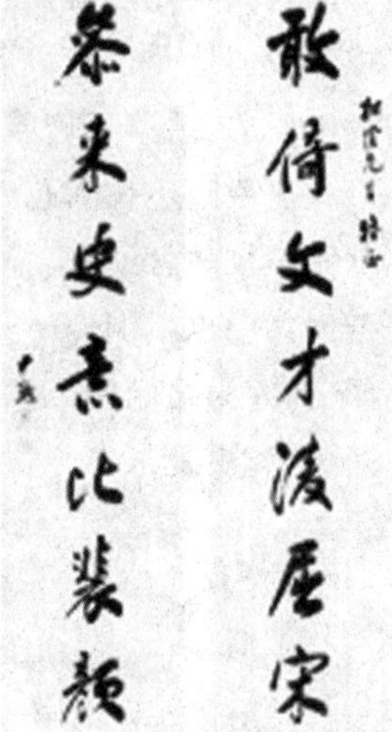
沈尹默书法作品

# 夏 丏 尊

## ——他的心中有个爱的世界

刘 也

夏丏尊(1886—1946),名铸,字勉旃,浙江上虞人,教育家、文学家。1905年赴日本留学,入东京宏文学院。1907年跨考东京高等工业学院,一年后辍学回国。1908年任浙江官立两级师范学堂教员,任教国文,兼任舍监,历经浙江省立两级师范学校、浙江省立第一师范学校时期。积极传播新文化,为学校"四大金刚"之一。"一师风潮"后离校。历任湖南第一师范学校、上虞春晖中学、暨南大学等校教职。"白马湖作家群"领袖人物,主持开明书店编务。1936年当选中国文艺家协会理事、主席。译作《爱的教育》风靡一时。

## 一生与教育结缘

夏丏尊,1886年出生于浙江省上虞市松厦一个贫寒的教书先生家庭。他是20世纪上半叶著名的教育家、出版家、作家。在杭州师范大学的校史上,他是一位杰出的慈爱的老师,做出过极大的贡献。他在杭师大的前身——浙江官立两级师范学堂、浙江省立第一师范学校执教长达12年之久。

由于家境贫寒,夏丏尊的求学道路十分艰辛。他自幼熟读经书,15岁就中了秀才。1902年去上海中西书院(上海东吴大学的前身)读书,但是只读了一个学期,因学费生活费无以为继而辍学回乡。1904年,夏丏尊又进入绍兴府学堂就读,他刻苦好学,成绩优异,颇得老师及同学的好评。第二年却又因为家贫而退学。回乡后,他一边替父亲坐馆教书,一边坚持自学。在那段时间里,夏丏尊

读了《天演论》《新民丛报》等新书报，开始接触新思潮。1905 年，强烈的求知欲促使年轻的夏丏尊向亲友借贷银洋 500 元，赴日本留学。他先入东京宏文学院，后来又考入东京高等工业学院。但是不到两年，由于所筹学费不够，又未能得到官费的资助，夏丏尊只得辍学回国。

夏丏尊已读过国内外好几所学校，却都由于家境贫寒而未能修完学业，没有一张文凭。但是他好学上进，不断从生活中、从工作中、从书本中学习，使他成了一位博学多才的导师、学者和专家。

他是一位著名的教育家。从 1908 年起，他先后在浙江官立两级师范学堂（后改名为浙江省立第一师范学校）、湖南第一师范学校（曾和毛泽东共事过）、上虞春晖中学、浙江省立四中、上海江湾立达学园、上海暨南大学、上海南屏女中等学校任教。他在校园里宣传新思潮、推行教育改革，同时又把学校当作自己教育思想的实验园地，做了许多有意义的探索。

他又是一位著名的出版家。1925 年，他到上海之后，一面教书，一面从事出版工作，任开明书店编辑所所长。在他的主持下，当时影响很大的开明书店出版了大量进步的中外名著，发行了《中学生》《新女性》《新少年》《月报》等进步杂志，哺育了一代青少年。

他还是一位著名的作家。他一生编著、翻译的作品甚丰。他所编著、翻译的作品大半是教育论著和教科书。其中主要译作《爱的教育》，是新中国成立之前最受青少年欢迎的读物之一，产生过很大的社会影响，是“白马湖作家群”领军人物。1936 年他当选为中国文艺家协会理事、主席。

教育界、文化界的许多知名人士，都把夏丏尊视为最值得敬爱的师长。夏衍曾回忆说：“受过他的教诲的人，和他共事过的人，想起他就会有一股敬爱的暖流涌上心头。”丰子恺一生十分敬仰自己的老师夏丏尊。楼适夷也说“我是先生的一个学生，从青年时代即身受先生亲切的教导和热情的关怀。先生也是我的一位恩师……”钱君匋回忆起与夏丏尊一起工作时的情景：“无论在做人上、在书籍装帧上、在音乐上、在写作上，都得到了教益，这是我没齿不忘的。”朱自清在散文《白马湖》中写道：“我不能忘记丏翁，那是一位真挚豪爽的朋友。”为什么有如此众多令我们敬仰的前辈对夏丏尊这样敬爱呢？其间的原因只有一个：因为夏先生的心中有一个爱的世界，他爱祖国、爱人民、爱事业、爱青年。数十年来，无论是教书或写作，他都毫不吝惜地付出了全部的心血，在千百万读者和学生的心田里撒下了爱的种子。正是这种无私的奉献，使夏丏尊质朴恬淡的一生折射出绚丽的光彩。

## 爱的教育

夏丏尊的教师生涯从浙江官立两级师范学堂开始，他在此执教长达 12 年之久。那时，学校的教员只管教书，而管各种事务的职员任务庞杂且待遇较低，尤其是管寄宿生的舍监，原任舍监因此而辞职。夏丏尊原是教员，却主动向校长自荐兼任了舍监之职。他觉得平时当老师都是在课堂上讲大道理，真碰到学生的实际情况，比如饭厅学生的饭菜倒翻了，厨工和学生有矛盾了，一般的老师是不会来管的，而舍监就不得不管。而且他有一个坚定的信念，他要用人格教育的方式来感化学生。因此，夏先生每日早起迟睡，任劳任怨地干着种种琐碎的杂务：每天清晨起床铃一响，他就去学生宿舍巡视，如发现有学生不及时起床，就一个个地叫起来。晚自修时若有人喧闹，就耐心地劝告制止。有一次，宿舍里有学生的财物失窃了，夏先生自愧失职，他与在同校任教的好友李叔同商量后，以自己绝食的方式来对学生进行教育。每天早晨，师生们来饭厅用膳时，夏丏尊也来饭厅绝食。他说："学生失窃，我身为舍监，深感惭愧苦闷，不找回失物，誓不进食。"。

夏丏尊管理学生用的是一片诚挚的爱心。他对学生总是直率开导，从不用敷衍、欺蒙或强迫的手段。学生节假日外出，他会反复叮咛："早些回来，勿可吃酒啊！"或是嘱咐"铜佃少用些！"夏先生那份兼有严师与慈母般的爱，赢得了学生的回报，他在省一师当了七八年的舍监，学校秩序井然，学生把夏先生的教导称作"妈妈的教育"。当时，夏丏尊自己也不过 30 岁上下。这种"妈妈的教育"，就是他后来发表的《文心》《文章作法》以及翻译的《爱的教育》等著作中所体现出来的教育思想的雏形。

《爱的教育》原是意大利作家亚米契斯所著的长篇教育小说。这部小说主张"爱的教育"，引起了夏丏尊强烈的共鸣。他在《爱的教育》译者序言中写道："教育没有了情爱，就成了无水之池，任你四方形也罢，总逃不了一个空虚。"夏丏尊就是想通过翻译这本书，特别是想以自己的行动去改变这种空虚的情况。

夏丏尊在春晖中学执教期间，进一步实践这种爱的教育，学校实行学生自己挑选导师的制度，夏先生对选他为导师的学生们说："你们选我作指导师，我很高兴，你们就把我当义父吧！你们远离家庭，寄读学校，学习上、生活上必然会碰到许多困难，你们相信我吧，一切由我负责。"学生们也的确把夏先生当作自己可以信赖的长辈，大家情同父子，亲如一家，师生之间融合在爱的氛围

之中。

《爱的教育》封面

20世纪30年代末，夏丏尊在上海兼任南屏女子中学的高中国文课，学校离家挺远，且无直达车可乘。但是夏先生总是准确得像时钟一样，上课铃声刚响完，一定会踏进教室。三年如一日，从来没有迟到早退，从来不请病事假。而且，他对学生的学习、家庭、个性等情况可以说了如指掌，甚至对全班每个学生的笔迹也能分辨得丝毫不差。有一次，学生们在课余调皮地提议：要当场"考考"夏先生。于是大家忙着找纸笔，背着夏先生，每人在纸上随意写了一句话，让他分辨。谁知夏先生只看了一眼，就认出了那一句话是谁写的。夏丏尊对学生了解得这样细致入微，原因当然是他在用整颗心关怀爱护着每一个学生。

夏丏尊对于犯了错误的学生，一不严词训斥，二不勒令检查，三不简单处罚，而是用爱心去感动他们，耐心地启发教育，使他们明辨是非、痛改前非。春晖中学有个品行不良的学生，当时大家视其为害群之马，不少人主张开除他。夏丏尊却力排众议，并自愿担任这个学生的辅导师，对他晓之以理、动之以情，逐渐使他悔悟，变成了一名好学生。夏丏尊通过实践，更坚信"教导源于爱，教育施爱，学生被爱，在无尽的爱的诱导中，学生才能具备独特而有理想的人格：谦卑忘己，爱国爱家"。

## 献身于事业

朱自清评价夏丏尊"是始终献身于教育、献身于教育理想的人"。此话十分中肯。辛亥革命后有实行普选之说，夏丏尊唯恐自己当选会影响到自己挚爱的教育事业，特意将自己的字从"勉旃"改为谐音的"丏尊"，因为"丏"与"丐"字极像，选举人写选票时极易写错，就成了废票。从这件小事也能看出他不愿做徒有虚名的官僚，宁愿做对教育事业有利的实干家。

1913年，当时浙江第一师范一些国文教员因循守旧，在教学中不能顾及师范生的实际需求和接受能力，致使不少学生国文程度较差。夏丏尊又自告奋勇担任国文教员。授课时他注重朗读和写作，在作文教学上强调"言之有物"。还鼓励学生多看新书刊，提倡自由思想。不久夏丏尊当选学校校友会文艺部部长，他组织学生办刊物、发表演讲，这些改革思想，使学生既新奇又折服，极大地

开拓了学生的眼界。

夏丏尊在春晖中学时，以其渊博的学识和丰富的教学经验，把国文课上得生动活泼富有吸引力。他注意培养学生独立阅读和思考的能力，鼓励他们大胆提问；他创办《春晖》半月刊，让学生练习写作；他举办师生演讲会，培养学生的口才，他提倡每个学生应该全面发展。当时，部分学生不爱上体育课，他就现身说法，强调体育的重要性，还有的学生偏爱文艺，不喜欢数学，他又不厌其烦地列举数学对国家、民族文化发展的作用和对学生今后学习的重要性。总之，他要求每个学生都要珍惜宝贵的时光，努力学好每一门课程。

夏丏尊还注重人格教育。影响所及，春晖中学废除了体罚和不尊重学生人格的管理方式。学校实行学生自治，提倡发展个性以及男女合校。这在当时整个社会封建意识还十分浓厚的情况下，是非常大胆和了不起的改革。

1925 年后，夏丏尊举家到上海定居。在从事文学活动的同时，始终没有离开教育。更确切地说，他把教育与文学结合了起来，使之互相映发、浑然一体。

夏丏尊主办的刊物有许多是与教育直接相关的，例如创刊于 1930 年 1 月的《中学生》杂志，夏先生在发刊词中说，数十万青年“彷徨于分叉的歧路，饥渴于寥廓的荒原”而无人关心他们的现状和前途，是“一件怪事和憾事”，《中学生》杂志自告奋勇担负起责任来。一方面指导各门学科的学习方法，介绍丰富多样的课外知识；一方面分析时事、讨论前途，帮助青年解决切身问题。青年们都把《中学生》当作良师益友，在校的爱读，失学的更爱读。夏先生每期都亲自拟题，撰写卷头语和编者后记，对青年读者的来信也必定作答。他的教育思想，也主要体现在为《中学生》杂志写的大量文章中。

夏丏尊的著作许多都涉及教育。如前面提到的译作《爱的教育》，与刘薰宇合著的《文章著法》，与叶圣陶合著的《文章讲话》《文心》等。其中《文心》一书，以故事体裁写关于语文的知识，把抽象的道理和日常具体的事情融于一体，生动活泼，深入浅出，风行一时。日本《新中国事典》称誉这本书在“国语教育史上划了一个时代”。

除此之外，夏丏尊还与叶圣陶等人合编了《国文百八课》（实际上是 72 课，后来因故没有编完）等教材，担任了中等教育的播音演讲。先后向全国中学生及失学青年做过八次关于国文学习的讲话。那时，夏先生虽然身不在三尺讲台，但心却仍在千百万学生中，他已经不只是某一所学校里的教师，而是服务于全社会的一个了不起的语文教育家了。

## 不屈的爱国者

夏丏尊虽是一介书生，却不一味地埋首于书本；虽是慈爱的长者，却温良而不失锋芒。他爱憎分明，操守弥坚，是一个贫贱不移、威武不屈的爱国者。

夏丏尊始终关心着灾难深重的祖国的命运，积极投身于革新活动。五四运动中，浙江一师成为当时浙江省学生运动的中心。夏丏尊和陈望道、刘大白、李次九等宣传新思潮，革新语文教育，被称为一师的“四大金刚”，受到反动当局的注意。1919 年，学生施存统（字复亮）写了一篇《非孝》的文章，经夏先生亲自审阅后发表于《浙江新潮》第二期上。这是向我国几千年封建顽固堡垒投出的一颗炮弹，在社会上引起了轩然大波。反动当局把夏丏尊等进步师生视为洪水猛兽，责令学校开除。对此，广大青年学生群起抵制，开展了声势浩大的学生运动，此即杭师校史上有名的“一师风潮”。

夏丏尊也是中国最早关心和介绍马克思主义学说的进步学者之一。当陈望道首先翻译出版《共产党宣言》时，夏先生也翻译了介绍马克思主义学说的《马克思主义与达尔文主义》一书。他一生对中国共产党抱着同情和支持的态度，是党的朋友。他的学生中后来有许多成为出色的共产党人。他还有许多共产党员的朋友。1927 年大革命失败后，原浙江一师学生、共产党员宣中华、叶天底被捕，夏先生多方营救无效，两人英勇就义。夏先生愤然写了一副对联：“这般世界，如此江山”，贴在自己居住的大门上，还在中堂里挂出了“天高皇帝远，人少畜生多”的对联以表无比愤慨之情。20 世纪 20 年代末至抗日战争时期，夏先生任开明书店的编辑所所长，年轻的共产党人夏衍在大革命失败后的艰难岁月中，就依靠给开明书店译书作为公开的职业掩护，赖以维持生活。另一位共产党人楼适夷 30 年代被关在南京监狱里，他的译稿也是在开明书店化名出版，用版税赡养受难的家属。抗日战争期间，留在上海的开明书店本身已在风雨飘摇之中，还延揽了好几位文化界知名的前辈当编辑，供他们韬光养晦。夏丏尊先生这些鲜为人知的事迹，是不该被历史遗忘的。

抗战一起，夏丏尊留居上海，坚持孤岛的文化工作。由于物价飞涨，全家六口度日艰难。夏先生当了 20 多年的教育家，他的孙子在当时竟上不起小学。有时全家只能吃“扁担饭”（即一天只吃早晚两顿）。夏先生虽然如此困苦，但始终坚持爱国立场。“八一三”淞沪抗战爆发后，“上海文化界救亡协会”的机关报《救亡报》创刊，夏丏尊是编委之一。

日军侵占上海后，因为夏丏尊在读者中有很高的声望，日本当局多次要他出面写文章，均遭到拒绝，就出动宪兵来他的寓所抓人。夏先生从容穿上旧大衣，漫步踏上警车。在审讯时，日军出示中国艺术家协会(1936 年成立，夏丏尊任主席)主张抗日的宣言，据以问罪。宪兵以日语提问，强令他以日语回答，但夏先生坚持用汉语回答，面对杀人如麻的日本宪兵，面对生死考验，“先生在威胁利诱之下，正气凛然，岿然不动。敌伪虽狡黠残酷，亦无可奈何。这真可以说是贫贱不能移、富贵不能淫、威武不能屈了”。以上是重庆《新华日报》1946 年 4 月 27 日以“悼夏丏尊先生”为题的社论中的一段话。如此高度评价，夏先生的确是当之无愧的。

后来，日本友人内山完造多方设法营救夏丏尊出狱，但他的肺病却因狱中的折磨及长期困苦的生活而复发了。

抗战刚结束，内战烽烟又起。夏丏尊忧国忧民，病情加剧。1946 年 4 月 22 日，夏丏尊先生在贫病交迫中去世，临终发出愤懑的疑问:“胜利，到底是谁的胜利?”直至生命的最后时刻，他还在为国家的前途和民族的命运担忧。

现在，我们可以告慰夏先生:胜利终究是属于人民的。夏丏尊先生逝世至今已经 60 多年了，但他的精神和遗著还在润泽着我们的心田。

# 刘 大 白

## ——“欧化老少年”

郑岁华

刘大白(1880—1932),现代诗人、教育家,原名金庆棪,字伯桢。后改姓刘,名靖裔,字清斋,号大白,别号白屋。曾东渡日本,南下印尼,接受先进思想。先后在省立诸暨中学、浙江第一师范、上海复旦大学执教十余年。1919 年他应经亨颐之聘在浙江省立第一师范学校,与陈望道、夏丏尊、李次九一起改革国语教育,被称为“四大金刚”。后任教育部秘书、常务次长、中央政治会议秘书等职。

### 留学　教书　从政

刘大白的一生完全符合诗人的传奇特性:早慧,叛逆,多情,且情事多艰,少年出家又杀回红尘,执教鞭,患肺病,从政为官又不忘著书立说,中年去世,身后寂寞。

1880 年 10 月 2 日,刘大白出生在一个山清水秀的桃源之乡,这就是浙江省会稽县(现绍兴)平水村。1895 年,刘大白第一次离开了家乡,赴杭州考科举,得过优贡生。刘大白成年后,曾任绍兴师范学堂和山会小学教员,于 1910 年 2 月结束了故乡看云听水的生活和学堂教书生涯,去北京谋职。刘大白在京谋职未成,决定乘船离京,从海道南归。回到绍兴后,和清末老同盟会会员、光复会会员王世裕合编《绍兴公报》,并且与好友任瘦红在该报共事一年多。1913 年,刘大白亡命东渡日本,在日本期间,他加入“同盟会”,1915 年公开发表反对卖国的二十一条的文章,受到日本警视厅的监视,又不得不离开东京,转赴南洋,先后到过新加坡、苏

门答腊等地，在那些地方应当地华侨学校的聘请教授国文，为时一年多。

直到1916年，袁世凯称帝失败而身亡，刘大白才得以从南洋回国，定居在杭州皮市巷三号，在《杭州报》任职谋生。

刘大白是1919年的夏天到浙一师任教的，又是在第二年的春天离开的，任教时间不到一年。在这之前，经亨颐和刘大白早就是朋友辈的关系了，而非老板和打工者的关系。因为在经亨颐任浙江教育会会长时，刘大白便是总干事，从教育会中派生出来的"青年团"便是那个年代的新生事物，就像今天从事传统媒体的人会去办一个网站。这个"网站"在当时就是"青年团"。

其实任何时代办任何事情，都得有两个条件，一是人，二是钱。在当时，人和钱又都需要像经亨颐这样的人去运作。先不管这些民间社团是什么性质的，你如果看过经亨颐的日记，便可知道他一天到晚在忙，今天见这个人，明天跟谁吃饭，校务的事情说实在的并不见得多少繁忙，"与刘大白接洽《青年团》出版"，便是他们更加紧密的合作，所以后来刘大白到浙一师来任教，而且大搞白话文的改革，便是顺水推舟的事情了。

1916年袁世凯复辟失败，继而一命归西，作为反袁斗士的刘大白便从海外流亡归来，同时跟他一起归来的还有名气更大的萧山人沈定一。一般来说流亡者归来，总是要有所补偿的，这个补偿便是在新政权中谋得一官半职，后来沈定一做了省议会议长，刘大白则做了秘书长。这一年，刘大白开始定居杭州皮市巷3号，他在自己家的门上题写了"白屋"二字，刘大白去世后出版的《白屋遗诗》便是由此得名的。白在中国字的意思中，除了引申为一穷二白之外，还有干净纯洁的意思，我想当时的刘大白取名为"白屋"恐怕更多的是取后一个意思吧。

考察刘大白的一生，虽然民国初年也有北漂的经历，但那时新文化运动还未兴起，他去北京算是去早了，早了大概五六年吧，所以他没有跟北大《新青年》同仁的交往，也无游学欧美的经历，他去日本亦属流亡性质。回国之后，刘大白活动的空间基本就在沪杭之间，这跟当时同为绍兴人的周氏兄弟以及五四新文化运动中的一些急先锋完全不一样，这批急先锋的舞台皆在北京，后来才慢慢转移至上海。五四新文化的两员大将胡适和周作人后来虽然都为刘大白的诗文写过序跋，但基本上还是出于礼节，并不能算是一个圈子里的朋友。所以刘大白跟那一批后来掌握新文化运动话语权的领袖们，还是保持一定距离的，比如同为老乡的鲁迅先生，大白跟他基本没有交往，这其中颇有玄机。

把刘大白引入浙江一师的就是踏雪访"白"的经亨颐。经亨颐对中国教育和中国新文化的贡献，简单来说是两点：第一是打造了一个全新的浙江一师，使

其成为南方的新文化重镇；第二就是打造了白马湖畔的春晖中学，使之成为乡村教育与文化乌托邦的一块试验地。

“一师风潮”后，经亨颐被迫离职，刘大白甚至还执笔替全校教师写过一段挽留经亨颐的宣言，此信原载于1920年6月的《浙潮第一声》。宣言的最后刘大白如此写道：

所以要发这宣言的缘故，因为同人等的挽留经校长，并非是个人地位的关系，实在是学校精神的关系；不但是学校精神的关系，而且是文化事业的关系。恐怕外界不大明白，不能不声明一番。总结起来，就是以前本校的办法，自认不能没有缺陷；以前的文化运动，也还没有改进到健全的地步，所以要经校长复任，来弥补一切，希望达到适应时地、符合真理的目的。论到外界的批评，我们不但是不忌讳，而且是很欢迎的、很感激的！这就是同人真实的态度了。半年以来，外界对于本校的举动，难免有隔膜的地方。现在趁此表白一点。大家也是盼望的。特此宣言。

虽然这个信写得很诚恳，从语气上说，与其说这个信是写给经亨颐的，倒不如说是写给官府和社会看的。最后的结果大家是知道的，经亨颐没有留住，刘大白也走掉了。由此看刘大白起草留经宣言，是因为那个时候的话语权仍在学生自治会和新潮人士手里，所以事过之后还有人编《浙潮第一声》，还有人请刘大白给这本纪念专辑写序，这一方面可见刘大白当时在师生中的影响，另一方面也看出刘大白在“一师风潮”中是介入颇深的一位。他给《浙潮第一声》写序的时间为1920年6月29日，今天读来，激情和理性仍洋溢在字里行间。

刘大白在开头如此写道：

在无穷的不绝似的瀑流似的时间当中，过去已经去，未来还没来，所以人类对于过去，保有记忆；对于未来，只有想象。过去的陈迹，往往可作未来的教训和鞭策。所以记忆过去，不能说和想象未来没有关系。不然，像这占过去的时间很短的《浙潮第一声》，怎值得编印呢！

刘大白的结尾是这样的：

不绝的进化，是人类无限的前途。所以过去的事情，总是不满足的。人类

正因为对于过去有不满足的缺憾，所以才有向那未来求满足的努力。这一次一师的事件，结果虽然不能说是失败，但决不能认为满足。所以无论是一师同学，或非一师同学，都应该对于这件过去的事情，有不满足的缺憾，那才有大家向那未来求满足的努力。浙江文化运动的前途，人类的前途，才有进化趋向哪！这才是我想像未来的又一种希望。

看啊！《浙潮第一声》，不但是记忆过去，而且想象未来。未来的浙潮，第一声以后的第二声，第三声……第……声，怎样？

爱之深便责之切。刘大白离开浙一师之后，没有像经亨颐和夏丏尊那样再去白马湖创教育之业，他还是留在了杭州。1921年之后，刘大白基本的生活轨迹也就在沪杭和杭州与萧山之间，这期间对他产生影响或者说助他事业发展的主要有两个人，一个是同乡邵力子，另一个就是萧山人沈定一。

## 诗歌与婚姻

再看刘大白的爱情故事，因为诗人总是有爱情故事的，这种故事说着说着便成了传奇。

传奇中的女主角名叫何芙霞，是那个年代的“超级女声”。她参加了一次由《绍兴公报》举办的妇女诗会，这就跟现在超女比赛有点相似，而刘大白又是评委，当刘诗人把“浙东才女”的桂冠戴在何芙霞的头上时，他被她的美貌和气质深深地吸引了。当时的刘大白和王世裕等在编《绍兴公报》，何芙霞说很爱看这报纸，尤其是喜欢刘的文章——这样的话一定把刘大白的一把干柴给点着了。如此情投意合，便是干柴烈火，他们不久便瞒着女方家庭在报上刊登结婚启事，既然火已经烧起来了，那就先把生米煮成熟饭再说。

刘大白跟何芙霞结婚的那一年是1912年10月，这一年刘大白33岁，何芙霞19岁。

何芙霞为刘生了一子三女。可是到了1924年，刘大白在上海谋职时，何芙霞却跟一位给她补课的老师好上了，这位老师姓高，还是曹聚仁的同学，且也是刘大白的学生。当刘大白知道事情的真相后，他是真心挽留何芙霞的，并写了如此深情款款的诗：

月团圆，人邂逅；月似当年，人似当年否？往事心头潮八九，怕到三更，早到

三更后。梦刚成，醒却陡；昨夜惺忪，今夜惺忪又。病里春归人别久，不为相思，也为相思瘦！

寄相思，凭一纸；只要平安，只要平安字。隔日约她通一字，信到何曾，信到何曾是！订归期，还在耳；也许初三，也许初三四。未必魂归无个事，是梦何妨，是梦何妨试？

但是这段以诗歌结缘的婚姻，再靠诗歌和深情已经不能让何芙霞回心转意了。在故事的演绎中，何芙霞似乎成了一个薄情又多情的女子。她跟刘大白离了婚，但是却并没有跟那位姓高的老师结婚，反而是跟一个银行职员结婚。

1932 年 2 月 3 日，刘大白闭上了眼睛。这是一位诗人，是一位欧化老少年，他有着比雪还洁白的情怀，又怀着血一样的激情投身革命，当血喷到洁白的雪地上时，他的生命便走到了尽头。

刘大白的半生时间都生活在杭州，他的白屋也在杭州，最后也是死于杭州，葬于杭州灵隐，而没有如他遗嘱中所说的进行水葬。刘大白墓地位于灵隐法云弄杭州雕塑院内。而他住过的白屋，杭州解放路皮市巷口的香溢大酒店的界石上，还是刻有"白屋"二字。

## 诗 伴 一 生

刘大白在五四运动前就开始写白话诗，是新诗的倡导者之一。他的诗以描写民众疾苦之作影响最大。他的新诗还显示了由旧诗蜕化而来的特点，感情浓烈，语言明快有力，通俗易懂，并以触及重大的社会课题和鲜明的乡土色彩，在五四时期的诗坛上别具一格。1924 年他任复旦大学、上海大学教授。同年出版新诗集《旧梦》。1926 年出版第二部新诗集《邮吻》。1928 年弃教从政，任浙江大学秘书长，次年去南京任教育部常任次长。出版的著作还有《旧诗新话》《白屋说诗》《白屋文话》《中国文学史》及旧体诗集《白屋遗诗》等。1929 年还将《旧梦》重编为《再造》《丁宁》《卖布谣》《秋之泪》4 集出版。

在 1921—1922 年这两年中，刘大白写了许多新诗和随感，发表在《民国日报·觉悟》上，新诗署名刘大白，随感署名汉胄或靖裔。刘大白的新诗中有不少是涉及底层劳动人民的痛苦生活的。1924 年，刘大白加入以柳亚子为首的新南社，同年，他加入文学研究会上海分会。1924 年 3 月，刘大白的第一部诗集《旧梦》由上海商务印书馆出版，共收五百九十七首诗，列入"文学研究会丛书"之

一，陈望道、周作人为诗集作序，这是刘大白在1919至1922年新诗创作全盛时期的作品，在刘大白的新诗集中，基本上有三种类型的诗：一种是抒情诗，还有一种是说理诗，再有是具有平民思想的诗。

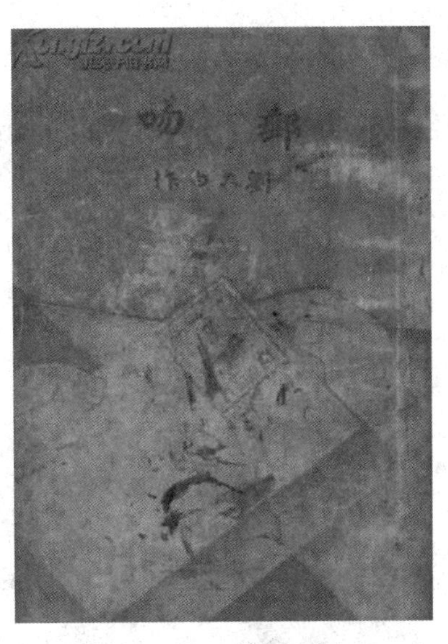
刘大白新诗集《邮吻》封面

1924年2月底，刘大白由杭抵沪，经邵力子的推荐，受聘于上海复旦大学任大学部文科教授，住江湾校舍，后又受聘上海大学，教中国文学。刘大白在复旦大学和上海大学任教后，开始将较多的精力放在学术研究上。孙中山改组国民党后，刘大白为兴办教育事业，与朱少卿一起加入国民党。刘大白在复旦大学任教期间，与徐蔚南、陈望道等教员负责编辑《黎明》周刊。刘大白在该刊上发表了大量的政论性文章，运用了“一字之褒，荣于华衮，一字之贬，严于斧钺”的春秋笔法，切中时弊，在校内和社会上产生了一定的影响。1926年12月，刘大白另一本新诗集《邮吻》由上海开明书店初版，列入“黎明社丛书”之一，该书共收作者1923年5月至1926年5月三年中写的100首诗。1928年1月，刘大白辞去复旦大学的职务，随即赶赴杭州任国立浙江大学秘书长之职。1929年8月15日，新任教育部长蒋梦麟请刘大白任教育部常任次长。

刘大白不但是位创作甚丰的诗人，他在文学的评论方面也有超乎一般见解的深刻精辟的思想，著有《白屋文话》《旧诗新话》《白屋说诗》等谈诗论文的集子。从刘大白以上三本文学论著来看，他对文学遗产的认识是较全面的，评价得颇公允，他对古人留下的遗产，既不一笔抹杀，也不是盲目崇拜，而是取其精华，弃其糟粕。正由于刘大白有这个基础，所以无论是他的旧体诗还是新诗，都极少用粉饰之字，镂金错彩，敷衍成章，很能显示这位诗人精深博大的功力。由于前阶段的潜心研究，在1929年刘大白出版了多种著作，12月，他编写的《五十世纪中国历年表》由上海商务印书馆出版，这是一部很重要的工具书。同年12月15日刘大白辞去了教育部常务次长的职务。1931年开始，刘大白闭门进行写作。1932年2月3日，刘大白静静地躺在杭州钱塘路九号的床上，与世长辞，享年52岁。

# 陈 望 道

## ——中国新文化的拓荒者

吴作为

陈望道(1890—1977),浙江义乌人,语言学家、教育家、社会活动家。早年留学日本。1919年任教于浙江省立第一师范学校。在校时为"四大金刚"之一。主持制订《国文教授法大纲》,推动国语改革。1920年"一师风潮"期间在家乡分水塘完成《共产党宣言》全文翻译,并于当年6月加入陈独秀、俞秀松、施存统创建的中国第一个共产主义小组。后历任上海大学、复旦大学中文系主任,创办《太白》杂志。新中国成立后历任复旦大学校长、中国科学院哲学社会科学部委员、全国人大常委、全国政协常委、民盟中央副主席等职。

在中国知识分子向西方寻求科学和民主的艰辛历程中,最早用中文全文翻译、介绍《共产党宣言》的是陈望道。在1920年8月上海共产主义小组最早的7个发起人中,也有陈望道。

几十年的风风雨雨中,陈望道为中国的新文化事业披荆斩棘,呕心沥血,做出了杰出的贡献。

### 执 教 生 涯

陈望道,原名参一,别名雪帆、晓风,笔名陈佛突、陈雪帆等;1890年出生于浙江义乌,早年毕业于金华中学。

早在1907年，17岁的陈望道即随长者在乡间办学。1915年赴日本留学，1919年5月从日本回国后，他先后在浙江省立第一师范学校（以下简称一师）、上海大学、复旦大学、安徽大学、广西大学、上海社会科学讲习所任教。他几进复旦大学，曾任复旦大学校务委员会副主任、主任委员、校长。

1919年，在一师，陈望道崭露头角，为倡导白话文开展了积极的努力和勇敢的斗争。一师是他倡导新文化的第一个舞台、第一个战场。

在经亨颐校长的领导下，史称"四大金刚"的陈望道、刘大白、李次九、夏丏尊从改革教材入手，实施了倡导白话文反对文言文的语文教改。他们从《新青年》《每周评论》《新潮》等杂志上选了陈独秀、李大钊、鲁迅等人的文章作为新教材。在此期间，四人紧密配合，制订了《国文教授法大纲》，选辑了新教材。陈望道参与合编或独编的有《国语法》《注音字母教育法》《新式标点的用法》等教学用书，白话文运动在一师轰轰烈烈、蔚然成风。1919年11月，陈望道在《教育潮》第5期上发表了《新式标点用法》，1920年《学艺》一卷4期上再次发表了《华文点标论第二·点标之类别》，积极提倡新式标点，为推动学校的国语改革，推动白话文运动付出了艰苦的劳动。他们的语文改革也受到了旧势力的阻挠。浙江省教育厅长指责他们"所选国文讲义，全用白话，弃文言而不授，此乃与师范学校教授国文之要旨未尽符合。而此四人，已系不学无术之辈，所选教材，类杂凑合，未免有思想中毒之弊，长此以往，势将使全校师生堕入魔障"，要将此四人解职，接着，教育厅又下令禁止陈望道等指导下的一师学生刊物《浙江新潮》的出版。

在长达几十年的执教生涯中，陈望道致力于语文教改。他主张用新的立场、观点、方法来研究教育，认为传统的以熟读和模仿为主的语文教学方法有其局限性，竭力主张语文教学方法应具有科学性，反对那种"只可意会不可言传"的传统观念。他的学生倪海曙在《回忆望道先生》中说："先生讲课，不但概括性强，而且条理清楚。他说话跟他写文章一样，没有多余和重复的话，但是简练朴实的语文中，含蓄着极其丰富的思想，发人深省。听他一次课，总可以思索几天，很有味道。"

陈望道给学生看文稿，极其认真负责，很像是医德高尚、医术高明的大夫看病。他谈文章的优缺点，说修改的理由都一律称之为"商量"。他把陈师道《后山诗话》中所记欧阳修的那句"练习作文有三多：看多、做多、商量多"作为准则，从不轻易地给别人的文章下结论，也不草率地拿出自己的作品。他的文章写好后总要存放一个时期，反复细看，反复"商量"，反复修改才拿出来，慎重至极。

1920 年“一师风潮”后，陈望道被迫离开一师。1931 年，他因为保护左派学生而被列入暗害名单，不得已离开了复旦大学。1933 年 7 月到安徽大学任教“文艺理论”，不到半年又受国民党反动派的迫害而辞职。1940 年秋，他为避免汪伪汉奸的迫害，从上海经香港转赴抗日后方，回到当时迁校重庆北碚的复旦大学中文系任教。从 1942 年起任新闻系主任，代教务长等职。这时，他和地下党建立了更密切的联系，支持和帮助进步学生，积极营救受国民党反动派迫害的进步青年。他还亲自募捐筹款兴建了一座“新闻馆”。“新闻馆”坐落在复旦校园的西北角，成为全校进步学生的活动中心。当年陈望道曾与几位进步教授一起邀请周恩来和邓颖超到北碚北温泉与师生见面。

抗战胜利后，陈望道随复旦大学回上海，积极配合和支持地下党工作，尽力保护革命师生。面对反动派的不断恐吓威胁，他从不屈服。在新中国成立前夕，他负责上海大学教授联谊会工作，团结和组织广大教授参加反内战、反饥饿等民主革命运动，被列入国民党特务暗害的黑名单。

1972 年，他以 82 岁的高龄担任了复旦大学的主要领导，尽管患有多种疾病，仍以饱满的革命热情积极开展工作。根据周总理关于高校科研机构不能随便撤销的指示，他积极恢复了复旦大学的语文研究室。1973 年为复旦大学团委、学生会举办的书法展览会题了笔力苍劲的四个大字：“又红又专”，表达了他对青年一代的厚望。

陈望道在复旦大学

## 传播真理

1915 年陈望道赴日本留学，先后在东洋大学修习文学、哲学，在早稻田大学、中央大学修习法律，1919 年毕业于中央大学法科，得到法学学士学位。留日期间，他就关心政治，与留日同学一起参加了反对袁世凯接受日本二十一条卖国条约以及反对洪宪帝制的运动。苏俄十月革命发生后，他又与日本进步青年河上肇、山川均等一起宣传十月革命，传播马克思主义。课余时间，他努力研读马克思主义的经典著作。

1919 年底，他回到故乡浙江义乌分水塘村专心学习马克思主义著作，翻译

了《共产党宣言》。这是《共产党宣言》的第一个中文全译本，于 1920 年 4 月作为社会主义研究小丛书第一种，由上海社会主义研究社正式出版。这本书的出版使中国人民第一次看到了这个国际共产主义运动纲领性文件的全貌。毛泽东同志曾说：“有三本书在我的思想上影响特别大，建立起我对马克思主义的信仰。我一经接受了马克思主义是历史的最正确的解释之后，我便没有动摇过。一本书是陈望道翻译的《共产党宣言》，这是第一本用中文印行的马克思主义的书。”在《关于农村调查》一文中，毛泽东又说：“记得我在 1920 年第一次看到考茨基的《阶级斗争》，陈望道译的《共产党宣言》和一本《社会主义史》，我才知道人类有史以来就是阶级斗争史。阶级斗争是社会发展的原动力，初步地得到认识问题的方法论。”在 1920 年上半年，一师的部分学生中就流传着《共产党宣言》的中译本。

陈望道译《共产党宣言》书影

鲁迅先生对陈望道翻译《共产党宣言》也倍加赞赏。1920 年 6 月 22 日，陈望道写信给鲁迅，并将他自己翻译的《共产党宣言》一书寄赠给鲁迅。鲁迅在收到书的当天就翻阅了一遍，并赞扬这个工作做得很好，他说：“现在大家都议论什么‘过激主义’来了，但就没有人切切实实地把这个‘主义’真正介绍到国内来，其实这倒是最紧要的工作。望道在杭州大闹了一阵之后，这次埋头苦干，把这本书译出来，对中国做了一件好事。”他还说：“我看望道这个人比那批吃五四饭的人要强得多，他是真正肯为大家着想的。”这里的“过激主义”就是指马克思的共产主义学说。为了答谢陈望道的赠书，鲁迅还把自己编的《域外小说集》一册回赠给陈望道。

在 1919—1921 年间，陈望道还翻译了《空想的科学的社会主义》一书，以及《马克思的唯物史观》《唯物史观的解释》《劳动运动通论》《劳农俄国的劳动联合》《劳工问题的由来》等文章，积极传播马克思主义真理。

1920 年春，陈望道应陈独秀的邀请到上海编辑《新青年》，并参加马克思主义研究会，成为中国共产党上海小组成员之一。1920 年 12 月，陈独秀赴广东后，陈望道负责编辑《新青年》，他坚持《新青年》杂志办刊的革命方针，并与鲁迅先生结下了战斗友谊。

中国共产党成立后，陈望道于 1921 年 9 月至次年 5 月担任了中共上海地

委书记。1923—1929年间，他在党创办的上海大学任中文系主任、教务长、代理校务主任等职，创办了中华艺术大学，任校长。在此期间，他参加激烈的阶级斗争和社会革命实践，在传播马克思主义、进行革命活动方面，为党做了大量工作，做出了重要的贡献。

## 投身社会

陈望道从来不是一个只会埋头教书或只有理论没有行动的人。早在浙江一师时，就因积极参与革命活动而遭到当局的迫害。1920年到上海后，他参加了上海的工人运动。组织了纺织、印刷、邮务等工会组织，亲自到沪西工厂区开办工人夜校和平民女校。在20世纪30年代的反文化"围剿"中，他团结在鲁迅先生的周围，与沈雁冰、胡愈之、叶圣陶等人发动了针对国民党"文言复兴运动"的"大众语运动"，提出白话文必须进一步接近活的口语，主张建立真正以群众语言为基础的"大众语"和"大众语文学"，强有力地打击了国民党的语文政策。

1934年，陈望道创办了《太白》半月刊，与林语堂所创办的提倡半文不白的语录体的《论语》《人世间》相抗衡，用战斗的小品文去揭露和批判黑暗的现实。取名太白意为提倡"白而又白""比白话还要白"的大众语。另一方面，"太白"又有"启明星"的意思，寄寓着冲破黎明前的黑暗、迎接胜利曙光的含义。《太白》的"掂斤簸两"栏目，专登匕首式的杂感，几乎每期都有鲁迅的杂文。鲁迅曾表扬这个刊物说："杂文上也很难说话，现惟《太白》《读书生活》《新生》三种，尚可观，而被压迫也最甚。"在国民党文化围剿的严重关头，陈望道敢于站出来组织新军配合主将作战甚为难得。

抗战期间，他积极提倡拉丁文新文字运动，发起和组织了"上海语文学会""上海语文教育学会"等进步语文团体，热情支持"上海新文字研究会"等抗日和群众性文字改革组织。1939年11月，陈望道以"上海语文教育学会"的名义，负责举办了一次规模很大的"中国语文展览会"，1947年2月，他又在上海发起成立"中国语文学会"。

新中国成立后，陈望道历任华东军政委员会文化教育委员会副主任兼文化部长，华东高教局局长，复旦大学校务委员会副主任委员、主任委员、校长，全国人大第一、二、三、四届代表，第四届人大常委，中国人民政治协商会议第一、二、三、四届代表和第三、四届常委，政协上海市委副主席，民盟中央副主席等职。

1957年秋，毛泽东到上海视察，把修订旧《辞海》的任务交给了上海学术界。

总编舒新城先生逝世后，1961 年春陈望道接任总编。为了提高编写质量，他提出分科主编负责制的建议，实行后取得了良好的效果。他自己不辞辛劳，经常到主要编写人集中办公的浦江饭店督阵，深入到各编写组了解情况，发现问题随时研究解决。经过 4 年的辛勤劳动，1965 年《辞海》未定稿出版，陈望道为书名题字。未定稿的出版为进一步修订打下了牢固的基础，1987 年底重新搭班，仅以一年时间就修订好了《辞海》。

## 学术建树

陈望道为建立起现代中国语文的科学体系而辛勤劳动，他呕心沥血、刻苦钻研，同语文工作中的教条主义、复古主义、崇外主义进行了不懈的斗争，从而初步建立了现代中国语文科学体系。

按照在一师定下的倡导白话反对文言的基调，1922 年陈望道发表《作文法讲义》，科学地说明了文章的构造、体制和美质，在当时的作文法著作中，独具特色。在 20 世纪 20 年代任教复旦大学期间，他开设修辞学理论，并编写讲义。1931 年被迫离开复旦大学后，他专心研究修辞学，不断修订讲义。他有感于自古以来我国许多文人在修辞上花了很大工夫，却没有一部系统的修辞著作，对修辞学进行了系统的科学研究，于 1932 年写成了《修辞学发凡》一书。《修辞学发凡》出版后，茅盾第一个打电话向陈望道祝贺。这是我国第一部有系统的兼顾古今语文的修辞学专著。它以体系严谨、阐述清楚、例证确切、观点鲜明而著称。著作在广泛收集材料的基础上对汉语文中古今各种修辞现象作了科学的分析和总结；同时也对当时社会上流行的一些保守复古的偏见，如以为文言可以修辞、白话文不能修辞等进行了批判，理论联系实际，为我国修辞学的研究开拓了新的境界。陈望道的学生倪海曙说，读了《修辞学发凡》，"至少知道'修辞'不能简单理解为修饰文辞，'不是什么挑些好看的字眼来做文章，而是说话和做文章要能意与言会，言随意遣'，作为表达手段的语文材料，必须与表达对象的题旨情境达到和谐统一的境界"。

1938 年至 1941 年间，陈望道在语文学术界发动了关于中国文法革新的讨论，他先后发表了《谈动词和形容词的分别》《文法的研究》等十余篇论文，提出了缔造中国文法体系的建设性意见："根据中国文法事实，借鉴外来新知，参照前人成说，以科学的方法、谨严的态度缔造中国文法体系。"他把讨论的文章编辑成《中国文法革新论丛》，并于 1943 年在重庆印行，为汉语文法学史提供了一

部有价值的史书。

1955年10月，陈望道率领上海代表团参加了第一届全国文字改革会议。会议的中心是讨论修订《汉字简化方案(草案)》和决定大力推广普通话。会上决定普通话“以北京话为标准”，陈望道敏锐地发现这个定义不妥，有逻辑错误。他说“以北京话为标准的普通话”，普通话就等于是北京话，也就没有什么普通话了，给普通话下定义，结果却是取消了普通话。中央听到他的意见后，由胡乔木亲自召集一些老专家召开紧急会议，并根据陈望道的意见将普通话定义改为现在的“以北京语音为标准音，以北方话为基础方言”，后来，又加上了“以典范的现代白话文著作为语法规范”。陈望道在努力贯彻和实践党的语文政策，在简化汉字、推广普通话、制定和推广汉语拼音方案方面，做了许多有益的工作。

1956年元旦，毛泽东在上海请陈望道等几位知名人士吃饭，陈望道和周谷城分坐在主席左右。席上毛泽东对陈望道说：“陈先生，我最近读了你的《修辞学发凡》，很好。听说你在研究文法，希望你研究下去。目前许多人写文章不讲文法，不讲修辞，也不讲逻辑。”这给了陈望道很大的鼓舞，他亲自主持筹建了复旦大学文法、修辞、逻辑研究室，从汉语的实际出发探索汉语文的组织规律，发表了《对于主语宾语问题讨论的两点意见》《怎样研究文法修辞》《漫谈〈马氏文通〉》等文章。1972年，他又发表了《论现代汉语中的单位和单位词》《汉语提带复合谓语的探讨》等论文，修订重印了《修辞学发凡》。1977年，87岁高龄的陈望道在病榻上完成了《文法简论》一书的定稿工作。

在国庆30周年之际，复旦大学语言研究室搜集编纂了《陈望道文集》共厚厚的四卷。1989年，河南教育出版社出版了《陈望道论语文教育》。

正如夏征农所说的：陈望道是“新文化运动的老战士。从五四运动到他逝世，他一直站在新文化运动的战斗行列，对发展我国新文化做出了卓越的贡献”。陈望道用自己的实际行动证明了他不愧是中国新文化的拓荒者，一位为新文化贡献了一生的拓荒者。

# 朱 自 清

## ——唯有荷花守红死

夏 宁

朱自清(1898—1948),原名自华,号秋实,改名自清,字佩弦,生于江苏扬州;现代著名散文家、诗人、学者、民主战士,是五四以来最有影响的散文家之一。1920年北京大学哲学系毕业后,在浙江省立第一师范学校任教。1925年任清华大学教授,1931年留学英国,漫游欧洲,1932年回国。抗战胜利后积极参加爱国民主运动,被誉为"民主斗士"。1948年病逝。

## 与浙江一师结缘

朱自清1898年出生在扬州一个小官僚家庭,幼年在私塾接受传统的教育,读经籍、古文和诗词。幼年的古文教育给朱自清打下了扎实的文学基础,也诱发了他对文学的爱好。

1912年,朱自清进入安徽旅扬公学高等小学上学,15岁进入两淮中学(今扬州中学)至18岁毕业。因成绩优异,他获得了扬州中学校长颁发的品学兼优奖状,并考入全国最高学府北京大学预科。当时北京大学以文科著名,朱自清入哲学系,勤奋刻苦,在3年内修完4年课程。1920年5月,朱自清从北京大学文学院哲学系提前一年毕业,获文学学士学位。

1920年初秋,朱自清携家人来到了西子湖畔的浙江省立第一师范学校担任国文教员,开始了短暂的一师教学生涯。

浙江一师当时是一所很有名气的学校,聚集过一大批文化界的先行者。沈钧儒做过监督(两级师范学堂时期),许寿裳做过教务长,周树人、夏丏尊、朱希

祖、沈尹默、马叙伦、张宗祥、李叔同等都做过教员，与当时的北京大学和湖南第一师范鼎足三分。

和朱自清一起来浙江一师任教的还有俞平伯、刘延陵和王祺，四人被学生称为“后四大金刚”，是相对于夏丏尊、陈望道、刘大白和李次九的前“四大金刚”而言。他们的到来，带来了五四新文学的清新气息，他们同学生热烈讨论哲学上的问题、人生的意义，提倡用白话写作，引发了浙江一师学生的新文学创作热情。不少年轻的诗人和作者，如潘漠华、汪静之、冯雪峰、张维祺、曹聚仁、魏金枝、柔石等，都从这里迈出了进入新文坛的第一步。1921 年三四月间，朱自清在浙江一师加入年初在北京成立的文学研究会，成为它的早期会员。

朱自清在北大时并未想过到中学教书，也没有认真学过“教育学”，刚到浙江一师时，几乎不知道如何教书。而且，朱自清教的是高级班，学生年龄比较大，22 岁的朱自清被学生们称为“小先生”。他与浙江一师学子不仅一致认同新文化，而且能有一定的心灵沟通，朱自清对此也感到欣慰。在工作之余，朱自清不忘自己的理想和追求，努力写诗，并与同来的俞平伯切磋诗艺，以求进步。二人在此期间结下了深厚的友谊。朱自清虽因家道中落不能继续读书深造，但是他仍希望在工作的同时不断提升自我。然而，朱自清对浙江一师的环境不大适应，初出茅庐的“小先生”在颇有世故的“老学生”面前，有时不免感到困惑。学生在课堂上的不断提问，让朱自清以为是学生认为自己“学问不够”，所以“学生不买他的账”。

1921 年暑期，怀着为家乡教育事业出力的愿望，朱自清接受了母校的邀请，出任扬州中学的教务主任。起初，朱自清很想有所作为，一来便为学校写了首校歌：“浩浩乎长江之涛，蜀冈之云，佳气蔚八中。人格健全，学术健全，相期自治与自动。欲求身手试豪雄，体育需兼重。人才教育今彷徨，努力我八中。”然而八中当时风气并不见“佳”。从招生开始，朱自清就遇到了阻力，一位同人领着手续不全的学生来报名，要求通融，被朱自清断然拒绝，因此开罪了当地同人。排课时更是得罪了“资深教师”。再加上他每月薪水均由学校送到其父手中，自己无权支配，因此，他决意辞职。恰好此时在中国公学任教的刘延陵向他发出邀请，朱自清儿时就与刘延陵相识，不久前二人还在浙江一师共事，因此朱自清决定到上海吴淞中国公学中学部任教。

此时叶圣陶也在中国公学。由此，朱自清开始了与叶圣陶的终身友谊。在教书的同时，朱自清也不忘自己的理想，倡导新文学。他和叶圣陶、刘延陵组成了新文学团体，并开始共同孕育五四以后的第一家诗刊《诗》。但中国公学的旧

派教员拒绝新文化和教育改革，并煽动学生闹学潮，驱逐中学部主任舒新城，攻击朱自清、叶圣陶、刘延陵、吴有训等中学部8位新派教员。尽管在胡适的调停下风潮结束了，但朱自清等人已不宜再留下去。至1921年11月，朱自清、刘延陵和叶圣陶先后回到浙江一师。

经过一番苦心筹备，《诗》于1922年1月15日在浙江一师诞生。这是五四以来第一个刊登新诗和新诗评论的刊物。它的问世，受到社会和新文坛的大力支持。它标志着从五四以来的新诗，终以勇敢的姿态宣告了自己独立的存在。它开宗明义地向社会声称这是新诗"向人们说话"的阵地，并义正词严地宣判了旧诗的死刑，以大无畏的精神勇敢地向复古主义者挑战。《诗》月刊立意扶植新人，竭力把刊物办成培养新苗的园地。一次，朱自清偶然从国民学校的课文里看到"冬天到了，这些树叶全冻死了"，他大为高兴，还抄给俞平伯看，于是他以句首二字为题，加以标点，分成两行，在创刊号上发表。在创刊号上，除了编者自己的诗作外，还刊登了刘半农、徐玉诺、王统照、郭绍虞、郑振铎等人的新诗和周作人、沈雁冰等人的新诗译作。《诗》于1923年5月15日出版第2卷第2号后终刊，共出7期。

1921年10月，一师进步学生汪静之、潘漠华、魏金枝、赵平福（柔石）、冯雪峰等组织成立了一个文学社团——"晨光社"。"晨光"就是"曙光"的意思，表示他们对光明和美好事物的热切向往。朱自清和叶圣陶一到浙江一师，便被他们聘为顾问。"晨光社"是浙江最早的新文学团体，文学研究会对它十分关注，沈雁冰曾通过《新浙江》报编辑向潘漠华了解情况，并在《小说月报》十三卷第十二号上，将潘漠华来信及《晨光社简章》予以发表。作为文学研究会的成员，朱自清和叶圣陶对"晨光社"的扶植自是不遗余力的。在他们主编的《诗》杂志上，就连续刊登了汪静之的诗。冯雪峰于1921年底写的《小诗》和1922年写的《桃树下》，也都发表在《诗》第2期上，这是冯雪峰早期的诗作。1923年下半年，在杭州报纸上，还出了一个《晨光》文学周刊。冯雪峰回忆说："提到'晨光社'，我也就想起朱自

1921年10月，一师学生汪静之、潘漠华、魏金枝、柔石、冯雪峰等发起成立晨光文学社，聘请朱自清、叶圣陶担任顾问。这是成立后的留影。左一为朱自清。

清和叶圣陶先生在1921和1922年之间正在浙江第一师范学校教书的事情来，因为他们——尤其是朱先生是我们从事文学习作热烈的鼓舞者，同时也是'晨光社'的领导者。"

朱自清在浙江五年，先后任浙江省立第一师范（杭州）、省立第六师范（台州）、省立第十中学和第十师范（温州）、省立第四师范（宁波）、私立春晖中学（上虞白马湖）的国文教员，教育了不少青年，同时也锻炼了自己。他渐渐地抛弃哲学研究，专心研究语文教育。他所任教的各个地方，不乏山水名胜，朱自清课余游览，写新诗、游记、散文，陆续在文艺杂志上发表。后来他和叶圣陶合作了许多有关国文教学的著作，其趣味与经验，植根在这五年的中学国文教学上。朱自清早期的作品，收在《雪朝》《踪迹》两个集子里。使他成名的长诗《毁灭》和长篇散文《桨声灯影里的秦淮河》，就是作于台州、温州教书期间。时人比喻《毁灭》为新文学中的《离骚》《七发》，评《桨声灯影里的秦淮河》为白话美文的典范。

## 诚实地做人和写作

尽管江南的青山绿水让朱自清流连，但为稻粱谋的中学教员生涯使他的生活变得单调乏味，许多教育改革因受制于校方无法实施而徒然受气，更使他心力交瘁。1925年8月，经俞平伯的推荐，28岁的朱自清接受了清华大学的聘请，担任刚刚设立的大学部国文系教授。

清华大学校址在北京西郊清华园，环境幽美，图书丰富。国文系中多老辈，有古文名家，又有前清的翰林举人，国学研究院中梁启超、王国维、陈寅恪、赵元任四大导师在学术界声望很高，学术氛围浓厚，于是朱自清见闻日广。在本系教授中，黄节先生尽管反对新文化运动，但他学问渊博，在古诗，特别是宋诗方面造诣很深，朱自清自居后辈，拜黄节先生为师；俞平伯工于填词，朱自清便将自已所填之词请他校改润色。

浩如烟海的古典诗词在朱自清面前展现了一个新世界，但风云变幻的政局让他无法不问世事。1926年3月18日上午，清华、北大、北师大、燕京等80多所学校的学生，和北京总工会、北京学生总会等140多个团体的成员约5000多人，为抗议日本对中国主权的侵犯，举行了集会和示威游行，却遭到了政府卫队的屠杀，当场打死刘和珍等26人，后在医院又死亡21人，史称"三一八"惨案。21岁的清华大一学生韦杰三身中四弹于21日逝世，学生何一公则因旧伤复发，于同年底逝世。朱自清参与了集会，亲历了惨案，满怀悲愤地写下《执政府大屠

杀记》一文，后又写下了《哀韦杰三君》和《悼何一公君》两文。

1927 年，朱自清在北大读书时的师长李大钊在北京被杀令他惊愕，而当时混乱黑暗、瞬息万变的时局一次次撞击着他的心灵，他在心中不由自主地砌起一堵墙，拒社会风云于门外，“躲进小楼成一统”。

朱自清退入书斋，潜心学术，一意教书。他远离政治，不谈风云谈风月，写儿女友人、山水花草、风俗名胜，文字愈来愈凝练老到，棱角锋芒则愈磨愈平。《背影》《荷塘月色》《儿女》《白马湖》《看花》等散文相继发表，1928 年 10 月，他的第一本散文专集《背影》由开明书店出版。他的作品与生活高度吻合，正如李广田所说：“诚实地做人与诚实地写作，产生了朱先生前期的立诚的文学。”《背影》的出版也标志着由五四时期议论性的杂感转向风格的多元发展和繁荣，显示了“旧文学之自以为特长者，白话文学也并非做不到”，从而彻底打破了“美文不能用白话”的迷信。

1928 年，清华学校改名国立清华大学，由罗家伦任校长，杨振声任文学院院长兼中国文学系主任，气象一新。新的计划是尽可能向新文学方面发展，朱自清亦参与草拟方案。1929 年，杨振声离校，冯友兰任文学院院长，朱自清继任为中国文学系主任。他专门研究诗歌与文学批评，开设有“新文学概论”“歌谣研究”等课。其间，他的古文学考据著作《陶渊明》《李长吉》两篇论文，先后发表于《清华学报》。到 1931 年，他在清华任教了 6 年。按照学校规定，教授每工作 5 年可享受出国休假 1 年的待遇。同年 8 月 22 日，朱自清从北京启程赴欧游历，又留学英国，在伦敦大学读语言学及英国文学。1932 年，返回清华大学，当时梅贻琦任校长，朱自清复为中国文学系主任。此后数年，清华中文系均由朱自清主持，名教授有陈寅恪、杨树达、黄节、刘文典、俞平伯、闻一多、王力等，一时称盛。朱自清周旋老辈，奖掖新进，使新旧学平衡发展，同人师生，感情皆洽。1935 年，朱自清兼任清华大学图书馆主任，1936 年辞兼职，专任中文系主任。

正当朱自清在美丽的清华园专心教书写文章时，1937 年 7 月 7 日，卢沟桥事变引发中日战争，打破了他平静的安居治学生活。1937 年 9 月，清华大学奉教育部命南迁，与北京大学、南开大学联合成立临时大学于长沙。朱自清留家眷在北京，独赴长沙，被推为临时大学中国文学系主任。1938 年春，临时大学奉命迁昆明，改名为西南联合大学，朱自清任西南联合大学中国文学系主任，后因胃病时发，由罗常培、闻一多继任。

1945 年 8 月，日本投降抗战胜利，学校迁回北平。1946 年，闻一多被刺于昆明，清华大学复返故址，朱自清住北院旧居，8 年流徙生涯，至此略得休息，健



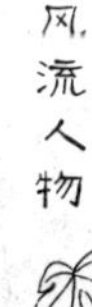

康稍复。他收集闻一多遗稿，主编闻氏全集，又值国共内战起，生活艰难如同抗战时，而精神上更苦闷。他感觉自己的体力大不如从前，却更加勤奋写作，努力著成《语文零拾》《论雅俗共赏》《标准与尺度》等书。此时他的散文更加精练老到，思想更加宽广。

## 民主斗士

1948年春，因胃病加剧，教书20多年来从未请假的朱自清不得已请病假两周，然而学年考试将至，他又抱病上课。暑假中稍得休息，清晨傍晚，朱自清常常拄着拐杖在北院杨柳荫中散步，但极为消瘦。8月5日，朱自清胃病大发，卧床呕吐，6日晨剧痛不可耐，由清华校医室送往城内北京大学医院诊治，诊断为十二指肠溃疡穿孔，开刀治疗。起初两三天情况良好，其后转他病，突趋严重，12日上午11点40分溘然长逝，终年50岁。

噩耗传到学校，清华大学全体师生静默致哀。在校长梅贻琦的主持下，学校迅速成立了由教务长兼人类学系主任吴泽霖、训导长兼生物学系主任李继侗、文学院长兼哲学系主任冯友兰、外文系主任陈福田、中文系代主任浦江清、中文系教授余冠英、许维遹，以及王正宣等8人组成的治丧委员会。8月26日，清华大学在同方部举行追悼大会。同方部的墙上挂满了朱自清生前亲友和同学们送的挽联。

清华教师联合会的挽联写道：

使顽夫廉懦夫立，
求经师易人师难。

俞平伯的挽联写道：

三益愧君多讲舍殷勤独溯流尘悲往事；
卅年怜我久家山寥落谁捐微力慰人群。

冯友兰的挽联写道：

人间哀中国，破碎山河，又损伤《背影》作者；

地下逢一多，辛酸论话，应惆怅清华文坛。

追悼会上冯友兰院长致辞，浦江清教授介绍朱自清生平，梅贻琦校长哽咽着说："朱先生对人谦和而虚心，但大原则却能坚持到底，所以是一位好导师、同事和友人。20 年来，为了责任，亏了身体……"说着梅校长泣不成声。

清华"大家唱"合唱团齐唱哀歌："伟大的灵魂安息吧，你死了还有我们。"挽歌声中，200 多名师生潸然泪下，默默地向朱自清作最后的告别。

作为我国先进知识分子的楷模，朱自清就像《荷塘月色》里的荷香一样，渗透到清华园内的草木泥土，飘扬于旧中国每一个仁人志士的心中。他政治上一贯忧国忧民，追求真理和光明，在历次重大的反帝爱国学生运动中，坚定地站在进步学生一边，并多次和学生一起参加游行示威。

1947 年初，国民党在北平逮捕了两千多人。朱自清痛恨反动派迫害人民的法西斯暴行，签名抗议，当时被称作朱自清等 13 位教授宣言。宣言发表时，朱自清名列第一。国民党发动各家反动派报纸攻击、诽谤他，国民党特务还三次到朱自清家寻衅。但是，朱自清没有退却，立场反而更加坚定。他在清贫中表现的言行，体现了中国知识分子高尚的气节：国民党政府曾多次请他去做官，他不屑一顾；国民党的要人亲自登门拜访，他避而不见；达官贵人请他吃饭，他把自己反锁在屋里；某名流要他写寿序，出价 3000 元，他拒而不写……

吴晗在《关于朱自清不领美国"救济粮"》一文中回忆："这时候，他的胃病已经很沉重了，只能吃很少的东西，多一点就要吐。面庞消瘦，说话声音低沉。他有大大小小七个孩子，日子比谁过得都困难。但是他一看了稿子，毫不迟疑，立刻签了名。他向来写字是规规矩矩的，这次，他还是用颤动的手，一笔不苟地签上他的名字。"

逝世前朱自清没有留下一句遗言，但在 10 日病情突变时，他断断续续地对守在身边的妻子陈竹隐说："我……已……拒绝……美援，不要……去……买……配售……的……美国……面粉。"

朱自清的高风亮节，赢得了人民的敬仰，赢得了毛泽东的高度评价。毛主席在《别了，司徒雷登》一文中写道："闻一多拍案而起，横眉怒对国民党的手枪，宁可倒下去，不愿屈服。朱自清一身重病，宁可饿死，不领美国的救济粮。""我们应当写闻一多颂，写朱自清颂，他们表现了我们民族的英雄气概。"

温庭筠《懊恼曲》中有两句诗：

三秋庭绿尽迎霜，
唯有荷花守红死。

这是诗人自己不想迎合官场风气去谋取高位，而借至死犹红的荷花，表现自己高尚的气节。这诗用在朱自清身上，亦至为恰当。

# 徐 旭 东

——独将青眼向后学

邹士润 谢广田

徐旭东(1900—1945),名曦,以字行,浙江兰溪人。家境贫寒,自幼勤奋好学。浙江省立七中旧制高中毕业后,曾任小学教师,后考入北京高等师范大学英语系(教育副系)和北京师范大学教育研究科。毕业后曾任省立第四中学(宁波区)等校教员、南京教育部中等教育司科员。1929年6月任“西湖博览会”教育馆总干事。因有过抨击时弊的言论,以共产党嫌疑遭逮捕下狱。经其师刘大白营救获释后,在杭州《民国日报》社当编辑,旋即去浙江省教育厅任督学。1934年经陈布雷厅长推荐接任章颐年为杭州师范学校校长。抗日战争初期,学校迁丽水碧湖,同民众教育实验学校成立浙江省立临时联合师范学校,徐旭东仍任校长,掌校11年之久。1945年10月病逝于碧湖任所。

## 艰苦办学

徐旭东接任校长之初,师范教育制度不尽完善,徐旭东会同教育专家、学者和校内教学经验丰富、知识渊博的教师,共商制订师范课程标准,并组织参观团东渡日本访问,经过大量工作,才确定杭师的办学方针,参照政府规定设置课程,采用相应的教材。

徐旭东的办学宗旨可以归纳为“公”“能”二字。他认为“公”,才能“不私”,才能有服务思想、献身精神;“能”是有知识有技术本领,才能有服务的能力,做好工作。他认为这是学校教育的共同培养目标,而师范学校的要求应该更高。

在开学典礼上，徐旭东说："国难时期，我们当思一粥一饭来之不易，半丝半缕恒念物力维艰，国家培养你们当教师，任重而道远。当教师就要有献身教育的精神。师范师范，顾名思义，做教师要有一定的规范，一言一行要做学生的模范，这叫为人师表。教师既要有渊博的知识可以传授，又要具有做学生楷模的高尚品质。做个好教师不容易，你们要好自为之，勤奋学习！"这番语重心长的话使初涉教师职业的学生知道怎样去做到"为人师表"。

当时全省有湘湖、锦堂、杭州三所师范学校，杭师为师范教育重点试行学校，形成有别于乡村师范的普通师范模式。

杭师建校三年，校舍久悬无着，旭东先生到职伊始，即着手解决校舍。校舍工程占地 57 亩，建筑面积达万余平方米。从设计、工程承包乃至财务会计账目，徐旭东事必躬亲。1935 年 4 月，全部新校舍初告落成，7 月，学校迁入南山路新校舍。南山路新校舍的设计和建筑质量在 20 世纪 30 年代算得上是第一流的。占地约 56 亩，建筑面积约 5400 平方米。建有教学大楼一座，内除普通教室外，有特种教室，如：生物实验室、物理实验室、化学实验室、史地教室、美术教室、劳作教室、音乐教室等；有男女生宿舍（内兼设自修室）、办公楼、医务室，还有一座颇具规模的健身房（兼作会堂）和一幢图书馆。此外又在附近的清波小学房产地新建杭师附小。后因班级增加，又在省孔庙边兴建新校舍。徐旭东非常重视教学所需的图书设备的购置。数经申请拨款，追加经费，得以不断充实。图书有《万有文库》《丛书集成》《古今图书集成》《四部备要》及大量文史哲、社会科学、自然科学、文学艺术、体音劳美等图书和参考资料，为指导学生阅读，编有《师范生课内外阅读各学科书目汇编》。后又在孔庙大成殿侧鸣阳门空地盖起学生图书阅览室，此外还购置了为数可观的教学标本、仪器和图表。

杭州南山路本校旧址（现中国美术学院校址）

## 延聘良师

徐旭东延聘教师极为审慎。来校执教的大多知识渊博、思想进步、作风正

派。徐旭东聘任的教师：一是北高师、北大、北师大的；一是南高师、中大、浙大的；另外是曾在国外留学的。有人对当时的教师资历学识分为“金牌”“银牌”“铜牌”和“副牌”四类。当时在杭师的教师多数是前两类。

抗战期间，延聘的教师有：蒋伯潜（国文）、张同光（文史）、宋文翰（国文）、方祖泽（英语）、陈福祥（国文）、王宋梅（历史）、汤善潮（国文）、蒋文荪（生物）、罗绳武（教育学）——以上均为北师大；唐敏生（数学）——北大；祝其乐（教育学）——东南；姜丹书（工艺、美术）——南京两江师范；唐兆祥（史地）——南高师；严邦洛（体育）、陈松平（美术）、孙多慈（美术）——以上中大；袁恒初（生物）——武昌高师；俞子夷（教育学、教材教法）——南洋公学；顾西林（音乐）——上海启明女校音专；徐则敏（教育学）、黄明宗（教育学）——浙大；徐葆炎（国文）、谭启方（物理）、章子琨（数理、英语）——以上之江大学；赵追今（数学）、周天初（美术）、戎昌骥（化学、日语）——以上日本留学；叶元珪（美术、工艺）、郑仁山（美术工艺）——以上为上海美专；周百皆（数学、英语）——苏联留学；刘质平（音乐）、章梅先（国文）、张堃（国文）、赵蕴华（体育）等。

徐旭东以为，要提高师范教育质量，巩固师范生的专业思想，培养他们成为合格的小学教师，他们的教师必须是道德学问足以为人师表的人，所以择师特严，如俞子夷、祝其乐等都是道德文章可为人范式的教育界知名的大家，又如1934年8月聘请的周百皆、罗绳武都是北师大毕业的思想进步的饱学之士，周刚从苏联留学回国，各校都疑虑不敢聘用，徐旭东认为周百皆学有专长（数学），以管理图书的名义聘用，来校后教数学课，并兼级任。罗绳武学识渊博，为人谦虚，专任教育心理学及教育学。女教师赵独步（原名追今）是日本留学生，教数学，兼任女生指导，她的丈夫朱镜吾是新四军政治部宣传部长，在皖南事变时牺牲。由于国民党当局对进步教师不能容忍，罗、周先后被迫离校。

在徐旭东校长倡导下，教师中的学术研究氛围浓厚，每学年都有各学科的教学研究会、专题研究会的活动，鼓励教师撰写论著，推荐到《浙江教育行政周刊》《浙江教育》发表。旭东先生非常尊重老年教师，爱护培养中青年教师，特别尊重有学识的教师。他说讲课只要言之成理，持之有故，就应任其发挥，不能横加干预。教师们因而心情舒畅，感情融洽，全力工作。

## 作育英才

徐旭东认为，一个合格的小学教师，他的知识、思想都必须是同时代合拍的，他的实践能力必须是符合社会多样的需要的。做到这点，必须开辟课堂以外的广阔的学习活动场所，开展多种课外活动，战时学校内迁，师生的物质、精神生活很是清苦，开展广泛的课外活动更有它的特殊意义。他为此提出“物质低水平，教育高水平”的口号。在校园里学生组织的社团活动，这些组织由学生推选干部，独立工作，旭东先生从不干预。

1937年杭州师范学校音乐团师生合影（前排左起第四人为音乐团指导师顾西林、第五人为徐旭东），背景为膺白路杭州师范学校教学楼右侧（现南山路中国美院）

当时学生组织的社团有：初等教育、时事、文艺、标本制作、无线电、美术等研究会社；民众夜校、戏剧研究、音乐团等社团。在部分进步教师的影响下，有学生组织的各种形式的读书会，阅读生活书店出版的《大众哲学》、高尔基的小说、鲁迅的杂文（这些书学校图书馆都有，学生可以借阅）；也较隐秘地读油印的《新民主主义论》《论持久战》等，定时集会座谈。对这些活动，也从未见校方加以干涉或禁止。师范学生因家境贫苦，从中接受了新思想，如童超、吕忠铎、陈怜儿一批同学，后来都走上了革命的道路。

战时，徐旭东常告诫学生“读书不忘救国”，鼓励从事抗日宣传，练唱救亡歌曲。为安定学生学习进取，坚定团结一致、救亡图存的意志，针对当时武器不及日寇难以取胜的悲观论调，举办“精神胜于物质”“物质胜于精神”两种相对论点的辩论会。

在学校内迁时期，徐旭东认为，为了适应抗战的特定需要，学校除正常的课堂教学和教学实践研究活动之外，还应有战时生产劳动教育，将教、学、做结合起来。从当时的实际出发，学生分别参加工业劳动生产：内设粉笔组、酒精组、

金工木工组、肥皂组、织袜手工组等；农业劳动生产：开辟农场，种水稻、蔬菜瓜果等。这样的做法既锻炼了学生，又在经济上有所收益，改善了生活。

## 关爱学生

徐旭东对学生的要求严格，对学生的生活极为关怀。抗战期内，国统区物价飞涨，学校数度逃难搬迁，经济极为困难。杭师学生虽是公费待遇（膳食全免），但口粮往往不能及时拨给（发无价米指定拨粮处给领），领不到口粮，学生只有挨饿。徐旭东曾多次奔走于省教育厅、财政厅和粮食主管机关都未有所获，学生在半饥饿中挣扎。1944 年冬，旧教育厅在云和召开浙江省中学校长会议，会议内容原定讨论在接近抗战胜利前夕，如何进一步采取措施完成战时教育任务。就在会议开始那天，徐旭东校长首先开炮，历数师范生生活艰苦、饭吃不饱的困境。他以"朱门酒肉臭，路有冻死骨"抨击财政当局坐视不救、拖欠公粮的劣迹。接着自称是"讨饭校长"，学校已成为"施饭"学校。说今天已到了无饭可讨、山穷水尽的时候，要求财政当局稍存天良。各校校长相继响应，推派代表向省政府、财政厅请愿。《东南日报》（云和版）全文刊载徐校长的发言，并撰述社论，声援各校师生。省政府主席黄绍竑恐事态扩大，立即命财政厅解决，并表示 1945 年仍可按照"教育年"办法补拨积谷，以充实教育经费，徐校长为莘莘学子仗义执言，轰动了全省教育界。

徐旭东对同学的过错严宽并济，以理服人，但有错必罚，并给以悔过自新的机会。对好学生，徐旭东都倍加爱护，即使已经毕业离校的，也都加以保护。学生吕型伟等人因搞"鲁迅读书会"差点被戴上"红帽子"，而徐旭东却轻描淡写地对吕说："以后注意点。"又如 1935 年二届普师毕业生吴士鸿在校期间思想进步，言论"过激"，因有人密告，竟被中统特务娄子匡逮捕。徐旭东闻讯后，多方奔走营救终得获释。

在旧社会，毕业后的出路是一个师范生最关切的问题。学校设有毕业生服务指导委员会，徐旭东亲自过问。通过毕业的校友与单位联系，安排落实。有特殊困难的，在经济上给以适当接济。旧社会，"毕业即失业"的情况比比皆是，能予毕业生广求出路，在当时是难能可贵的。为此毕业校友与学校之间、师生之间情谊交融倍感亲切。

# 弦歌不辍

1937年“七七”事变后抗战兴起，11月学校被迫迁至建德梅城。临行前，旭东先生率领全校师生绕校园房舍一周，依依惜别。他亲送师生上路后，只身回校，坐镇看守，待到敌人在金山卫登陆后，才来到建德。1938年1月教育厅令杭师暂停开学。同年七月旧教育厅以杭、嘉、湖旧府属地区的七所中学和师范学校（杭高、杭女中、杭初、杭师、民教实校、嘉中、湖中）在丽水碧湖设“省立临时联合中学”，由七所学校校长组成校务委员会，分设高中、初中、师范部。1939年7月，联中高中、初中、师范三部各单独分设。师范部称为“浙江省立临时联合师范学校”（简称联师），校址设在三峰，徐旭东任校长。增设艺术师范科和简易师范班。教室是茅草房，学生宿舍是祠堂庙宇，简陋不堪，仅可避风雨而已。办公室“凹”字形用房一幢及简师分部用房、教职工宿舍等简陋房屋。校友吕型伟（新中国成立后曾任上海市教育局副局长）回忆，当时男生住村东大樟树下的关帝庙，女生住祠堂，可见条件之简陋、环境之恶劣。

1942年日寇窜扰丽水碧湖，教育厅竟下令解散联师。徐旭东挺身而出，为维护苦难学生据理力争，“联师不能解散，我要对学生负责。如果学校解散，这批来自沦陷区的学生如何安排？何以家为……”几经交涉，得到社会舆论的声援，教育厅不得不收回成命，学校迁景宁桃源。1944年夏，日寇再度窜扰丽水碧湖，学校再迁往景宁桃源。两次迁校，师生跋山涉水，非常艰辛，徐旭东始终同师生员工一起，同甘苦共患难，互信互谅，同心同德，所以抗战八年，时局动荡不定，在异常艰苦的条件下学校始终得以弦歌不辍。

杭师的学校行政文书档案工作，始于徐旭东接任校长后，他亲自动手，设计，整理，举凡上级行政行文、教学重要文件、会议记录、规章法制、人事档案、学生学籍、教学业务经验总结……规定了登记管理方法，制订《卷宗目录》，成为一套完整的文书档案制度。抗战局势变乱，校址迁移，主要文件书刊箱箧都随带不使损失。所以解放时，杭师历年的档案资料基本保存完整，这不能不说是徐旭东的一份功绩。

抗战八年，学校在极为艰难的环境下坚持办学，弦歌不辍。正如校友单政平忆母校诗云：

中华多难时，
薪胆一席同敌忾，
弦歌累月更增知，
烽火炼人师。

## 溘然长逝

1945年8月，抗战胜利，徐旭东往景宁与省教育厅联系复校，在归途中遇暴风雨，引起宿疾复发，竟医治无效，溘然长逝。徐旭东先生1934年7月接任杭师校长至1945年10月30日病逝于碧湖任所，终年46岁，在职11年5个月。我校师生高度评价徐旭东11年来主持校务工作的贡献，认为他心系学校，钟爱学生，独将青眼向后学的"精神是永远与杭师的生命共存共荣的"，为此，采取下列行动来纪念：将杭州南山路校址教学大楼命名为旭东楼，并于1947年1月1日举行命名典礼；建立徐故校长纪念碑，并于本校恢复独立建制16周年纪念日(1947年6月23日)举行立碑典礼；将徐旭东遗像放大安置图书馆阅览室，以资纪念；规定凡徐旭东子女在本校读书，免收一切费用；设立旭东奖学金以资纪念而励来者。在校友会下设置旭东奖学金管理委员会，筹募基金2000万元，以其利息之全部作为奖学金。除按期提取1/10赠予徐旭东之直系遗族作为教学辅导费外，其余额平均颁发给领受奖学金之学生，每学期奖励10—16名。学校为此制定分配及得奖的条件。

# 俞 子 夷

## ——孜孜不倦的教育实验家

戴丽敏

俞子夷(1886—1970),又名旨一,字遹秉,祖籍江苏苏州,后迁居浙江,著名教育家、教学法专家。早年肄业于上海南洋公学,后在上海爱国女校任教。1909年与1913年,两次受江苏省教育厅之命,分别赴日本、美国考察,回国后积极开展实验研究。曾在南京高等师范学校和浙江大学教育系任教授,并在我校兼课。抗战爆发后我校内迁建德时,在我校执教。新中国成立后,任浙江省教育厅厅长、中国民主促进会中央委员。他的小学教学方面的论著和教育思想在国内有很大影响。

### 钟情教育实验

俞子夷又名旨一,字遹秉,1886年1月3日出生在江苏省的一个店员家庭。6岁时父母送他上了私塾,课余父亲就教他珠算。12岁时,俞子夷入中西学堂读书。和当时许多青年一样,他认为只有读书才能救中国,并向西方寻求出路,故而用力甚勤。15岁时,得到姑母资助,考进上海南洋公学。1902年,俞子夷转入南洋退学留沪同学会和中国教育会筹设的爱国青年学社继续学习。学社设有附小,他在附小兼教算术,并开始自学《代数备旨》和《形学备旨》,后因苏报案起,学社被封停办,俞子夷随同学逃往日本,从此结束了他的求学生活。

到日本后,他一面学日语,一面给中国留学生补习英语。1904年初,他到横滨中华学堂教数学。1904年端午,清政府某贝子路过横滨,俞子夷等人不仅不在校门口悬黄龙旗以示欢迎,反而在宿舍楼窗口扯出黑半旗。事发后被迫离开

日本回到上海。回上海后经蔡元培介绍，在新民学堂教数学，后又转入安徽公学教化学。1906 年在广明学堂教师范班算术及小学英语、小学理科等。1908 年，到了上海郊区青墩小学教动物、植物、小学理科、英文等，并尝试着进行“乡村教育”，即以眼前农村里所见的动物、植物进行实地教育。学生兴趣十分浓郁，也受到当时省视学的赞赏，因此在 1909 年受江苏省教育会派遣，与杨保恒、周维城三人东渡日本去考察单级（复式）教授法。对此，他回忆说：“在日本参观时，我对算术及理科教法特别注意。”“参观中学数学课讲 $(a+b)^2$ 时与开平方紧密结合，用一连串提问，助以图解，学生理解容易。此种方式，当时名‘启发式’……是当时‘进步’者的主张。”1909 年夏俞子夷归国，秋季即开办单级教授练习所，并移植了单级编制和教法，还在两所小学做实验，以建立一套适合我国实际的“教顺”（上课顺序），即准备、提示、整理、应用四段（算术去掉整理，只有三段）。练习所共办两届，每届半年，有相当效果。第二期学员中有吴研因、徐特立等。1910 年秋练习所结束，俞子夷重返浦东教高小算术、理科、英文，套用日本搬回来的一套，成效较大。从此，俞子夷略知“好教法可以引导学生学好，更见到教材安排对学习有不小影响，于是从爱好数学而注重教材教法”。

1912 年，他到了江苏第一师范，“对算术教法发生了浓厚兴趣，自告奋勇在附小一年级试教算术，把日本参观所得整套搬用，颇见成效”。1913 年江苏都督府教育司派俞子夷等人赴欧美考察教育。在考察中，他特别对算术教法的研究予以注意。在纽约图书馆里，他对算术教法历史和各时代的课本做了研究，得益不浅。回南京后在附小一二年级做了名为“联络教材”的局部改革试验。“着重在低年级与幼稚园之衔接，酌量采用些幼稚园方法于一年级，以期减少初入学儿童生活习惯与学习的困难，各种内容设法以一个中心联络组织”。这一试验吸引了各地小学教育工作者。两次出国考察，开阔了俞子夷的眼界，激发了他研究教法的兴趣，为他后来研究算术教法和编著算术课本打下了良好的基础。1918 年，他以《算术教授革新之研究》一文开中小学各科教学法研究之先河。

俞子夷《小学算术科教学法》封面

从 1918 年到 1926 年，他在南京高等师范（即东南大学）任教育科教授并主持附小工作。这一时期他积极从事设计教学法的实验。他自述曾在小学低年

级进行了“不彻底”的设计教学实验。这项实验对旧传统仅作局部的改变，把“课程分成四类：属语言文字者；需动手制作者；各种游戏，包括数学游戏；及唱歌跳舞。布置四间相应的教室，一二年级三个班与幼稚园轮流使用。特设一个‘低级指导’负总责。科目的界限被打破，上课时间改用分数制，教材仍预定。……我们仍有大纲，预定一学期、一学年应学的内容，应达到的标准……”这其实是我国最早的设计教学法实验，对全国小教界产生了很大的影响。以后，他又进行了教育测验的研究，试图科学评价教学，编写了《小学国文毛笔书法量表》。1922年参加“中华教育改造社”，聘请美国心理学家指导编选各种测验，编了《小学算术混合四则测验及说明书》《小学算术应用题测验》《小学社会自然测验及说明书》《默读测验》等，还编了各种测验量表。以后他还受江苏义务教育期成会的委托，做了几个月的乡村小学调查研究，收获颇大，写成名著《一个乡村小学教员的日记》，初步总结了他在1927年以前的主要教育理论和实践。

1926年秋，俞子夷来到浙江，此后40多年，他一直在浙江从事教育工作，进行教育实验与教学研究。先在省女中师范部教课并主持附小，1927年5月到浙江省教育厅主持初等教育工作。1929年8月任浙大教育系教授，教初等教育和教育法，并进行小学算术教材教法的研究。1927—1937年均在女中、杭高、杭师兼课。这一时期，俞子夷主要致力于教材教法的教育研究。“鉴于过去空谈教法，师范生毕业后，对教材不熟悉。1927年夏在女中教师会议上，我建议设各科教材研究。此议成立，我教过自然教材及算术教材两门。”他编订小学算术课程标准，还为师范生编了算术教学法讲稿和应用题教法以及师范用小学教材教法课本《儿童学算指导法》等书。开始研究在小学将珠算与笔算结合，并写成《笔算珠算混合教学法》一书，交中华书局出版。

抗日战争爆发，浙江大学内迁。俞子夷因家庭老幼人多，且体弱多病，故逗留建德去向未定。此时杭州师范也迁到建德，俞子夷随其残留十余人同迁至王侠谷(今兰溪市)杭师文牍王汝铨家。他在下王小学教了一段时间后于1939年到了湘湖师范。初教教材教法，后教物理。担任设在湘师的国民教育实验区主任。此外，亦试验了注音字母的教法及字典检字法等。抗战胜利后他重返浙大教育系任教，担任小学教材教法等课，并在杭师兼课。抗战八年，寓居三迁，多接近社会实际，俞子夷在思想和教育科研工作中有了很大的进步，他曾总结道：教育必须“国化(民族化)，取洋之长，以补国之短”“乡村化。国化而只适城市，对绝大多数乡村仍无裨益，则国化不能彻底”。

1947年南京教育部拨款，指定浙大师范学院和浙江省教育厅合办国民教育

实验区，在兼有城乡特点的杭州西湖区进行普及教育的实验研究。俞子夷被任命为主任。实验的重点是小学各科教材教法的改革，目的是为实现我国普及教育创设一套符合国情的小学各科教材教法。实验内容有：实验方面：随机教学。设一大套游戏方法、用具，写一本教法、用法说明书，然后让小学教师逐一实施。俞子夷主持了暑假全区小学教师的消夏进修会，布置开展实验研究及研究课题。同时由他主讲《随机教学》《怎样教学读书》《珠算笔算混合研究》《常识教学实际问题》等理论课。教师结合实际选定课题、制订计划、做好实验过程记录。每月有例会，进行教学观摩，从教学实际出发，讨论或交流信息，全区教师均感收获很大。

新中国的成立给俞子夷带来第二次青春。1952 年、1957 年，他先后任浙江省教育厅文教副厅长、教育厅厅长，曾当选为省人民代表、省人民委员会委员、省政协委员、中国民主促进会中央委员等职。与此同时，他仍深入实际进行小学教育教学研究。在 1957 年被错划为“右派”后，仍孜孜不倦地学习研究，总结算术教学 50 年的经验，发表了大量学术文章。1970 年 7 月 24 日，80 余岁的俞子夷先生因久病不愈，病逝于杭州。1979 年 3 月，浙江省委改正了对他的处理，为其恢复名誉，开了追悼会。

## 先进的教育观念

俞子夷一生非常重视教育实验工作，他的每一次教育实验基本上都获得了成功，这与他实验时正确的指导思想是分不开的。俞子夷最主要的教育思想是教育要国化(民族化)和乡村化，即从基础教育出发，结合国情，面向劳动大众实行普及教育。他注重从实践中学，从实践中探索，在实践中总结教育教学新经验、新方法。

俞子夷的一生，从事过许多的教育实验。其中比较著名的有单级复式教学法、设计教学法、教育测验、算术教学实验和国民教育实验。除此之外，他还出版了大量的专著、译著、教材、论文、科普读物。从其实验和著作中可见他一生的主要精力均用在小学教学法的革新问题上。俞子夷在日本考察时就发现“我过去只知钻研教材忽视教法，所以出力不讨好，花上很大力气，学生依然不懂”。从此，他就醉心于教法研究，通过大量实验在移植外来先进教学法的基础上根据国情形成自己的一套小学教材教法。他的主要观点为：

普及教育要有适合国情的教材教法。

普及教育是俞子夷最主要的教育思想。他提倡在普及城市小学教育的同时，也要注重普及农村小学教育。农村小学教育要因地制宜，因材施教，推广要普遍而时间不妨灵活些。因此要有一套适合我国城乡实际的小学教材教法以取得最佳教学效果。他除了身体力行，到一些乡村小学进行教学实践外，还在《参观乡村小学后的报告》《复式学级的常识教材》《一个乡村小学教员的日记》等文章中对如何解决农村小学教学设备简陋、缺乏必要的教学仪器、复式教材如何适应我国国情等提出了看法。俞子夷分析了当时小学各科教材内容，指出其中有不少缺乏科学根据，以至于教学就如"盲人骑瞎马"。他主张教材研究不应当仅仅在教学理论中进行一些支离破碎的教材分析，而应当系统地结合一些具体教材进行研究。教法也应当是系统的理论探讨和具体实施的结合，即将理论和经验联系在一起。为此，俞子夷编著了《小学算术教学法》与《小学算术科教学法》，形成了较完整的算术教材教法；他的《新小学教学法》与《新小学教材研究》，形成了较完整的小学各科教材教法。

教学要有经济观。

俞子夷认为教学的经济观就是教学方法所耗用的时间精力与教学效果的比较。"从事教育，如不明效果与方法之适应，则教育上之消耗必巨（即时间之浪费、精神之虚耗）。"教学的经济观就是用最少的时间、精力、财力取得最好的教育效果。教学是一个整体，教材和教法是它的两个方面，教材要精简，选材要科学；教法既是科学又是艺术，重在实行。方法太复杂，是浪费时间和精神；方法太单调，学生不愿听或听不懂也是一种浪费。比如教学算术中的原理，多说明不如叫学生多做。说明只能叫学生强记，叫他们强做才可以从实际经验中得到真理。因此，应该重视教学的优化和教授法的技术革新。

对整个教育来说，没有合理的关系，部分之和决不等于全体，全人格教育决不等于德育、智育、体育的简单相加，智育不等于各个科目的简单相加。各个星期的课积累成一个学期，若干学期更积累成全部课程，这中间有什么关系，到毕业时学生会成为怎样的整体，这与各科之间的合理关系有着紧密的联系。因此，俞子夷在革新教法中很重视各科间的联系，注重幼儿园与小学的衔接。他反对头痛医头，脚痛医脚的孤立做法：比如学生语文程度低就强迫他们读熟古文，要他们背诵。实质上语文是一个整体，作文、读书、说论、写字都是各个部分，如果不明白这些部分之间的关系，单靠传统的背诵，最终是吃力不讨好的。所以俞子夷认为根据教学的经济观还应当特别努力协调各部分间的关系，这样才能实现"教育是整个的"这句话。

理论研究应该与实践相结合。

俞子夷的教育实验重视理论对方法的指导。他认为“理论有可靠的，也有不可靠的。从科学方法研究得来的结果是可靠的，凭空臆造的议论是不可靠的……但是经验没有理论去指导往往要走很远的路，或者走入不正当的路。……理论决不能代替经验，然而理论却可以做经验的指导。最好把学的理论和自己的经验化为一起。”所以“教学法一方面要把科学做基础，一方面又不能不用艺术的方法做”。

正是在这种教育观点的指导下，俞子夷积极从事教育实验。他认真对待国外先进的理论，并根据我国的国情在移植上进行改造。他始终坚持理论研究必须联系实际的研究方向，他从实验中提炼出来的小学数学教育思想至今仍有重要意义，有待于我们进一步挖掘与发展。

## 一生为人师表

俞子夷不光在学问上让人敬佩，在为人方面也令人敬仰。

他一生好学不倦、博学多能。他没有受过正规的中专和大学教育，靠刻苦自学而多才多艺。他会吹箫、拍照片、装收音机，还懂英语、日语，新中国成立后又利用苏联算术教材学习俄语。他对教育实验简直入了迷。俞子夷从东京考察单级复式教学归来，凭着厚厚的四五大本笔记与同行一起开办单级教授练习所。他回忆那时的情景，说自己“日夜紧张，有时睡梦中也在上课或备课”。“首届结束后，距小学寒假尚有一个月。我再在小学里独自实习至放假。这次，全日包干，午餐亦在校内，与原任教师共食……这一个月全日包干，尝到了先苦后甜的真滋味。苦的是白天腿酸，夜间眼昏。甜的是时间支配恰好，到下半个月，可无须频频看壁上挂的小闹钟，一切进行顺利。”每一次实验俞子夷基本上都亲自参与，时时给予理论和实践的指导。有时是讲课，有时是设计、制造游戏方法、用具等，有时是指导教师教学方法。例如，《口诀》一文中讲到有一个小学三年级数学教师发现学生乘法九九的前半段没有练熟，俞子夷就和他商定一个进程。“部分注意心算，教师抽示练习片，或口唱题目，指名学生口答；一部分注重笔算，题目用练习片或板书，学生各自笔答。”小学教师照此操作，果然收到了好效果。广博的知识、入迷的精神是俞子夷教育实验屡屡成功的最好注解。

俞子夷对工作一贯是认真负责、一丝不苟的。他虽则知识渊博却认真备课，深入浅出，理论联系实际。他曾经给一个学算术最困难的名叫王渭铨的学

生补过课。他将一系列的设想一步步验证，达到一个个具体的目的而取得成功，并将这过程写成《教算一得》一书。对指导教师的教学，俞子夷也是严格而热情。新中国成立后，在担任浙江省教育厅厅长时，组织上照顾他的身体，让他每天工作 2 小时。但他仍然每天按时上班，先到各处室去转转。群众来信有问必答，复信都要亲自过目才发出。

俞先生对他人的关怀爱护是无微不至的。他非常热爱他的学生。他在《二十年前乡村学校生活》里回忆自己 1907 年在上海青墩小学的教学生涯时说过："母亲，我当然是做了他们的母亲。我爱他们，他们个个都爱我。每天临睡，我一定送他们到房里，他们各自上床安睡，我还逐一替他们把被盖好，肩胛处塞紧。这是我夜半临睡时天天做的工作……某生有一天病了，他一人嫌寂寞，要我到卧室里去做伴。我除了上课以外常坐在他床边上和他说笑，我把书里的图给他看。人生顶快乐的莫如爱。"

1953 年夏，杭州下城三小丁竹青老师患病卧床，俞先生年已古稀仍前往探望。在一个大热天，看到气喘吁吁的老厅长来看望自己，丁竹青泪流满面。

俞子夷自身生活十分俭朴。他身着布长衫，脚着土布鞋，春、夏、秋三季总带着伞。他说出门带伞，天雨撑伞、天热挡阳、不雨不热当手杖。他总说，一个人一天有一块豆腐、半碗青菜营养也就够了。省教育厅配给他小车，他从来不用。简单的通知记事，他总是利用小纸片。连撕掉的日历他也要利用。他勤俭朴实的作风深深地感动着与他一块工作的同志。

俞子夷先生离开我们已经 40 多年了。他终身为之奋斗的教育事业，正在不断发展。他的教育论著是教育工作者的宝贵财富。

# 周 天 初

## ——致力于师范美术教育的“周老夫子”

夏 宁

周天初(1894—1970),浙江奉化江口街道周村人,别号天衣居士,奉化诗人石虞先生之哲嗣。出生于耕读世家,其父为清末举人。1918 年经任广东盐务副使的父亲同意,与弟周天裕赴日本留学,入东京美术专门学校学习西画。1922 年回国后终身从事美术教育。周天初初擅西画,继学国画,能以自然为师而独创新风,老年犹作画不息,探索新的艺术境界。曾任浙江省美协副主席、杭州市政协副主席,历任省市政协委员、市人大代表。1970 年病逝。

### 三十七年风雨

周天初早先在上海美术专科学校习画,1916 年毕业于上海美术专科学校,后经刘海粟推荐留校任教,1918 年远赴日本东京美术学校习画,潜心研究西洋画的原理,尤致力于透视学与色彩学。1922 年秋,周天初学成回国,任教浙江省立女子师范学校。翌年春,兼任浙江省立第一师范学校课务。除了在一师任教外,周天初还在其他学校兼职美术教育。1924 年周天初应沈定一之请在浙江艺术专科学校兼教西画一年半;同年起,应林风眠、潘天寿之请在国立杭州艺术专科学校(今中国美院)兼职任教 8 年,主要教授色彩学、透视学。1923 年秋,女师改称浙江省立女子中学,一师并入浙江省立第一中学。1931 年 6 月,师范独立,杭高师范科停止招生,周天初转入复校后的浙江省立杭州师范学校任教,直至 1958 年退休。周天初在师范学校任教前后达 37 年,学生遍及浙江省内外美

术界。

周天初在杭州师范学校执教的时间最长。1931年,周天初去杭州师范学校任教时,为杭师的美术教学奠定了基础。1934年,杭师建造新校舍时,周天初与该校音乐教师顾西林坚决主张美术、音乐两科一定要有专用教室,在时任校长徐旭东的支持下,几经交涉,方得厅方同意。翌年,杭师新校舍落成,教学大楼中采光良好的美术教室,就是周天初设计的。这样的美术教室,当时除国立艺专外,全省是独一无二的。

周天初筹建的杭州湖滨纪念碑,图右下侧为率部参加“一·二八”淞沪战役的驻浙国民党第88师师长俞济时将军

1934年,周天初在国立杭州艺术专科学校兼职担任色彩学教员时,为纪念抗日英烈,周天初筹建纪念碑。刘开渠创作了“一·二八”淞沪抗战阵亡将士纪念碑,表现爱国志士英勇抗敌和人民对殉难者哀悼的情景。这是我国第一座表现抗日战争的纪念碑。纪念塔上部为青铜塑像;中部为一正方形基座,正面镌有俞济时亲笔题写的纪念塔塔名,背后镌有蒋介石亲自撰写的碑文:“民国廿一年一·二八上海战役,我将士忠勇奋发,艰苦支持三十余日,其间肝脑涂地,舍身成仁,良不可胜数,英风壮烈,民族精神,实为焕焉……西湖之滨,湖山秀美,甲于全国,昔为勾践卧薪尝胆兴越之地,岳武穆坟亦在焉,忠义有托,尤克互为彪炳,安诸将士之灵于此,信为所得,足以长垂不朽……”;下部底座为浮雕,四面分别镌有内容为《纪念》《抵抗》《冲锋》《继续杀敌》的四幅汉白玉浮雕。然而,纪念碑建成两年后,日军入侵杭州,美丽的西湖沦陷敌手长达8年。其间,这座纪念塔被推倒抛入西湖。一直到抗战胜利,淞沪战役阵亡将士纪念塔才得以重见天日。人们从西湖里打捞起纪念塔的各个部分,仔细洗尽淤泥,重新安放在原址。

1937年11月,“寇迫杭垣,学校内迁”。周天初爱国爱校,将家眷安置在乡间,只身随校南迁。1938年7月,杭嘉湖旧属省立七校在丽水碧湖合并成立浙江省立临时联合中学,内设师范部。1939年秋,联中师范部改为浙江省立临时

联合师范学校。抗战期间,周天初“随校转徙,跋涉关山,老而益壮,至堪敬佩”。当时物质条件极差,周天初喝最差的酒,用长烟管吸烟,晚上备课,用的是青油灯,不以为苦,一直坚持到抗战胜利。“朱弦一曲伯牙琴,流水高山要赏音,犹记碧湖春雨夜,泥炉温酒话文心。”是周天初抗战时期在丽水碧湖教书生活的真实写照。1943 年,教育部举行推进师范教育运动,对在师范教育服务 15 年以上且品德高尚、努力工作、卓有成绩的教师予以奖励,浙江省奉令推荐 1 名,联师美术教师周天初获此殊荣。

现在的杭州湖滨八十八师“一·二八”淞沪战役阵亡将士纪念碑

抗战胜利后,联师师生告别丽水,迁回杭州,恢复原校名:浙江省立杭州师范学校。周天初继续留校任教。1947 年,在杭师十六周年校庆、周天初担任教席二十五周年、执教杭师十六周年之际,为纪念其为浙江美术教育所做之杰出贡献,由二十五名同仁共同倡议发起,集资出版《周天初先生担任教席二十五周年、执教杭师十六年纪念册》。20 世纪 50 年代初,周天初组织成立杭州市中学美术教研大组,自任组长,副组长为俞乃大。1954 年,周天初与潘天寿一起创立一个国画创作小组。1958 年,周天初因病退休,退休后仍坚持写诗作画并投身浙江美协的筹划和建设。1961 年,浙江省美协正式成立,潘天寿任主席,周大初任副主席。

## 以诗画名世

对周天初的诗画,张厚植有这样的评价:藏神秀于典雅,溢古体于豪瀚,词婉气和,一唱三叹,雅有风人深致,益以见君得山水者多也。在周天初的作品中,西洋画的一些特点很好地糅合在中国水墨画中,使所表现的物体既有中国画的寓境,又结合了西洋画的透视和造型,在表现上更加丰富。谈到中西融合的绘画创新和探索,周天初有诗曰:“趋新多险阻,反古亦超租。谁能酌其中,脱然出囹圄。绘事虽小道,造诣亦良苦。黄荃善双勾,允称无双谱;徐熙没其骨,卓然一枝树。厥初师造化,于焉成鼻祖……一味尚形似,见与儿童伍……”

1937年抗战中随校南迁丽水碧湖时，周天初途经永康拜访了友人孙宾甫，留下了一幅《驴背图》，并题诗曰："薄海深仇不易销，东风凄紧浙江潮，惊心故园传烽火，未许闲情滞霸桥。"周天初将自己的愁绪和愤懑都寄予笔墨中。1941年周天初得到宁波失守的消息，和家人相隔多时的周天初在《梦游黄山图》的题序中表达了对家人的急切牵挂、无奈和彷徨。"……无奈沧海水，淹没故乡田，妻孥谁抛得，念之方寸间"。此间周天初的三个孩子相继离开了人世，周天初常为没能拯救家人而追悔。国殇家难中的周天初只有不断以作诗绘画来消解心中的殇情。

周天初画作

周天初虽以绘画名世，但存世作品很少，家中仅藏有两幅画：一幅《鹳山图》，是其最擅长的淡彩画，现由其女周慕梅保存。另一幅画的是鹰和蟹，水墨画，现由其子周启正收藏。前者是1959年夏杭州市人民委员会组织人民代表、政协委员参观时所作，后者是周天初七十诞辰（1964年）时所作，都是退休后画的。据南京艺术学院沈涛教授所说，他尚保存有周天初的《烟际迷离》图一幅。又据邹士润及周天初女婿说，1956年苏联伏洛希罗夫来我国访问，到达杭州时，美术协会曾请潘天寿和周天初合画一幅国画送给伏洛希罗夫。周慕梅曾整理出一个硬面练习簿，上面用墨笔写了不少旧体诗，这是周天初的真迹。写的字，正、楷、行、草都有，写得苍劲有力，是难得的一手好字。周天初的旧体诗也很有造诣。《光荣退休》七言四章是他1958年8月21日写的，其中二章说："记得来时二十六，湖山容我作勾留；去年六十二初度，桃李盈盈雪满头。平居宁静不趋炎，逝水也曾细浪添；解放而今入蔗境，老来才觉宿根甜。"周天初除诗、书、画外，还善弹琴。他善弹三弦和日本留学时所学的日本琴。每遇知心朋友，在微醺时他就高兴地弹上一二曲。杭师音乐教师顾西林精通音律，对周天初的琴艺很是欣赏。周天初多才多艺，中青年时期社会活动繁多，与郁达夫、潘天寿、林风眠、张宗祥等均有厚交。晚年更是相交满天下。

# 作育英才

周天初才华横溢，难能可贵的是他把毕生主要精力都放在师范美术教学上。有许多知名的美术界朋友建议他去做其他工作，薪金比在师范教书要高得多，但他都婉言谢绝。以周天初的社会关系来说，也可以另谋“高就”，但他不慕虚荣，不趋炎附势，始终坚持在师范教育的岗位上。

周天初认为一个人从小就应该培养他的爱美情趣，而我国小学美术教师很少，先生希望通过师范教育，培养出更多合格的美术教师。周天初日本留学回国在女师、一师任教后，即积极提倡写实主义。20 世纪 30 年代杭州美术界风靡西方的形式主义，而周天初坚持写实主义，讲透视法，强调写生（为此制作了一套写生对象）。在这种教学思想指导下，学生从美术学习中学得了较扎实的功夫。周天初坚持师范美术教学必须为培养小学师资服务，为小学美术教学服务。其绘画形式则坚持铅笔淡彩。这是水彩画的一系，当时在美国、苏联和欧洲广泛流传，与我国国画传统亦有联系，有其独具的艺术特点。周天初认为这是一种最适于幼、小教学的实用美术技术。这种为培养小学美术师资服务的思想，与一般师范美术教学脱离实际、追求纯美术基础或自我表现、自我玩乐的美术思想（这在当时是相当普遍的）是根本对立的。周天初的得意门生，曾任杭州幼儿师范学校副校长的余礼海说：“周先生的美术教学思想是我衷心赞同的，也是在我四十五年的教学实践中验证正确，全力以赴的。”

师范学校美术课没有一本现成的完善的课本，周天初便自编教材，或编写补充教材。1936 年，由于小学普遍缺少美术教师和体育教师，为了解决社会需求，杭师开办了特别师范科。周天初对其中的艺术师范科花了很多心血，精心制订了从计划到每一年级的具体教材，对小学生应该教什么、一个合格的小学美术教师应该掌握哪些基本知识，怎样通过短期学习立竿见影，周天初都考虑得非常周到。因此，这个艺术师范科办得很出色，培养出一批合格的美术教师。因抗日战起，这个艺术师范科只办了两期就停办了。画要画得好，美术课要教得好，涉及许多基本原理，而其中有一些基本原理如透视学，又非空口说得明白，为此周天初很重视教具的制作和应用。大的小的方的圆的各种木制模型、石膏像、铁皮房子等等，在杭师美术课中几乎应有尽有，这些教具许多都是周天初亲自设计、亲自动手制作的。他常常教导学生，小学生知识有限，理解能力差，必须加强直观教学，否则就很难达到教学的目的和要求，把一堂课教好。他

又谆谆告诫学生，小学经费有限，如果没有现成的教具，应该自己动手去做，从现在起，就要学会这个本领。

周天初平易近人，上课都是在谈话中进行，边教边提问，启发学生独立思考。他有说有笑，很风趣，学生都很喜欢上他的课。但他课堂要求很严，画得不好，就不客气地请你重画。当学生在绘画时，他总是一个一个地去看，站在背后默不作声地看着你画，到时候就指出这幅画好在何处，错在哪里。隔了一会儿他再来看，如果发现错的地方仍没有改正，他就亲自动手替你修改。改好了，他总是哈哈大笑说："你看怎么样？"周天初受到学生的普遍爱戴，有许多学生，离开校园已有好几十年了，然而谈起周天初，仍备感亲切。余礼海回忆说："本人充竽中学、师范美术、劳作教学四十五年……对本人一生事业、为人具有决定影响的是恩师周天初和姜丹书。作为一个中学、师范良好的美术、劳作师资，必须具备美术与工科两方面的知识……我是在杭师得周师的启蒙教诲及以后自己的苦练，才能在专业教学中得以应付自如。这是周师对我事业有所成就的哺育恩情，我是永世不忘的……我得益于他的，更多的是在课外，他的操行示范，影响于我……周师府上有非常丰富的国外美术藏书，有些当时省立图书馆也没有。我常如饥似渴地阅览，周师亦不厌我相扰，频频指导，或他自弹三弦。平居宁静，淡泊为怀，这种品德，在我精神上有深刻的感染。"从 1922 年至 1958 年，我校校名几度更易，办学地点也几度变换。不论时事如何艰难，教育如何艰辛，周天初始终以培养美术教育人才为己任，循循善诱，春风化人，数十年如一日，专一持恒，从未间断，周天初桃李满天下，人皆敬称周老夫子。当时杭州中小学的美术教师，很多是他的学生。在他的学生中，知名度较大的美术家也不乏其人。

周天初在 1957 年腊月起患慢性胃溃疡，1958 年 8 月因病退休，1967 年 3 月前列腺肿大，1968 年春节又染上了传染性黄疸肝炎，自谓："沉疴宿疾。不堪疲惫，唯有听毛主席的话，潜心疗养而已。"1969 年 9 月写《久病》七言四章。全诗乐观豁达，对前景充满希望。1970 年 10 月 27 日，周天初与世长辞，终年 76 岁。

# 顾　西　林

## ——献身音乐教育的“音乐妈妈”

陆菲琼　谢广田

顾西林(1892—1968),上海人,本名陈畹芳,改名顾怡若,西林是她的字。1906年进上海启明女校音乐专修课学习音乐与英文,历时六年,兼任该校助教。1933年到杭师任教。在校任教30余年,为学校的音乐教育倾注了全部的心血,被学生爱称为“音乐妈妈”,培养出吴逸亭、何芸、陈乃铨、陈良森等知名音乐家和一大批艺术教育的师资。“文革”中受迫害含冤去世。生前曾任杭州市人民政府委员,省、市人大代表,杭州市文联主席,中国音乐家协会浙江省分会主席等职。

早春之夜,皓月当空,杭州师范大学玉皇山校区内以顾西林名字命名的“西林亭”旁,芳草如茵。伫立在西林亭的石马旁,颇有寒意。唐李商隐诗云:“此情可待成追忆,只是当时已惘然。”使笔者不能忘怀的是献身于音乐教育事业的顾西林先生。

## 家庭　学校　婚姻

顾西林出身于精通音律的书香之家。父亲是晚清秀才,生性严肃古板,在上海道署担任文牍工作。母亲知书达理,性格仁慈,极为疼爱子女,由于父亲母亲都爱好音乐,她的民族音乐启蒙教育就在家中完成。6岁时,父亲教她学扬琴,其后又教她弄箫吹笛。9岁时开始学二胡,接着学习琵琶、三弦等民族乐器。父亲的严格执教和母亲的谆谆诱导给她奠定了良好的民乐基础,也形成了她以

后严父慈母型的教学风格。

1906 年，她 14 岁，进入上海启明女校音乐专修科。“启明”是上海法国天主教圣母院附设的女子学校，校规极严，但师资水平极高。她入学第一年专修英文，第二年加修钢琴。她学习勤奋，进步很快，受到老师的赞赏。她攻读英文、音乐两科，学习时间前后共 6 年。但在最后两年中，已同时担任助教职务。

1912 年冬，她毕业离校，进上海茂成女校担任英文、音乐教职。1915 年春，她离开上海老家到宜兴县女中执教，开始了独立生活。

她是为了反抗严父之命、媒妁之言的包办婚姻而离家出走的，也正为此，她把自己的姓名陈畹芳改变为顾怡若，字西林。“顾”是她母亲的姓。“怡若”表示怡然自若，独善其身，这名字颇能反映她的个性与癖好。使人没想到的是，她不仅从此就永远离开上海老家，而且终身未嫁。

## 全身心扑在音乐教育事业上

其后 18 年，她辗转在宜兴女子中学、镇江中学、苏州女子师范等校任教。1933 年 8 月来到杭州师范学校担任音乐教员。她来到杭州师范，是因为当时杭师校长章颐年（著名学者章太炎的侄儿）刚从美国留学归来，主张民主办学，重视文学、艺术教育。他对顾西林在音乐教育上的造诣久有所闻，故派专人持书到苏州礼聘。

20 世纪 30 年代的杭师校徽

前排左起第七人为校长徐旭东、第八人为顾西林

在顾西林 55 年的教学生涯中，前 30 多年都是在黑暗的旧社会里度过的。

那时候音乐教师被称为“第三等教师”。新中国成立后，她才有了发挥她的专长的机会，安心为教育事业服务，并且深受有关领导和学生的尊敬。1951 年 12 月，她参加了中国民主促进会。1954 年 7 月，她当选为浙江省第一届人代会代表。当拿到省人民代表证书时，情绪异常激动。她，一个普通教师，居然可以代表人民参与讨论国家大事，这是她过去做梦也想不到的。为此，顾西林选择刘天华先生的“光明行”作为杭师学生练习二胡的第一支曲子，这是寄托着她的深情的，因为只有在新中国，她才能在光明大道上行进。

任命通知书

特此通知

周恩来签发的顾西林“任命书”

接着她又被选为杭州市人民代表、市政协委员，并担任了杭州市人民政府委员、浙江省文联委员、中国音乐家协会浙江分会主席。她对自己的专业和社会工作，都是兢兢业业、十分认真负责的。

## 笙乐演奏

20 世纪 50 年代初期，笔者刚调入当时设在南山路现中国美术学院的杭州师范学校。记得在一次晚会上，体育馆灯火辉煌，宽敞的舞台上坐满了一排排手持各种乐器的学生。他们神态端庄、手法熟练地在进行演奏。这气派，这动人心魄的旋律，完全把我震慑住了。旁边有个学生不无自豪地向新生们介绍说：“这就是我们杭师的民族乐队，全市中等学校阵容最强的乐队。因为我们有一位高水平的音乐教师。”演奏结束后，帷幕刚拉下，一阵暴风雨般的掌声响起来了，学生们站起来狂热地欢呼着：“顾老师，顾老师！”隔不多久，笔者见到一位中等身材、脸庞消瘦而腰板笔挺的女教师缓步走上舞台。她梳着整齐的男士西发，穿着一袭青布大褂，手握一只古老的乐器——笙，笑吟吟地向大家微微鞠躬，而后洒脱地一挥手，嘹亮宛转的旋律立刻又把大家带到亢奋的欢乐的世界……时隔半个多世纪，这一幕伫听笙乐的情景，一直使笔者难以忘怀。

## 知难而进

顾老师出身于精通音律的书香之家，受教于以音乐驰名沪上的法国教会学校，她兼擅中、西乐器，学识渊博。但她的造诣，主要得力于自己的勤奋好学。

她曾和同事杨文群闲谈，说："我喜欢难度大、要下苦功才能学会的乐器。我本来喜欢钢琴，后来更喜爱小提琴，因为小提琴音色更美，而技巧比钢琴更难。1922 年，我发现昆曲是中国的古典歌剧，曲调和词意都非常优美和深奥，而且复杂难学，我就专心学昆曲，终于能做到彩排。1959 年，我住在象山疗养院，在毫无基础的情况下，自学古筝，学会了二十首练习曲。当时我已 67 岁，病友们都劝我好好疗养，不要太劳累，可我就是不服老。"

她的那种对音乐艺术苦心孤诣地追求，并且毅然决然、知难而进的学习精神，是使她在音乐艺术上精进不已的动力。

## 爱 与 严

顾西林的教学特点是：在思想感情上对学生很爱；在教学态度上对学生很严。《杭州日报》记者范育华，曾是顾老师的学生，她曾提起顾老师严父慈母般教育她的往事：

有一天，范育华拿着琴谱惴惴不安地走进琴室，顾老师早已静悄悄地等候在那里。范育华坐在顾老师身边，因自知琴艺不熟练，心里怦怦直跳。她先练了指法，接着顾老师翻开琴谱，挑了几章让范育华弹。由于平时练得少，范乱了章法。弹一遍，老师不满意；又弹一遍，越弹越乱，手哆嗦了，连五线谱上的音符也仿佛会跳动了。范急得哭了起来，使劲地捏手指，"怎么啦?"顾老师拉起范的手："多可怜。手又瘦又小。不过老师的手也不大。"她把手在范眼前一摊，意思很明白：琴没弹好，不能怨手，关键是功夫不够。"弹琴和其他功课一样，先得把底子打实。别小看指法，它是学琴的基础。多练，手指会有力，也就熟能生巧了。"她一边说，一边叮叮咚咚地弹开了。弹完以后，顾老师手把手地教她。练琴结束后，范育华把成绩簿递上去，心想这回糟了。没料到顾老师给她打了 5 分，还慎重地签上名。她轻轻地说："以后别要小聪明，要老老实实地打基础。"想起这件往事，常常促使范育华奋发向上。

顾老师外表严峻，学生们大多怕她、敬她，但从心底里爱她。年逾七旬的咸信，回忆他一生中难忘的一课，说："毕业前夕，在上最后一堂音乐课时，大家都很难过，感到依依不舍. 我在黑板上抄了这样一句诗：'相见时难别亦难'，顾老师走进教室，看了一下黑板上的诗句，面对同学们凄然一笑，不知怎的，有的同学哭出了声。这一哭，大家都熬不住了，顿时全堂大哭起来。"从小学毕业到大学毕业，咸信上过不少的最后一课。然而像这样以痛哭来表示惜别之情的，却

是绝无仅有的一次。

## 桃李满天下

顾老师善于发现人才，很重视“量才使用”和“因材施教”。她对拔尖的学生精心培育，也愿意慷慨解囊资助他们继续深造。有一个姓胡的学生，考上了中央音乐学院，顾老师一直负担着他的学习费用。当她卖掉一架旧钢琴后，还从中抽出30元，邮汇给学生作为生活费。有的学生无缘进高等音乐院校，顾老师就写信给友人、上海音乐学院的老师，请他们予以个别辅导。曾任青海省文联主席的陈士濂是顾老师精心培育的尖子之一，但当陈士濂在杭师毕业后去报考师范学院中文系时，他怕顾老师因为自己不学音乐而学中文，也许会不高兴，支支吾吾地说了此事。顾老师很理解他，毫无责备之意，还专门送了他一把定制的二胡。1959年，陈士濂就是带着这把二胡，在青海高原的乐队里当了演奏员，开始了他的艺术生涯。

顾西林是中专的一级音乐教师，又是一位音乐艺术界的前辈，经她培育的高才生，大多已成为名家高手。屈指数来，如原中国音乐研究所所长何芸，广州交响乐指挥、珠江电影乐团指挥杨桦，上海歌剧院二胡家吴逸亭，上海电影制片厂作曲家寄明，浙江余杭越剧团团长陈乃铨等，都出自她的门下。

## 带“陪嫁”的指挥

1987年9月，在大关小学艺术团访日演出的节目单上，笔者看到刘天华先生的《光明行》。光凭这一节目，我猜想该团艺术指导出自顾老师的门下。因为《光明行》是杭师学生学习二胡的第一支独奏曲。

后来探知，大关乐队的创始人沈其鹏，虽非杭师学生，却也是顾老师的传人。刘天华的十首曲子，一首首由顾老师指点、传授给他。大关乐队的二任指挥姜庆富、三任指挥程荣炳，都是由顾老师在杭师毕业生中选送去的。当她选送这两名高才生时，买了大批乐器送给乐队。大家都把这些乐器叫作“陪嫁”。

事实上，顾老师最好的陪嫁，是她本人的无限精力。正如姜庆富所说：“大关乐队可谓是顾老师悉心浇灌的一朵艺术小花。大关艺术团赴日本访问演出，获得了成功，其中有顾老师的心血。”程荣炳回忆说：“顾老师曾多次来大关小学指导。记得在1963年腊月，顾老师乘三轮车来到我校破旧的大礼堂，和大家一



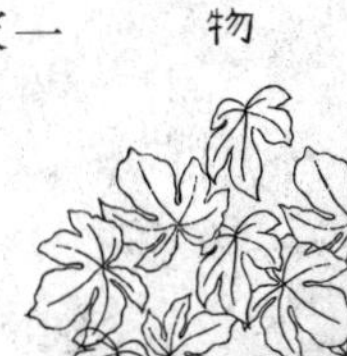

起排练新曲。当时朔风吹来，孩子们的手都冻僵了。顾老师说：‘冰冻三尺非一日之寒，学琴者就要在寒风中锻炼意志。’她摩擦双手，叫大家跟着做，把手擦得热乎乎的，然后指挥大家排练，再排练……”孩子们也由衷地爱上了音乐，并称她为“音乐妈妈”。是的，对这位终身未嫁、矢志于音乐教育的女性来说，称她为“音乐妈妈”是再合适不过的了。

## 历史是公正的

“文革”期间，顾西林被扣上“资产阶级反动学术权威”等帽子，受到了“四人帮”及其爪牙的残酷迫害，于1968年7月17日含冤去世，终年76岁。没有人给她留下骨灰，她自己也没有遗言，默默地告别了人世。

党的十一届三中全会之后，顾西林的沉冤得到了昭雪，杭师举行了隆重的追悼会，宣布推倒强加在她身上的一切诬陷、不实之词，恢复了她的名誉。杭州师范学校在校园内建造了“西林亭”，2008年5月，杭州师范大学将下沙校区西大门路命名为“西林路”，以志永念。

# 陈 友 琴

## ——天意怜幽草　人间重晚晴

陆菲琼　谢广田

陈友琴(1902—1996),1923年肄业于上海沪江大学文学系。1930年后历任上海建国中学、敬业中学、务本女中语文教师,安徽屯溪柏山皖中、建国中学、江苏临中教员,杭州之江大学国文讲师,杭州《东南日报》副刊编辑,杭州师范学校语文教师,新中国成立后任杭州师范学校军代表,杭州幼儿师范学校副校长,北京大学文学研究所副研究员,中国社科院文研所副研究员、研究员。1935年开始发表作品。1955年加入中国作家协会。著有《温故集》《长短集》《晚晴轩文集》,编撰《清人绝句选》《白居易诗文述评汇编》《元明清诗一百首》《千首清人绝句》《不怕鬼的故事》《中国文学史》《唐诗选》(以上均合编)等。

陈友琴1902年出生于安徽省南陵县城关的一个中医世家,1996年以94岁高龄病故,称得上是一位世纪老人。先生前半生献身于教育事业,从小学教师、中学教师到大学教授。后半生则为古典文学呕心沥血。1990年荣获国务院颁发的有突出贡献的专家津贴。

### 潜心向学的少年学子

陈友琴,又名楚材,字珏人,号琴庐。他的祖父、父亲都是名中医,但陈友琴无意继承祖业,他从小就酷爱中国古典文学,对古诗词,他往往吟诵再三,不禁手舞足蹈,一经投入,就乐此不疲了。

陈友琴幼年天资聪颖,12岁时进私塾念书,塾师是前清廪生,学识渊博,执

教甚严，选教的是《唐诗三百首》《诗经》《古文观止》《论语》《孟子》等书。老师朗读、讲解不遗余力，学生每天都要熟读成诵。这种严格的基础教育，给他奠定了扎实的国学根底。他父亲在行医之余也以吟哦诗句为乐，对儿子学习诗文也极关心，经常选出古诗名篇，要他楷书录写，认为"眼过千遍不如手过一遍"。这使幼年的他养成了随手抄录诗文和作读书札记的习惯，因此他在少年时期就已积累了许多笔记本。

离开私塾后，陈友琴进入宣城第八中学读书，他的文学才华得到国文老师、教务主任和校长的赏识，诗文习作常被选登在学校出刊的习作园地上。在老师们的关怀下，他对文学的兴趣更浓厚了。中学毕业后，他就读于上海沪江大学文学系，后因祖父逝世、家庭经济困难而中途辍学，从此开始了他的职业生涯。

最初他在繁昌县三山镇叶璧成家做家庭教师，叶先生是上海《申报》编辑，家中藏书丰富，为陈友琴在教学之余自学深造提供了有利条件。他认真研读《资治通鉴》，并选抄了其中有关古代战争、战略部分的文章，抄录成三大册，取名为《通鉴战略》。他同时又精读《全唐诗》，把自己爱读的唐诗工整地录写下来，取名为《唐诗选读》。

## 十目一行做学问

1930 年，陈友琴离开安徽凤阳第五职业学校，到上海敬业中学任国文教师。1935 年他在上海市立务本女子中学任教时，常到客居上海的南陵籍著名学者徐乃昌先生家看书。徐是海内著名藏书家，自费刻书也不少，对勤奋学习的同乡晚辈爱护关怀，特许陈友琴出入书房，随意翻阅，遨游书海。徐家藏有很多在外面图书馆没有的珍本，因之使他大开眼界，丰富了他的版本学和目录学知识。

对于中国古典文学，陈友琴在青少年时期就十分爱好，钻研弥深。他的自学精神颇受友人赏识。他在一篇文章中说过："谓读书一目十行，这是所谓才子吓唬人的，凡是求读书真正有所得的，还需十目一行。"这句话被公认为"补白专家"的报人郑逸梅收入他编写的《艺林散叶》一书中而成为做学问的名言。陈友琴就是本着这一精神做学问的。他在教学之余，经常坐在书桌前，或读书，或写作，研究古典文学。

20 世纪 30 年代中期，上海文坛人才辈出，各派作家十分活跃。陈友琴当时也在上海工作。他结识了开明书店的叶圣陶先生，叶老严谨的治学精神使他非常敬佩。

我国古代诗歌经过唐、宋两个朝代的发展，令人有“难以为继”之感。严羽在《沧浪诗话》中评论盛唐诗歌时说：“盛唐诸人唯在兴趣、羚羊挂角、无迹可求。”认为诗必盛唐。就在这种思潮影响下，宋洪迈编选了《万首唐人绝句》，清王世禛编选了《唐人万首绝句》，清严长明编选了《千首宋人绝句》，至于元、明、清以后的诗就无人问津了。陈友琴认为，要正确评价清代诗与清代诗人，只有掌握有关清诗及其作者的全部材料，细心研究，科学分析，才能得出正确的结论。于是，他刻苦钻研清诗，就像一个地质勘探工作者进入荒山，像发现许多奇异瑰丽的宝石那样高兴。他以清诗和唐诗、宋诗作对照进行研究，认为唐人绝句以神韵胜，宋人以清新胜，清人则以神韵兼清新胜。于是他在叶圣陶、王伯祥先生的鼓励下，以自己研读清代诗歌的体会，有感于时人对清诗的不公正的评价，立志编出一本选诗允当、顾及全面的《清人绝句选》，为清诗在中国文学史上争得一席之地。他废寝忘食，搜集清代各派名家的诗集细心攻读，用力甚勤，终于精心编出包括四百位清代诗人一千多首绝句的《清人绝句选》。此书于 1935 年由上海开明书局出版，迅即获得出版界和读者的好评。著名学者柳亚子先生为它写了题签。叶圣陶先生为它写序，说：“陈先生这个选本，所选有四百家，清代的重要诗人差不多都在这里露脸，我们取来讽诵，就好比跟一代的诗人促膝谈心，听他们诉说浑凝的诗感，确是快事。”不过对陈友琴来说，他自觉意犹未尽，认为所选尚多遗漏。也就是说，这部书只是为他 50 年后选注《千首清人绝句》打下了基础。

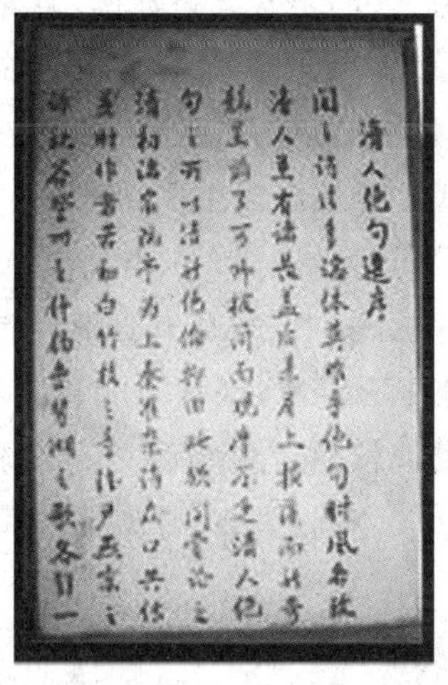
清人绝句选序

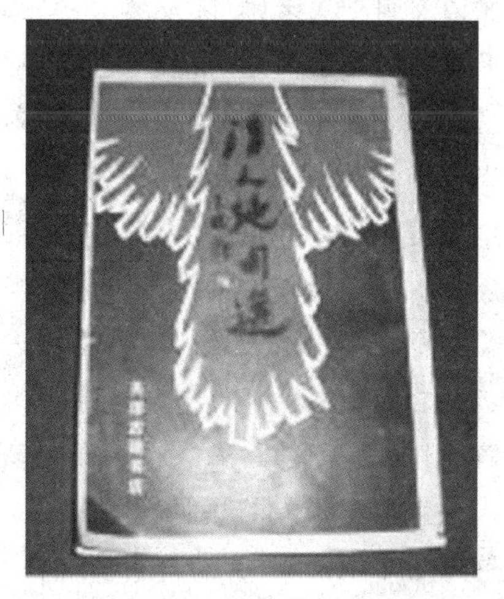


《清人绝句选》书影与查猛济序言手稿

陈友琴除孜孜不倦、博览群书之外,也一直为报纸杂志写文章。20 世纪 30 年代中期黎烈文主编《申报》副刊《自由谈》,得到鲁迅、茅盾、郁达夫等人的支持,许多作家在这个副刊上发表了触及时弊、富有文采的杂文和随笔。陈友琴也曾为《自由谈》写过文章,他写的一篇《活字和死字》,引起了鲁迅先生的注意。鲁迅以笔名旅隼写了短文《从别字说开去》,与陈友琴磋商,由此展开了一场关于文字学的论争。陈友琴在《活字和死字》一文中说:"所谓'活字'者就是大多数识字的人所公认的字。识字太多的朋友搬出奇字、僻字、古字,与实际运用文字的需要全不相干,我就一概谥之以佳号曰'死字'。"而鲁迅先生则认为:"陈友琴的'死字和活字'是不想从根本上斤斤计较字的错不错即别不别了,这种做法只能是维持现状,听去很稳健,但实际上是行不通的。"当时陈友琴初进文坛,是个末学后进的青年,他的见识难免有误,承蒙鲁迅指出,他就永远铭记在心,告诫自己必须力求革新,不要做一个现状维持派。此次论争的文章后来被编入鲁迅的《且介亭杂文二集》中了。

## 熙熙如春作育英才

抗战开始,陈友琴离开上海奔赴内地,在浙江省立衢州中学等校任国文教员。抗战胜利后,他全家来杭居住,1948 年 8 月,他应聘来到杭州师范学校。当时校长蒋伯潜先生是一位学者,他欣赏陈友琴在古典文学上的造诣,邀请他来杭师做语文组把关老师,陈友琴对古典文学潜心研究,语文知识渊博,讲课时善于将旧学新知融会贯通,深受学生欢迎。他的教学特点一是深入浅出,往往从国文基础知识入手,引起学生学习兴趣,但绝不流于夸夸其谈、漫无边际;二是善于以古喻今,开拓学生的眼界,并在阐述文章之际鼓励学生既要向古代杰出人士学习写作,也要学习其人高尚的道德品质。杭师校友来幼鸿至今还记得陈友琴老师对他一篇作文的批语:"你爱好文学,过去写的文章还有真情实意。可是这篇文章纯粹是辞藻堆砌,不能表达自己的真挚感情,这就不能算文章了。记住:写文章和做人一样,贵在朴实无华。"来幼鸿读后深为感动。后来他也深切了解:不仅是写文章,做人也一样应该朴实无华。他还发现:朴实无华正是友琴先生一生治学为人的写照。

这里还必须提到的是,好古者往往不善于吸取新知,但友琴先生却不如是。他热爱青年,关怀学生,从不以长者自居,能虚心倾听学生意见。有些人常以须发斑白来显示自己资格老、教龄长、学问好,友琴先生却说:"只要老师能拿出成

绩来，就会得到学生的尊重，用不着染起髭须去事后生的。”

陈友琴的教学在学生中留下了很深的印象。他早年执教的上海市立务本女子中学和浙江省立衢州中学，在 2002 年百年校庆时都不约而同地在他们的校刊上开辟专栏刊载专文纪念陈友琴先生，称赞他的教学和为人。友琴先生在中学里教的是语文(当时称国文)和历史，他在教学中旁征博引，注意将课本同现实联系，从而引导青年学生正确认识时代，懂得自己所肩负的改造世界的重任。在上海务本女中，当蒋介石鼓吹“攘外必先安内”时，友琴先生曾为此组织了一次班级辩论会，让学生争辩究竟是应该“攘外”还是“安内”。这场辩论使他的学生受益匪浅，至今谈起仍历历在目，从而越发怀念友琴先生。在杭州之江大学，由于他在课堂上针对时局的言论，被某些人视为共产党(其实当时他尚未入党)，他也因此被这所教会学校解聘。

陈友琴注重教学，更注重育人。他热爱学生，对学生的关爱无所不在，也深受学生的爱戴。直到“文革”时期，陈先生人身失去自由，造反派对他做了大量的外调，希望能得到此辈所要的“材料”，然均“无功”而返，这些人回来后恨恨地责问陈友琴：“为什么他们都只说你的好话？啊？你说，这到底是为什么？”陈友琴顾左右而无语。其实答案是明摆着的：正因为陈友琴先生为人诚挚，治学严谨，思想进步，故识者自有公论。

1949 年 3 月，正是风云变幻之际，白色恐怖笼罩杭州，陈友琴毅然参加了中国共产党，那时，地下的中共杭州市工委的同志常于夜间与陈友琴联系工作，了解杭师教职工的政治思想情况并洽谈如何开展护校工作。有时他夜间外出开会，因校门紧闭，不得不越墙进出。陈友琴外表上是个不问政治的教师和学者，实际上他是个热心参与政治的爱国者，并且对马克思列宁主义著作和党的方针十分倾心关注。

1949 年 5 月 3 日，杭州解放，中国人民解放军杭州市军事管制委员会宣告成立，陈友琴奉杭州市委之命向军管会报到。军管会任命他为进驻杭州师范学校的军代表。杭师接管委员会成立后，他担任副主任委员，后任副校长。人们这才知道这位外貌颇为儒雅的学者，原来是中共地下党员，是革命的执着追求者。1952 年秋，市教育局决定将原来属于杭师的幼师班分出，成立幼儿师范学校，陈友琴率领两百余名教职工和幼师学生一齐来到临安，校址离天目山不远，山清水秀，环境幽静，但校舍环境需要整修，他和大家一起修筑道路、平整场地。课余还和学生谈心，安慰她们，稳定学生情绪。陈友琴平易近人、踏踏实实的工作作风，获得全体师生的信任和爱戴。

## 披沙铄金著书立说

由于陈友琴先生热爱古典文学研究工作，并具备了深入钻研的功力，因此经吴组缃向何其芳推荐，他于1953年11月被调到中国社会科学院文学研究所工作，历任副研究员、研究员。

陈友琴在文学研究所工作期间，经常拜访学者邓之诚、俞平伯、王伯祥等人，几位学者专业虽然不同，互相探讨研究，感情却很融洽。陈友琴虚怀若谷，在来往交谈中，常能以对方治学所得，对照自己的钻研体会，以弥补自己之不足，从而不断地提高自己的文学修养。

1959年春季，毛泽东命当时的文学研究所所长何其芳编写《不怕鬼的故事》，主题思想是宣扬对“鬼”要敢于藐视，要战而胜之，绝不能被“鬼”吓住。当时陈友琴在文研所资料室工作，何其芳就把这任务委托给他。先生凭着自己丰厚的古典文学功底，披览大量古典笔记小说，披沙铄金地编出初稿后，又投入了极大的精力为这本通俗普及读物做了详尽的注释。书稿和注释顺利地获得何其芳、吕叔湘等名家的审定，并于1961年出版。出版后，友琴先生曾亲手赠样书给当时的学界名流，广泛听取意见。沈从文先生非常喜爱这本书，非常认真地在书上密密麻麻写满了眉批与加注，并把这本眉批加注本回送给了陈友琴，这本书后来一直被陈友琴珍藏着，他经常以沈从文先生的认真和精益求精的品德来教育他的儿女和求学的后生们。

陈友琴编选的《白居易卷》书影

同时陈友琴还参加了《中国文学史》的编纂工作，由他着手撰写的是唐诗部分白居易等人诗作的评价。他早年就倾心于白居易作品，早已积累了大量有关资料，所以编写时更是得心应手。后来他把搜集、整理有关白居易资料的工作做得更加广泛、更加精详，于是决心编出一部《中国文学研究资料汇编·白居易卷》，以有助于今后的白诗研究者，使他们免于搜查和翻检之劳。编此书时，他力主资料必须全面，编者应自有独特的见解。在书中，他既指出白诗的艺术特征，也评析了作品中的思想矛盾。此书辑录了许多阐述白诗的积极向上的文章，这主要是有关讽喻诗如

《新乐府》《秦中吟》等，同时也辑录了前人关于白居易学道学佛等唯心主义消极因素的评述。编者坚持“求真存实”的原则，认为只有这样，才能还白居易的本来面目，使后之学人得益。

《白居易卷》出版后，获得了读书界的好评，还深受海外汉学家的欢迎。日本学者花房英树把此书译成日文出版，还特地来到中国要求拜会陈友琴。但当时正值“文革”期间，花房英树的愿望未能实现。自此以后，陈友琴还写了多篇白居易诗论，成为国内颇有声望的研究白诗专家。

“文革”时期，陈友琴和许多学者一起被下放到河南息县科学院“五七”干校劳动。一位曾去北京探亲又回息县干校的同志告诉别人说，“北京传说陈友琴已经死了”。陈友琴听到传言后，立刻写了一首七绝：

中关园里传消息，道是琴庐早殒身。
我在河南仰天笑，希夷老祖坠驴人。

人们可以想见，陈友琴当时虽然身受“四人帮”及其帮派分子的迫害，但他胸襟开阔，对传说自己“死讯”一事，以千年前的陈抟（希夷）老祖自喻。传说五代宋初道人陈抟（希夷）在驴背上大笑而翻身跌下的时候，旁人问他笑什么，他说“天下从此太平矣”。我们从这首诗可以想见，陈友琴当时虽然处境不佳，但他胸襟开阔，对传说自己死讯一事，不仅视为笑谈，还敢于以“希夷老祖”自喻。那时同在干校劳动的学者钱锺书见了陈友琴的诗后，即兴和诗一首：

严霜烈日惯曾经，铁树坚牢不坏身。
海外东坡传噩耗，祝君延寿八千椿。

钱锺书的预言得到应验，1980年秋，陈友琴年届八旬，应日本千宗室先之邀，参加了“日本茶道考察团”去东京等地考察。

他在飞机舱内远眺窗外，百感交集，赋诗一首：

云海苍茫万里明，碧空展翅一身轻。
三千公里寻常事，俯仰乾坤结两京。

在去京都等地参观中，他不顾旅途劳顿，一路即兴赋诗多首，发表在中国香

港《文汇报》等报刊上。

也就在日本，他见到了相互慕名已久而在“文革”期间无缘晤面的日本汉学家花房英树，也见到了研究汉学的捷克女学生李诗玛。花房英树畅谈了翻译《白居易卷》的经过，并提出一些学术上的问题和陈友琴切磋。李诗玛早年是陈友琴的研究生，曾师从他研究唐诗两年之久，所以他们各自畅谈了别后的经历。

从日本回国后，陈友琴全力投入选注《千首清人绝句》的工作。1988 年，陈友琴选注的《千首清人绝句》由浙江古籍出版社出版。这个选本是在 20 世纪 30 年代编选的《清人绝句选》的基础上扩充发展而成的。编者在篇目上作了较大的调整，增选了大批作者的诗，又在作者小传和注释方面花了很大的功夫。当时他从 6000 多家诗作中，反复精选出 2000 余首绝句，这得查阅多少诗集、翻读多少种不同版本、访求多少种抄本。在收集资料方面，这时虽比 20 世纪 30 年代在上海有较好的条件，但他毕竟已是八旬老人，又无助手，居处狭窄，仅有一两屉桌可堆书写文。有的资料要到离家一里多地的科学院图书馆去借阅。他只得拄杖而行。如此朝朝暮暮，春去秋来，年复一年，反复阅评、思考、修改、整理，历时 5 年之久，终于出版。此书共辑五绝 261 家 585 首，七绝 626 家 1216 首，共计 60 万字，除了徐世昌编的《晚晴簃诗汇》，这部《千首清人绝句》可以说是大部头的“清人诗选”了。此后，陈友琴又出版了《元明清诗选》，共选诗人 270 家，诗 666 首，入选的有金代的元好问，元代的萨都剌，明代的刘基、高启、于谦、陈子龙，清代的顾炎武、吴伟业、王世禛、袁枚、龚自珍、黄遵宪等人的代表作。既选了一些反映重大历史事件和描写当时人民生活的诗，也选了一些有关山水、田园、咏史、记游的抒情诗，包括了不同流派、不同风格的作品，展现了元、明、清三代诗歌艺术概貌及其发展变化。

陈友琴在从事古典文学研究时，还为《光明日报》《人民日报》《文汇报》《古典文学论丛》《诗刊》《语文学习》等报刊写了不少文章，其中有评述古代诗歌的长论，有谈文人轶事的短章，也有抨击时弊、抒述感怀的杂文、随笔。这些文章后来分别结集出版。其中由浙江人民出版社出版的《长短集》，曾由《浙江日报》、香港《文汇报》刊载书评予以评价，颇受海内外读者重视。《长短集》中共收有较长的古典文学论文 22 篇，小品 36 篇，书末附录《长恨歌》辑评、琵琶亭诗话。他把这个集子命名为《长短集》，除前面所提文章篇幅有长有短外，还由于《庄子·骈拇》篇中有云：“长者不为有余，短者不为不足。是故凫胫虽短，续之则忧；鹤胫虽长，断之则悲。”陈友琴认为自己的作品“长的不能为鹤胫，短的也不能类凫胫”。他之所以要如此比喻，只是说明文字应长则长，当短则短，不必

强求一致。他还用清人赵翼《论诗绝句》中语："只眼须凭自主张，纷纷艺苑说雌黄。矮人看戏何曾见，都是随人说短长"，为自己的见解作进一步说明。他指出赵翼根据《朱子语类》所云："矮子看戏，见人道好，他也道好。"他认为自己的作品还不至于是"随人说短长"的东西，有时还常常摆出一点自己的见解。在写作上，他是颇有"求实"精神的。

陈友琴晚年出版的最后一本书是《晚晴轩文集》，他在"弁言"中说唐代诗人李商隐有一首很好的诗，题目叫《晚晴》，其中"天意怜幽草，人间重晚晴"二句，道出了人生万年应有自尊自重的心境。他感慨地说"人间重晚晴"，确是地地道道的事实，照他本人的经历来说，他是从旧社会历尽艰难困顿、翻腾磨炼过来的，如今真是云开日出、爽朗可喜。他要为祖国的年轻一代，编写出更多的好书。他就是这样一个人，生性恬淡，知足常乐，默默耕耘，著书立说。

陈友琴毕生默默耕耘，辛勤教学。他前半生的岗位是课堂，后半生则介于笔墨纸砚之间。但两者的目的则是一致的，均以传授知识、培育新人为己任。他和以前衢州中学的学生陈荣津通信近 40 年，经常给以亲切的教诲与关怀。他还曾在北京收了三位工人学生：段占学、王学功和徐增祥，先后共同切磋 17 年之久，现在他们都是北京诗词学会的会员，作诗赋词不辍。

陈友琴为人朴实厚道、谦虚诚恳，对杭州西湖风光和杭州师范学校怀有深切眷恋之情。每逢他的著作结集出版，总要赠送杭师图书馆几本。他在杭师校庆纪念特刊上写的《回忆与怀念》的文章说："杭州师范和幼儿师范的老师和同学，无一不缭绕于我的梦魂中……"党的十一届三中全会以后，他心情舒畅，曾多次来杭，或访问故人，或漫游西湖，或吟诗撰文，兴致甚高。1996 年，他以 94 岁高龄逝世。

天道无常，人寿有限，而声名垂于后世，即为不朽。友琴先生勤奋一生，却又淡泊为怀、乐其天年。他的道德文章俱在，人们对他的记忆，是永存于心，又难以忘怀的。

# 袁微子

## ——漫步八千云月路　倾心一亿小学生

陆菲琼　谢广田

袁微子(1913—1991),浙江桐庐县人。1936年毕业于安徽大学教育系。1948年秋到我校任教,并秘密加入中共地下党,新中国成立后任杭州初级中学军代表,我校校务委员会委员、教导主任。后任人民教育出版社编审、学术委员会委员、课程教材研究所研究员、全国教材审查委员会委员、全国小学语文教学研究会名誉理事长。

### 一生坚毅,漫步八千云月路

袁微子原名袁学中,"微子"是他的字。源自老子《道德经》:"视之不见,名曰夷;听之不闻,名曰希;搏之不得,名曰微。"其中,"搏之不得,名曰微"是"摸之不着,无形"之意。"微"是"无形"之义,是"大道无形,用手是捉摸不到的",所以谓之"微"。可谓名如其人。袁先生一生忠于祖国,坚持真理。在抗战期间撰写文章宣传抗日救国,引导大批青年走上革命道路。他在抗战胜利后的国民党统治时期因经常揭露黑暗统治而曾被捕……

袁微子天资聪颖,喜爱文学,且又屡得名师熏陶。读初中时,国文教师夏承焘曾将鲁迅等创办的《语丝》杂志给他阅读。高中学习时国文教师洪伟法曾指导他读创造社诸家作品。他青年时期就读于安徽大学教育系,学习主科为教

育，旁涉哲学、文学。大学二年级时，在进步教师陈望道、许杰、周予同等老师的影响下，曾主持组织“秋罗文艺社”主编《秋罗》月刊，反对复古读经，提倡大众文化。《秋罗》创刊一年后被国民党当局勒令停刊，袁微子因之被捕。关于《秋罗》停刊始末，他曾以“何奏”为笔名撰文，刊于茅盾主编的《中国的一日》上。他还将被捕经过写成小说《深夜》发表在王统照主编的《文学》上。

1936年，袁微子从安徽大学教育系毕业，成绩优异，名列第一。经周予同介绍，到上海开明书店做助理编辑，在著名学者叶圣陶领导下助编《新少年》半月刊，并负责“少年习作展览”的编选，每期撰写有关论文一篇。

1937年抗战开始后，袁微子回到浙江，先后在天台大公中学、缙云安定中学、省立衢州中学、桐庐县立中学、省立严州中学担任国文教员。并曾去福建南平代替陈向平主编南平版《东南日报》副刊“笔垒”。袁微子文学造诣极深，教书时善于发挥，旁征博引，亦庄亦谐，深受学生欢迎，尤其在作文评讲时妙语连珠，切中肯綮，给学生留下了深刻印象。他在讲课时常将革命的道理贯穿其中，宣传抗日救国，鼓励学生积极投入抗日救亡运动。但也因此招致某些学校领导的不满，常被学校解聘，这就是他经常调换学校、在许多县城就职的原因。他在教课之余，以“微子”的笔名给各地报刊撰写文章，所写的散文细腻优美，感情丰富；所写的杂文针砭时弊、尖锐深刻。也正是因此，他被人们视为是抗战时期东南文坛的一名文艺斗士。

抗战胜利后，他来到杭州，曾在浙江省立高级医事学校、省立杭州初级中学任教。1948年秋季进入杭州师范学校任教。当时杭师新任校长是蒋伯潜先生。蒋先生是著名的国文教师，担任杭师校长后，给杭师带来了新风气、新气象。蒋校长为各门学科都聘请了德才兼备的老教师，他说：“教书是一种事业，若把它当职业看，我们就成为教书匠了。”他了解袁微子语文根底深厚，又深知教书育人的道理，因此命他的儿子蒋祖怡特邀袁微子到杭师任教。袁微子在杭师工作时间虽不长(从1948年秋季到1951年2月)，却在新中国成立前后翻天覆地的时代巨变中运用他的才智，发挥了极大的作用。杭州解放前夕，袁微子在杭师成为地下共产党员，在党的领导下，他参加了各项爱国民主运动。那时正处于黎明前的黑暗时期，杭师进步学生被捕，反动分子气焰十分嚣张，杭师地下党根据中共杭州市工委指示，采取“隐蔽精干，积蓄力量，等待时机，迎接解放”的方针，把主要精力放在支持进步社团组织上。当时杭师有一个颇有影响的学生社团组织“中流社”。袁微子来校不久，就被聘为该社的指导老师，并在中流社组织的学术讲座上，主讲俄罗斯古典文学名著《罗亭》和《奥勃洛摩夫》，他告诫学

生不要做戴着白手套参加革命的罗亭，也不要做怠惰懒散，沉湎于幻想中的奥勃洛摩夫，以此激励学生树立革命的人生观。在晚上的读书会活动中，他指导学生学习艾思奇的《大众哲学》、赵树理的《李家庄的变迁》和苏联小说《钢铁是怎样炼成的》等进步书刊。

1949 年 5 月杭州解放后，袁微子受杭州市军管会委派，前去浙江省杭州初级中学并担任该校军代表，同年 9 月完成接管任务后仍回杭师，任杭师校务委员会委员，具体负责教导工作，他是杭师在新中国成立后第一任教导主任。他还先后担任过幼师班和两期小学教育研究班的语文教师。有不少训练班的学员经常到他居室访谈，师生之间建立了深厚的感情。他曾说："这批在职教师刻苦钻研的好学精神远远超过在校学习的学生，我们实在应该重视并抓紧对在职教师的培养调训工作。"他不仅这样说了，而且后来他自己果真切切实实地献身小学语文教学研究，成为小学教师的良师益友。

杭师中流社成员合影

1951 年 2 月，袁微子被调到浙江省教育厅担任调查研究室主任、中教处处长。他还是浙江省文联党组成员、编审部长、《新儿童报》社长，并创办了全国第一个省级教育刊物《浙江文教》，担任第一任主编。

## 四海为家，倾心一亿小学生

1955 年 3 月，袁微子去北京，在人民教育出版社任职，从此开始了小学语文教材的编写和研究工作。他曾任人民教育出版社小语室主任、编审，学术委员会委员，课程教材研究所研究员，全国小学语文教学研究会理事长。1986 年 12 月离休，1990 年担任了全国小学语文教学研究会名誉理事长。

从 1955 年至 1991 年，袁微子在人民教育出版社工作了 36 年，在这期间，他的贡献突出表现在三个方面：

第一，教材建设。过去小学语文教材使用比较混乱，没有一套是持续使用的。"文革"以后，袁微子主持全日制小学语文教学大纲的拟定和教材编写工作，他和编写组同志夜以继日地工作，不到三年，完成了全套小学语文教材的编

写任务，这套教材一直使用到20世纪90年代。为了更好地编写教材，他曾经亲自登上讲台，试教鲁迅先生的《在仙台》那篇课文，开创了编辑人员上讲台试教的先例，在国际上也产生了影响。日本教育界将此作为中国小学语文教育的范例进行专题研究。

1978年春天，全日制小学通用教材出版了，袁微子与编写组同志深入全国各地，向教育界介绍新的语文教材编写的指导思想及教学改革的主张。那年袁微子来到浙江，在浙江教育学院（现浙江外国语学院）大礼堂做报告，他的讲话其实是一个使用新教材、开展教学改革的动员。他满怀激情地说："我们的教学要为塑造无产阶级一代新人服务，这是教师的责任。要创造我们自己的教学理论，开创我们社会主义祖国的教学途径，走我们自己的路……"在座听讲的小学教师全被他语重心长、谈笑风生的讲演所吸引，赞赏并佩服之余，个个跃跃欲试，都想试教新教材，投身于语文教学改革中去。

袁微子根据党的教育方针，提出了对小学语文教材及教学改革的新见解。他说："小学语文教材及教学改革，要以马克思主义哲学为指导，把辩证唯物主义的基本观点渗透到语文学科中去，在发展学生语言的同时，提高他们的认识能力，从小培养他们的无产阶级世界观。"根据以上观点，他主持编写了十年制语文教材以及有关辅导读物，他还主持编写了中师《小学语文教学法》《小学语文教学与儿童认识的发展》《小学语文整体改革》《小学语文教学笔谈》《小学语文教学改革例话》等有益于小学教师进修语文教学的书籍。

第二，进行教学研究。他对于小学语文教学以及小学语文教材的编写都有精深独到的研究，其精髓就是：小学语文教材的编写必须以马克思主义的哲学——辩证唯物主义为指导。在袁微子的研究项目中，我们浙江有幸争取到《小学语文教学与儿童认识的发展》的研究课题。在袁微子的主持和组织下，于1985年10月在浙江建德召开了审稿会议，参加会议的论文作者包括云南、贵州、山东、四川、南京、浙江6个省市的同志，在审稿会议上袁微子对每篇论文都非常认真，要求严格。他说："做学问可没有喝咖啡那么轻松，一篇好的文章往往不是写出来的，而是改出来的。做学问要舍得下功夫。年轻时，我在开明书店跟叶圣陶先生学习编辑工作，叶老就是这样要求我们、磨炼我们的。"

在教学研究方面，袁微子很重视各区教研员的培养。杭州市下城区老教研员吴少山提起袁老对他的关怀时，总是感慨万千。吴少山珍藏着袁微子先生托人捎给他的一盒录音带，而且不时收听。事情追溯到1983年10月，下城区召开小学语文教学研究会，吴少山事前去信请求袁微子对语文教学研究工作提出

书面意见。当时袁微子正准备出席亚太地区教育会议，挤不出时间动笔，他只好利用休息时间把怎样开展研究工作的意见录下音来，托人把录音带及时捎到杭州。吴少山收到录音带后极为感动，他一面笔录袁老的讲话，一面组织同志们学习。在当时形势下，袁老的讲话对下城区教学研究会的召开起了积极作用。在录音带里，袁微子对教研工作主要提出了3点意见：

一是教学研究必须从培养四个现代化建设人才着眼，而不要从取得高分着眼。

二是做教学研究工作的同志要敢于有自己的独立见解，就是说，要勇于探索语文教学的规律性的东西，要有探索勇气。

三是做教学研究工作的同志要脚踏实地搞试验。试验是科学，试验是不靠空话来做的，试验要经得起考查。

1983年10月，袁微子出席联合国教科文组织在新西兰召开的亚太地区教育会议。会上，袁微子介绍了中国小学语文教学改革与研究的成果，引起了国际教育界的重视。

第三，重视对青年教师的培养。他为了落实小学语文教学大纲和教学改革精神，也为了调查研究、搜集资料，跑了全国27个省、市和自治区，每到一处就下去听青年教师上课。1985年春天，他到南京参加南京市的首届小学作文研讨会。开会之后，他就向教研室的负责同志提出要到小学去听课。他不仅在市内听课，而且还跑了南京市所属的5个县，又去了乡里村里听语文课。每到一处，总是先听当地同志介绍小学语文教学的现状和存在的问题，然后听青年教师上课，听完课接着就谈自己听课后的感受，或主持举行讲评座谈会。在短短的半个月时间里，就听了30位青年教师的课。

南京教研室的同志把他的课后谈话整理汇编成册，题为《和青年教师谈小学语文教学》。在这本书里，袁微子由浅入深地提出问题，先从“怎样备课，怎样上课”“怎样理解课文，怎样确定教学要求”等谈起，这些话看来简单，可是对没有受过专业训练的青年教师来说却是获益匪浅。

袁微子在四处讲学，听课之时，发现了不少优秀教师，他就在讲评课时指出他们的优点、长处，这些教师后来很多成为特级教师。他在全国几个省市先后鼓励培养，扶植了一批优秀的中、青年教师，使他们在小学语文教学园地上充分发挥了聪明才智。

浙江省特级教师林眉云提到这么一回事：“袁老经常给我的教学作评点，帮助我不断提高，我也努力理解他的教育思想和意图。有一次我讲《草船借箭》，

他收到我的课堂实录后来信说：'……教学应该说是不错的，高年级的阅读教学达到这样的境界也是很不容易的。不过，我去了一些地方，觉得当前的语文教学各有特色，但缺乏突破性的高度，特别是高年级。因此，我想借你的课堂实录，通过评点推上一个高度，这就在有些地方要委屈你了，不知你能否同意？'我接信后马上答复表示愿意接受这建议，至于我是否将受委屈，我认为只要有利于推动教学改革，就不必顾忌什么了。"

袁微子在南京讲课

1987 年，当林眉云的《小学高年级阅读教学》出版时，袁微子写了篇热情洋溢的《代序》，希望青年教师能从林眉云的 30 年教学经验总结中有所收获。

## 夕照作黎明　教泽应永存

出自桐庐县的中国工程院院士王三一（1929—2003）有一本名为《童年故乡——谨以此书献给家乡的人》的书。其中，第三篇就是《忆袁微子先生》。开篇就这样说：袁微子先生学识渊博、学养深厚、品德高尚。王院士细致描写了袁老先生当时的外貌、着装，说先生戴着一副黑框眼镜，一袭长袍，很威严的样子，他起初很怕先生，但听了他的课后，陡然改变了原有的判断，觉得先生风趣诙谐，旁征博引，立刻给吸引住了，对先生产生了好感并拉近了师生的距离。王院士在书中回忆袁老先生时说，给他收获最大的并直至年老还印象深刻的，是在课堂上介绍进步书籍。说先生经常介绍诸如鲁迅的文章，祥林嫂、阿 Q 等人物形象，开阔了听课者的视野，也引发了对当时社会的思考。

《忆袁微子先生》中的一个细节着实令人感叹。王院士说当时他的学习成绩第一，但不守校规，代一个同窗好友做考卷被揭穿。校方要按校规开除王三一，但袁微子出于爱护，硬是保下了他。校方最终以"二大过，二小过"处理了王三一。王院士说他这辈子就得益于"先生的恒久、细密的爱护"。是啊，如果当时真按校规开除了王三一，那就没有这位"国家工程设计大师"了，也因此少了一个中国工程院院士了。处于这样年龄的孩子犯浑或过激，正是需要为师者的

包容和爱护，这才是教育的真谛。由此不禁使人联想到陶行知先生的话："你的棍棒之下有瓦特，你的冷眼里有牛顿，你的讥笑中有爱迪生。"袁老先生就是那个在"棍棒"下留下瓦特、牛顿、爱迪生的老师。

袁微子待人诚恳热情，与他相识的同志们都感到他既是诲人不倦的老师，又是可以推心置腹的朋友。他收到全国各地前来询问如何进行教改的信件，每封都及时答复，所以他伏案工作的时间也就更多更长，大大影响了休息，因此，人民教育出版社的同志赠袁微子诗曰"知君夕照是黎明"。他对语文教学改革苦心孤诣地探索，为小学语文教学呕心沥血，同时也企盼小学教师们都能全心全意地投入教育事业。

浙江省特级教师朱雪丹深有体会地说："十年制语文教材出来了，我争取到第一轮试教任务，有一次教课文《蓝树叶》，课堂实录发表在教育杂志上，没想到袁老竟为我的课写了评点文章《一次可喜的尝试》。他肯定了这堂课的教学，认为从发展儿童语言和思维入手，培养学生的阅读能力，这个路子走得对。我想袁老这么忙，怎么会给我这个普普通通的教师写评点呢？他这样做不仅是对我个人的鼓励，而且显示了袁老对整个小学语文教学改革的关心和帮助，是给教师们及时指点改革的方向。在袁老的鼓励下，我埋头学习教育理论，联系教学实践，从试教、整理课堂实录到分析教学情况，两年中整整写出 27 本教学笔记，我把这些笔记陆续寄给袁老，请他指正。我想他顶多给我写一篇总评语，没想到他竟将我 27 本教学笔记一一细看，并作了许多的批注。有时他看得高兴处，就信笔写上'好！''好极了！'甚至于加上两个感叹号。但是更多的是仿佛皱起了眉头来直书'老框框''又是一个老框框'，'教学改革首先要转变教育思想呵！'"

在袁微子先生的指导下，朱雪丹的《语文课堂实录评点》和《语文教学三十年》先后出版了，袁微子为这两本书都写了"代序"，指出了书本内涵的特点。这不仅使朱雪丹获益匪浅，也推动了浙江省小学语文教学改革工作的深入发展。1985 年，朱雪丹获得全国"五一劳动奖章"。用朱雪丹的话说："我之所以有今天的成绩，是与袁老的指导和具体帮助分不开的。"

其实像朱雪丹那样受到袁微子精心指导的岂止是一两个人，全国各地勇于改革、敢于创新的小学语文教师纷纷把自己的课堂实录和教学经验文章，寄到北京袁微子家中，要求他评点写序的不计其数。他面对那一沓沓的课堂实录、一本本的文摘，聚精会神、满怀深情地一一细读，认真批注。在他有生之年，可以说，有关小学语文出版的书籍，几乎每本都有袁微子的文章，不是"代序"就是

"后记",这些文章都是他辛勤耕耘、夜以继日、倾注了心血的结晶。

1988年深秋,他来到浙江讲学。他此次南下的目的,是想为家乡年轻教师的培养做些工作。他和浙江省教委有关同志研究了计划,决定在杭州、宁波、黄岩三个点,组织小学语文教师研究班的学员上汇报课,并亲自做评点。但由于时间仓促,他在杭州连续劳累了两天,傍晚坐夜车去黄岩途中就开始发病(心肌梗死),可他还是抱病完成了黄岩、宁波的听课指导工作。最后当他从宁波乘车返回杭州时,上下车双脚已不能行走,靠同志们架着出了车站。返京后就住进了医院。不久出了院,可元气大伤,已不能正常工作。医生嘱咐他不能下楼,禁止执笔写作,每天只能看半小时书。这样"幽禁"式的生活使他实在难以忍受。他正在参与编写的义务教育小语教材还没有完成,他正在审阅的小语教学新著还没有印行,他答应为《小学生学习月刊》创刊3周年写篇较长的文章,那时也尚未动笔,对这一切,他又怎么能放得下呢!

1983年袁微子先生与南京市夫子庙小学教师合影(前排右四为袁老)

1990年底,他再一次住进医院,这一次病情更为严重,医生诊断为肺癌。1991年初,病情加剧,他知道自己来日无多,曾经答允写的文章也无从下笔了。于是他挣扎着在病榻上为《小学生学习月刊》题写了两句话:"培育人才的摇篮,小学师生的益友",就这样,他永远搁下了笔。其实这两句话也可以说是他自己一生的写照。

1991年4月7日,他终于离开了他为之奋斗、为之奉献一生的小学语文教育事业,终年79岁。

从袁微子的一生,人们可以知道,他不仅是杰出的编辑家、教育家,更是全国小学生和小学教师的良师益友。在他的墓地碑石上镌刻着一副挽联:

一生坚毅,漫步八千云月路,夕照作黎明;
四海为家,倾心一亿小学生,教泽应永存。

# 俞绂棠

## ——几多才华几许愁　且喜桃李遍瀛洲

杨和平　王家祥

俞绂棠(1914—1992),浙江新昌人。我国现代音乐教育家、作曲家。早年随我国近现代著名音乐教育家刘质平学习音乐。1949 年至 1953 年任杭州师范学校音乐教师、音乐教研组长、音师班班主任。1957 年,任浙江省音协筹委会副主任,同年被错划为右派,1980 年任浙江省音协顾问《浙江音乐》主编。俞绂棠一生从事音乐教育与音乐创作工作,为我国培养了许多音乐人才。

### 家乡戏曲的熏陶

俞绂棠 1914 年 12 月诞生于浙江省新昌县沙溪乡真诏村的一户俞氏家庭。童年的俞绂棠,对于家乡盛行的各种戏曲音乐十分敏感好奇,他经常跟随在走村串户的歌(戏)班左右,慢慢地与师傅们混得眼熟了,还能跟他们学一点吹拉弹奏,为此他乐此不疲,音乐的种子就这样深深地播撒在他的心田里。俞绂棠晚年回忆起这段经历时,还感慨不已:“盛会时各村往往结集起好几班‘莲子行’来,唱起来此起彼落,异常热烈,我在儿童时代为它所留下的印象,至今回忆起来还感到十分亲切。”

1920 年,俞绂棠入真诏初小、高小就读,毕业后考入新昌初级中学。他常常在课余随同学甚至独自一人到县城旧东门越剧班看戏,耳濡目染,对音乐的喜爱日深。

## 在恩师刘质平身边

1930年夏，俞绂棠以优异的成绩考取了浙江省立第四中学。在该校兼课的上海新华艺术专科学校教师刘质平，对刻苦用功、勤奋好学又具备了一定功底的俞绂棠关爱有加，除了正常的上课以外，还在课外单独辅导俞绂棠学习作曲和钢琴弹奏，让他经常参加校音乐会和全省中等学校教育部年会音乐会的独奏。1933年，南京中央大学小提琴系教授马友骏(大提琴家马友友之父)到宁波中学参加音乐会，刘质平专门推荐俞绂棠为他钢琴伴奏莫扎特《D大调协奏曲》。

1933年秋，俞绂棠以优秀成绩考取上海新华艺术专科学校教育系，继续跟随老师刘质平学习理论和作曲，钢琴则由钟慕贞指导。因为有中学打下的扎实音乐基础，他一入大学就表现非常突出，成为学校最优秀的学生之一，经常协助老师和学校组织各项演出。

## 与冼星海的交往

1935年秋，冼星海创作了回国后的第一个作品——电影《时势英雄》的插曲《运动会歌》。为了灌制唱片，冼星海特地赴新华艺专邀请同学演唱。这种机缘促成了俞绂棠与冼星海的交往。俞绂棠在一篇文章中回忆了与冼星海相识的经历："我的乐谱堆里有一本贝多芬的《小提琴奏鸣曲》。每当我看到它时，总要忆起这本书的主人：黑脸孔，蓬头发，穿一套不很整齐的西装——这就是我在1935年秋天在上海第一次见面的冼星海同志。那时他从法国回来不久，写成回国后第一个作品《时势英雄》影片里的插曲《运动会歌》。为了灌唱片，他特地到新华艺专来邀同学演唱。当时我为他找人，并且为他弹钢琴伴奏，他自己指挥。他不大说话，但充满了热情。指挥时非常兴奋，好像他回祖国来抱了无限的热忱，将要发展他无限的才能。这印象对我是异常的深刻。他有很好的小提琴技巧，我曾为他伴奏过一首贝多芬的奏鸣曲。"

## 动荡岁月中的教学生涯

1936年俞绂棠凭借优秀的成绩被推荐为自己的母校(新华艺专)做助教，协



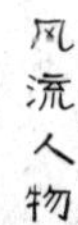

助教授工作并担任部分音乐课程的教学工作。是年夏，俞绂棠应征到蚌埠乡师担任短期的代理音乐教员。他在《一个乡村师范的音乐教学》一文中记载了这段经历："二五年夏，我在上海新华艺专担任暑期学校的音乐，得知蚌埠乡师函聘音乐代理人，就离开上海到了蚌埠。当时虽说暂时去尝尝乡村风味，谁知一来却已一年了……当我初来时，我真想马上回转上海去。这里的一切音乐上的设备、环境，都使我感到大大的困难。没有音乐教室，没有钢琴，没有五线谱板……但是我也转念到我国目前的乡村教育机关，差不多是这样简陋，固然谁都高兴到设备完善的地方去服务，但是假使没有人到乡村里去劳苦一下，还谈得什么音乐教育的推进呢？我既已来此，便没有再推辞的理由！"

1937 年夏，俞绂棠在新华艺专毕业并留校正式担任助教。不幸的是，当时日军全面入侵上海，整个上海笼罩在战火纷飞之中，上海新华艺专校舍在战火中被焚毁。学校只好开辟临时校舍，继续办学。1941 年底，太平洋战争爆发后，新华艺专停办。当时为了保护弘一大师的墨宝，刘质平决定护送墨宝回乡躲避战火。俞绂棠也谢绝了校方的邀请和挽留，决定跟随老师刘质平离开上海，从此，俞绂棠踏上了音乐教育之途。他受嘉兴中学校长张印通先生的邀请到嘉兴中学执教。刚到嘉兴不久，抗战形势突变，随着上海的沦陷，与上海接壤的嘉兴成了战区前线，杭嘉湖平原再也放不下一张平静的书桌。校长张印通在危难之际，不顾经费不足和前途艰辛莫测，毅然挑起重担，带领师生南迁，踏上了千里流亡之路。他们经余杭，过分水，到桐庐，又经永康、兰溪、缙云，徒步跋涉近两个月，历尽艰辛，最后到达丽水碧湖。在疲惫的流亡途中，老师们仍然抓紧时间给学生上课，没有教室，没有课本，没有学习用品，他们就在树荫、屋檐下，老师凭着一块很小的黑板来上课。在这样的非常时期，俞绂棠满怀激情地投入到教学中。为了救亡图存，省教育厅决定将杭嘉湖的七所省立中等学校（包括杭州高中、杭州初中、杭州女中、杭州师范、杭州民众教育实验学校、嘉兴中学、湖州中学）合组浙江省立临时联合中学，分高中部、初中部和师范部。1938 年 9 月初，联中正式开学，俞绂棠成了联中师范部的一名音乐教员。

## 开展抗日救亡音乐活动

来到碧湖不久，俞绂棠得知老师刘质平先生已在金华中学执教。于是俞绂棠也来到金华中学，与老师刘质平一起并肩战斗。他帮助刘质平组织学生自治会的抗日宣传队，广泛开展教唱抗日救亡歌曲《义勇军进行曲》《我们在太行山

上》《黄河大合唱》等活动，以及由学校剧团演出《复活》《我们的故乡》等短剧，都甚为成功。

1942年，他接受临海回浦中学校董陆翰文先生的邀请到回浦中学任教，同时还兼任临海师范音乐教员。在临海，他不但兢兢业业于学校音乐教育，而且还配合抗战的需要，组织开展抗日救亡音乐活动。后来俞绂棠撰文回忆了这段经历："1942年，我和杜念杭在临海回浦中学任音乐教师。当时在校内教唱的都是进步歌曲，1943年夏，高中部合唱队还到临海、黄岩、温岭一带去举行音乐会，演出进步歌曲。当时的节目有大合唱《抗战歌》《旗正飘飘》《黄河大合唱》等。经过一个月的排练，我们先在临海回浦中学对外演出一场，群众反映'这样新鲜好听的歌还是第一次听到'。接着陆续赴黄岩、路桥、温岭各地演出，所到之处都有校友为我们做海报、安排场地、借用钢琴。我们走到哪里，群众就拥护到哪里。这次所需船费、伙食，都是由各同学和各位老师自负的，但是我们回忆起会场上热烈的掌声和群众兴奋的笑容时，感到为群众所做的太少太少了。"

## 为新中国培养音乐教育人才

1949年上半年，俞绂棠离开临海，来到杭州，任杭州师范学校音乐教师、音乐教研组长、音师班班主任。新中国成立后，俞绂棠焕发革命精神，以饱满的热情投入到百废待兴的音乐教育中。在杭州师范音乐师资班任教期间，他将自己的音乐教育思想付诸实践，将自己的音乐理论研究、音乐创作经验与音乐教学实践紧密结合。他经常带领学生参观中学音乐教学，还组织学生深入音乐教学实践，从而为浙江省培养出了新中国第一批音乐师资。在学有所成的弟子中有吕英、林光璇等著名音乐家以及浙江师范大学音乐系前主任何悟春教授，二胡演奏家程振福教授、杭州师范学院前音乐系副主任陈良森等。

俞绂棠在音乐教育工作中勤于思考，善于总结、刻苦钻研，取得了显著的成果。上海音乐出版社1954年出版的《小学音乐教学法》一书，是俞绂棠结合多年的中小学音乐教学经验及在杭州师范任教经历的总结，是他在广泛征求一线音乐教师意见基础上，数易其稿、反复修改、积几十年之功完成的一部颇有分量的著作。集中体现了他的音乐教育实践和学术思想，是新中国建立后最早的音乐教学法著作之一，是我国学校音乐教育教学的宝贵文献。

## 为时代讴歌

1953年秋,俞绂棠被调往浙江省文化厅音乐工作组(1955年改为省群众艺术馆),任音乐室主任。这一时期,俞绂棠主要从事抗美援朝歌曲的创作,以《打,狠狠地打》《到军事干校去》最为流行。1954年,俞绂棠与郑律成、瞿希贤等人到浙江舟山体验生活,谱写出《我爱我的炮兵连》等歌曲。这一时期,俞绂棠开始向民间及古典音乐学习,走民乐创作的道路。1956年俞绂棠与赵松庭、刘式焜等组建了浙江省民间乐队和民歌合唱队(浙江歌舞团的前身)。他为先后举行的首届全国音乐周及音乐舞蹈会演创作的器乐曲《莲子行变奏曲》《花头台》《畲族定情舞》《翠盘舞》及改编民歌《小弟歌》《盼姑娘》等作品,获得音乐界广泛好评。

与他志同道合的妻子杜念杭,新中国成立后在杭州的中学里担任音乐教学工作。在教学之余是俞绂棠最好的助手,各种音乐活动的开展组织都少不了她的参与。杜念杭还创作发表了许多儿童歌曲,如《三个小朋友》《放寒假》《大黄牛》《推磨》《春天到了》《慰劳志愿军》《新年锣鼓响》等。

1957年,俞绂棠任浙江省音协筹委会副主任。同年,他被错划为右派,下放浙江新昌农村劳动,一直到1979年平反。1980年6月,俞绂棠赴杭州任浙江省音乐家协会顾问,担任《浙江音乐》主编。这一时期,俞绂棠谱写出《列车在暮色中飞》《庄严的国徽》《我爱伟大的祖国》等歌曲,参与主编了《浙江音乐家小传》,撰写了数十篇论文。1984年,俞绂棠退休离职后,还经常创作一些歌曲。据俞绂棠先生的儿子俞钢回忆说,直到1992年7月15日(逝世前四天),俞绂棠还修改了《教师之歌》的最后一稿。作为作曲家,他一生创作大量的适应时代要求的音乐作品约计101首。其中歌曲59首,改编民歌4首,整理民歌10首,创作民族器乐曲3首,改编民族器乐曲2首,记录整理曲谱2首等。1992年7月19日,俞绂棠走完了自己的音乐人生路。在告别会上,作家杜苕先生挽曰:“人生艰辛一身疾,埋首清音传宏人。几多才华几许愁,且喜桃李遍瀛洲。”

# 第三篇　同学少年

# 刘质平

## ——与李叔同情同父子的音乐教育家

杨和平　王家祥

刘质平(1894—1978)，浙江海宁人。我国近现代著名音乐教育家。1911年秋考入浙江省立两级师范学校，1916年毕业。1919年他与吴梦非、丰子恺等创办上海艺术专科师范学校，任教务主任。1931年与徐朗西、汪亚尘等在上海创立新华艺术专科学校及附属艺术师范学校。抗战期间在金华师范、浙江省临时联合师范等学校任教。1947年，受聘为国立福建音专教务主任与作曲教授。1951年任山东师范学院艺术专修科教授，并被推选为首届山东省音乐工作者协会副主席。

## 生　平

刘质平，原名刘毅，字季武，浙江海宁人。祖籍黄岩，世代务农，家境贫寒。7岁时，父亲因病去世，依靠母亲抚养。母亲不愿他像其父那样一辈子目不识丁，故节衣缩食、东挪西凑，把他送进海宁市安澜小学堂读书，在学堂老师的鼓励下，1912年秋他以优异的成绩考入浙江省立两级师范学校。时值我国启蒙音乐教育家李叔同应聘为浙江省立两级师范学校图画音乐教师。他“对刘质平的为人品格和音乐才能至为赞赏，遂精心培养。除在课堂传授音乐美术知识外，每周于课外单独辅导和声作曲两次，同时还介绍至美籍教授鲍乃德处习弹钢琴，从而激发其研究音乐的志趣，并奠定了终身从事音乐教育的第一块基石”。

1916年刘质平从浙江一师毕业，在恩师李叔同的鼓励与资助下，为求新知

东渡日本，入东京音乐学校学习音乐理论与钢琴，同时研究艺术教育。1918 年夏回国，从此便将毕生精力奉献给我国的音乐教育事业。

1919 年秋，他与吴梦非、丰子恺创办了以培养中小学艺术师资为宗旨的、我国最早的一所私立艺术师范——上海专科师范学校，吴梦非任校长，刘质平任教务主任。

同年，刘质平与吴梦非、丰子恺等人联络专科师范和上海爱国女子学校的许多人，组织发起成立了一个以提倡美育为主旨的全国性学术团体——中华美育会。1920 年 4 月还创办了该会会刊《美育》，吴梦非任总编辑，刘质平任音乐编辑部主任。

1921 年 7 月，上海私立美术专门学校增设高师科图画音乐系，刘质平应该校校长刘海粟之聘，担任图音系音乐组主任。1931 年秋，他又与徐朗西、汪亚尘等在上海创立了新华艺术专科学校及附属艺术师范学校。

1937 年夏，他的学生唐学咏在杭州创办了杭州音乐馆，刘质平出任教务主任。从 1918 年至 1937 年这 20 年中，刘质平还兼任至少 10 余所学校的音乐课。如：中国体操学堂、中国女子体操学校、两江女子体育师范、国立暨南大学师范科、爱国女学师范科、务本女学师范科、南通伶工学社、南通女子师范、江苏第二师范、浙江第二、第四师范等。抗战期间，刘质平在浙江金华师范、金华中学、碧湖浙江省临时联合师范等学校任教。1947 年春，受聘为国立福建音专教务主任与作曲教授。

新中国成立后，他进入华东人民革命大学政治学院学习，结业后，于 1951 年应聘到山东师范学院艺术专修科任教授与音乐组主任，并被推选为首届山东省音乐工作者协会副主席。

1957 年他被错划为右派，“文革”期间，“刘质平再次受到冲击：抄家、降级、揪斗、挂牌游街、关押牛棚……在莫须有的罪名面前，这位饱经风霜的老人没有屈服”。刘质平于 1971 年退休，次年回到上海。1978 年 10 月 24 日病逝。

1953 年 8 月 1 日，刘质平（二排左六）与山东师范学院艺术系音乐组本科毕业生合影

# 李叔同与他情同父子

刘质平入浙江省立两级师范学校后，在师从李叔同学习音乐中，体觉到前所未有的“为人师表、人格第一”的教风。严冬的一天，大雪弥漫，积雪盈尺，刘质平独自在琴房练习作曲，反复揣摩，终于写下了处女作。他怀着难以抑制的喜悦，当下便持谱去李叔同宿舍求正，见老师接过曲谱审视良久不语，刘质平唯恐老师责备其急于求成，一时羞愧交加，因为音乐课从未要求学生练习作曲。正当他忐忑不安之际，忽听老师说：“今晚 8 时 35 分到音乐教室，有话讲。”说完微微一鞠躬，送刘而去。当晚风狂雪大，校园里一片银色世界，刘质平提前来到音乐教室。只见门口已有足迹，然教室门关，声息全无，乃伫立门外静候。约过十余分钟，突然灯亮门启，李叔同持表出门，指看挂表时针高兴地说：“时间无误，一分不差。”此一曲一约，他已被李叔同认定是栽培的音乐人才，此后便安排每周一小时乐理、一小时钢琴的教授。1915 年 9 月，李叔同兼任南京高等师范学校音乐、图画教职，每周须乘汽车往返杭、宁两地，十分劳累，但仍坚持给刘质平补授音乐理论。

1917 年春，刘质平在东京补课迎考接连碰到困难，李叔同复信鼓励刘质平珍惜机会、全力以赴。后刘质平克服重重困难，如愿考入东京音乐学校专修音乐理论与钢琴。入学不久，他又被留学费用折腾得一筹莫展。当刘质平在东京得知申请官费无望，接着家中又宣布中断资助，便致书李叔同表示：“有负师望，无颜回国，唯有轻生，别无他途！”李叔同接到此信，心急如焚。急急写信追问，并主动提议按月从薪金中拨出 20 元寄交，维持至君“毕业为止”。在李叔同的真诚帮助下，刘质平终于渡过难关，按照预定计划，在东京音乐学校继续学业。

李叔同对刘质平确如慈父，难怪刘质平自己说：“先师与余，名为师生，情深父子。”刘质平也以自己的实际行动来回报师恩。

李叔同于 1918 年出家，法号弘一，此后 24 年间，不管如何困难，刘质平都接济恩师生活费用。1938 年日寇侵占上海，新华艺专被迫停办，刘质平领全家匿居金华山中，因分文无收，家中几次断粮，可是李叔同之供养费总是按月筹划提前寄奉，始终未曾中断。1932 年 8 月弘一法师在上虞法界寺染患伤寒痢疾，滴水不进，几度昏迷，历时两月。刘质平赶赴病榻问疾，又托人带上药物补品。及病势始退，宁波白衣寺安心头陀赶来，跪请李叔同去西安弘法，李叔同被其精诚所感动，慨允愿舍身而往，并于当年十月一日负病抵达宁波。刘质平料恩师

难胜此行，故紧急尾随赶赴码头，从甬轮三楼背负恩师返岸，师生禁不住抱头痛哭而归，使弘一法师避免一次带大病的危险旅行。

李叔同书法名闻全国，就连鲁迅、郭沫若先生也设法觅求李叔同墨迹。早在李叔同生前，刘质平就计划以美术、音乐、书法等诸方面入手，尽力为大师保存作品。至抗战前，积存书件已经盈千，刘质平委托苏籍裱画名家张云伯精心装护，再选独面樟板制成字箱 12 口，携回海宁老家辟室保存。1937 年抗战爆发，刘质平赶回老家整理字件，无奈敌机连日轰炸，兵荒马乱之中只携走了全部精品。

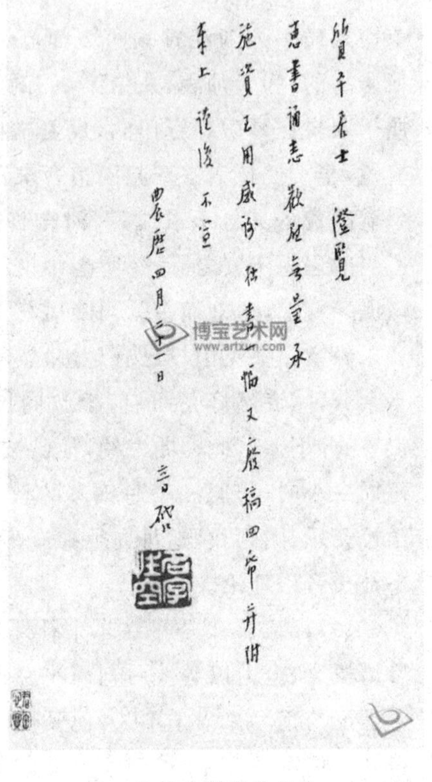

質平居士澄覽
惠書誦悉 [illegible][illegible]壽量承
施資已用感謝 [illegible][illegible]一幅又華嚴稿四本並附
奉上 請收 不宣
農曆四月二十一日
音啟

弘一法师致刘质平信札

当日本书法界得知此事后，委托上海内山书店业主与刘质平接洽，要求重价征购李叔同书件，携回日本影印出版，供各大学作书法教材。刘质平坦诚表示：本人只有保存之义务，没有变卖之权利！几经交谈，未给一纸一字。抗战胜利后，刘质平从海宁老家运出字件，借上海宁波同乡会礼堂举行“李叔同书法展览”。参观者络绎不绝，精品《佛说阿弥陀经》与《华严集联》更被书法界叹为观止。展览未毕，国民党政府要员孔祥熙派人找到刘质平，主动表示愿以 360 两黄金换取《佛说阿弥陀经》真迹，刘质平要求先出版“李叔同书法集”，见对方避而不答，预料内有蹊跷，即托人打听，始知原来当局“收购”后将用四大家族名义转赠“美国一大博物馆，作为国民党政府向美国借贷外债所得巨额佣金之酬报”。刘质平据此婉言相质：“中国的文物为何要保存到美国的博物馆！”对方只好作罢。

1946 年秋，刘质平应聘出任福建音专教务主任。一到福州，他就筹办“李叔同书法展览”。书展结束，一位菲律宾籍华侨商人专程派人找到刘质平，主动表示愿出巨资二百万元，在福州创办“叔同艺术学院”，招收海外华侨子弟，回闽学习祖国艺术；另出资数万元刊印《李叔同书法作品集》，唯一要求是得到李叔同书法精品，刘质平没有答应。

“文化大革命”一开始，为了保存好李叔同遗墨，72 岁的刘质平又经历了一场殊死斗争。一群红卫兵上门“破四旧”抄家，采用软硬兼施的手段，责令刘质平如数交出李叔同书件，否则就采取“革命行动”。在红卫兵的种种威逼下，刘质平始终没有屈服，未交出一纸一字。

## 创办艺术学校

刘质平从浙江省立第一师范学校毕业后，又在老师李叔同先生的鼓励与资助下，东渡日本留学，回国后他从事音乐教学工作。在音乐教学的过程中，他一直有一种想法：“在人家的学校里做教师，要想发展艺术很不容易，处处受到牵制，除非自家办艺术专校。”

1919 年秋，他与两位李叔同的弟子，同学吴梦非、丰子恺共同创办了一所以培养艺术师资为主的学校——上海专科师范学校。后改称为上海艺术专科师范学校。1924 年改称为“上海艺术师范大学”。这所学校是刘质平、吴梦非、丰子恺在无任何经济来源的条件下，自筹资金兴办的中国最早的一所私立的艺术师范学校。吴梦非担任校长，刘质平任教务主任。学制初仿日本，后效德国。分普通师范、高等师范两科，前者招收初中一二年级学生，入学后音乐、图画及手工三者兼学，培养小学艺术师资；后者招收初中或师范毕业生，入学后，分图画音乐及图画手工两组，培养中学及普通师范的艺术师资，学制均为两年。1923 年学校改名为“上海艺术师范学校”，一年后在此基础上又扩组成“私立上海艺术师范大学”，设有艺术教育系、音乐系、西洋画系、中国画系。该校在创建后的 8 年中共培养艺术师资近千名，除内蒙古外，几乎遍及全国各省市，其中在音乐教育界影响较大的有钱君匋、邱望湘、陈啸空、沈秉廉、萧而化、唐学咏、何笑明（铭）、徐希一等。

1921 年以后，刘质平应上海美术专门学校校长刘海粟之聘，到该校高师科图音组兼授音乐课并且担任图音系音乐组主任。当时的上海美专，从校舍、规模、教师阵容到学生人数等方面，都居全国同类学校之首，刘质平认为，在这里提倡音乐教育，影响会更大，因此，他建议刘海粟在校内增设音乐系，他负责筹办。当这一建议被采纳后，刘质平即以其实干的精神，很快打开了上海美专音乐教学的新局面。刘质平在上海美专辛勤耕耘达 10 年，培养了不少音乐人才，因此，在上海美专校史上，刘质平被誉为该校音乐系的奠基人。

办学经费的不足，是当时创办这些艺术学校都面临的大问题。而吴梦非、

刘海粟、刘质平那一代学界先驱创办学校，既不为名，又不为利，而是为了实现自己在中国大地上播撒现代艺术种子的崇高理想。他们本人都出身贫苦，家无恒产，多的是热情，少的是金钱，可谓是穷书生办学校。学校的经费主要来源是学生的学费，因而很难维持日常的开销。刘海粟任校长的上海美术专门学校的音乐科创办之初，也曾发生过经费不足的事。刘海粟因为经费欠缺，对于音乐科的开办很犹豫。刘质平在与音乐科全体教师商量之后，决定第一年为试办期，所有音乐科的教师都不支薪，由此征得了刘海粟校长的同意，把招生广告登了出去，顺利地招进了第一批 30 名学生。从刘质平参与创办上海专科师范学校和私立上海美术专门学校图音系可以看出他对我国音乐教育事业的贡献。

## 参与创办"中华美育会"及《美育》杂志

在五四新文化思潮和蔡元培"以美育代宗教"思想的影响下，1919 年秋，刘质平、吴梦非、丰子恺等人联络上海爱国女子学校的几位教师，发起成立了全国性的艺术教育组织——"中华美育会"，这是我国近现代历史上较早的艺术学术团体。该会的宗旨是"联合全国艺术工作者和大、中、小学艺术教师，共同推进新艺术运动"。主张美育应以陶冶性情为主，推动社会风尚的改变，号召社会不要把音乐只当作娱乐的工具。中华美育会的成立受到全国艺术工作者的热烈欢迎。1920 年 8 月中华美育会举办了第一次美育讲座，在美术、音乐讲习会上，刘质平、吴梦非、丰子恺等人讲授了音乐理论、唱歌、器乐、国画理论、写生、图案等课程。中华美育会成员大多数是学校音乐美术教师，来自全国各地，成立不到半年，就发展了 16 个省的数百名会员，成为当时南方最大的艺术社团之一。当时许多著名的教育家、艺术家如刘海粟、欧阳予倩、陈仲子、周玲荪、胡怀琛、傅彦长等都是该会的会员。

1920 年 4 月，中华美育会主办了会刊《美育》，吴梦非任总编辑，音乐、图画、手工、文艺 4 个部门的编辑部主任分别为刘质平、周湘、姜丹书、欧阳予倩。该刊以宣传美感教育和艺术民主化并且探讨有关艺术教育问题为办刊宗旨。《美育》刊物从 1920 年 4 月创刊至 1922 年 4 月停刊共出版 7 期，发表了有关艺术教育、音乐教育、音乐理论、美术教育、美学理论研究的论文和音乐、美术作品。这是我们今天研究我国音乐教育、艺术教育、美学与美育理论等历史发展不可多得的历史文献。

## 编写音乐教材、编制音乐教育课程纲要

刘质平作为现代音乐教育家，他不仅积极倡导、参与兴办艺术学校，而且身体力行地在十几所学校里兼上音乐课，亲自进行音乐教育活动，培育出大量的、对当时乃至后世有用的音乐人才。

他作为音乐教师，编写出版了《唱歌教本》(一)(1923 年)、《开明唱歌教材》(第一至四册)(1935 年)、《中等音乐理论教科书》(第一集)(1926 年)、《开明音乐教程》(第一、二册)(1934 年)、《弹琴教本》(第一、二册)(师范讲习科用、1923 年)、《乐理教本》两册(师范讲习科用、1923 年)。在福建音专和山东师范学院任教期间还著有《歌曲作法》(一、二卷)、《小学唱歌教学集》(上、下册)、《中学歌曲教材集》(1—3 册)、《实用和声教材》(上、下册)、《对位法》、《键盘伴奏基本练习》(上、下册)等。

他作为作曲家，还在《美育》《音乐教师的良友》等刊物上，创作发表了大量的歌曲作品，尤其是儿童歌曲。如《读书乐》《中国体操学校运动会歌》等。

他作为音乐理论家，针对我国当时音乐教育中存在的弊端，旗帜鲜明地发表了《我国音乐教授的缺点》(《美育》1920 年 5 月第 2 期)和《致新学制课程标准起草委员会讨论中小学音乐科课程纲要的意见书》(《音乐界》1923 年 5 月第 1 期)等，对当时中小学音乐教学提出自己的看法。如他主张："初中乐歌应改称音乐科""中小学音乐科课程应当衔接""审核中小学音乐科课程纲要宜兼审查中小学音乐科教材""初中音乐科教学目的有教育和技能两方面，是并重的，一方面涵养美的情感和融合的精神，一方面养成识谱和歌唱的能力"等。他的这些主张在当时产生了广泛的影响，也具有现实的意义和价值。

1922 年，刘质平受邀负责起草"小学音乐教育课程纲要""初中音乐教育课程纲要""高中音乐教育课程纲要""简易师范音乐教育课程纲要""师范学校音乐教育课程纲要""专科音乐教育课程纲要"共 6 种"音乐教育课程纲要"，以供课程改革之参考。他认为："编制中小学音乐科课程的标准，宜浅不宜深，宜简不宜详，浅则可以平均发展，简则有活动的余地。"他的这些观点对于我们今天正在进行的学校音乐教育改革，仍具有现实的指导意义和借鉴价值。

# 吴 梦 非

## ——我国现代美学的先行者

杨和平 王家祥

吴梦非(1893—1979),浙江省东阳人。我国近现代著名音乐教育家、理论家,美学界奠基人之一。1908年入浙江官立两级师范学堂,1912年入浙江省立两级师范学校。1919年与刘质平、丰子恺等创办上海专科师范学校,任校长。后组织成立了全国性学术团体——中华美育会,创办会刊《美育》,任总编辑。1950年当选为浙江省文学艺术联合会筹备委员,是浙江省第二届人民代表大会代表。1955年起任上海音乐学院教务处副主任,1959年退休。

## 生 平

吴梦非,1893年5月1日出生于浙江省东阳市巍山镇白坦村一个农民家庭。7岁时进私塾。1903年,考入东阳公立高等小学堂。在这里开始接触图画、唱歌、手工等艺术学科的启蒙。1908年以优异的成绩考入浙江官立两级师范学堂。此后曾一度辍学。1912年又以第一名的成绩进入浙江省立两级师范学校,就读于学制为三年的高师图画手工专修科。在这里,他师从李叔同先生学习美术和音乐等。在校期间他勤奋好学、成绩斐然。1913年经李叔同介绍,他参加了当时的进步文学组织“南社”,曾与同学举办音乐会和画展。

1915年毕业后,经李叔同先生的推荐,吴梦非到上海城东女学从事乐理、声乐、钢琴和绘画教学。1916年后,又担任浙江第二师范学校音乐、美术教师。同时,兼任江苏省第二师范学校、上海爱国女子学校、上海爱群爱国女子学校、南

洋女子师范学校、上海大学、上海东亚体育专科学校及江西等地音乐、美术教师。为了探索职业教育的发展方向，他还参加了黄炎培创办的“中国职业教育社”。

1919 年吴梦非与刘质平、丰子恺等自费创办了我国现代第一所以艺术教育为主的上海专科师范学校（该校于 1925 年 6 月与东方艺术专门学校合并，改名为上海艺术大学）。吴梦非任校长，刘质平担任教务主任。

同年，吴梦非与刘质平、丰子恺等人联络专科师范和上海爱国女子学校的许多人，组织发起成立了一个以提倡美育为主旨的全国性学术团体——中华美育会。1920 年 4 月还创办了该会会刊《美育》，任总编辑。

1926 年吴梦非回到浙江继续从事艺术教育活动。他先后担任浙江春晖中学、浙江省立第四中学、浙江省立第十中学、省立杭州高级中学、浙江民众教育实验学校等学校的音乐、美术教师。

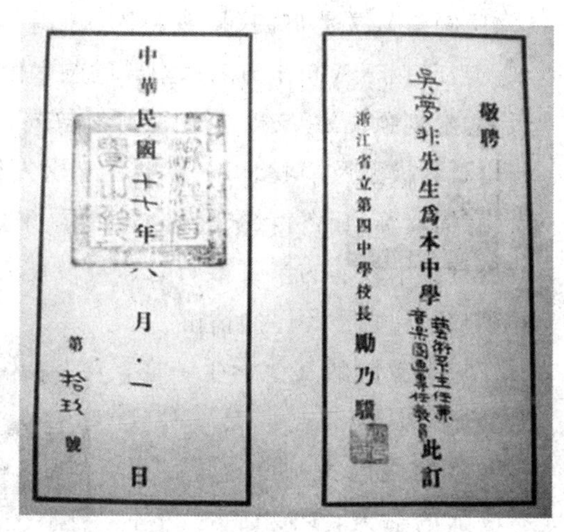
敬聘
吴梦非先生為本中學藝術系主任兼音樂圖畫專任教員此訂
浙江省立第四中學校長勵乃驥
中華民國十七年八月一日
第拾玖號

浙江省立四中的聘书

1928 年吴梦非在江西庐山举行的中学校长会议上主讲艺术教育，在全国产生很大影响。1930 年编译了中国第一部《和声学大纲》。1934 年他出席教育部召开的“中学师范课程标准起草委员会”会议，与音乐教育家萧友梅等共同担任中学音乐课程标准的起草工作。他曾为邵力子所办《民国日报》编辑副刊《觉悟·艺术评论》栏目。1941 年至 1949 年担任浙江省教育厅督学。主持过浙江省第二届中学、师范音乐教师资格考试等。

1950 年他当选为浙江省文学艺术联合会筹备委员，曾任浙江省文联组织部副部长。1953 年当选为浙江省第二届人民代表大会代表。同年调入中央音乐学院华东分院民族音乐研究室，任秘书。从 1955 年起担任上海音乐学院教务处副主任。晚年撰写《五四运动前后的美术教育回忆片断》，参与编写《中国音乐史》。1959 年退休。1979 年 10 月病逝于上海。

# 在恩师李叔同的身边

1912 年吴梦非进入浙江省立两级师范学校，就读于学制为三年的高师图画手工专修科，有幸成为李叔同到浙江省立两级师范学校任教后的第一届学生，跟随先生学习美术和音乐等。1913 年经李叔同介绍，他参加了当时的进步文学组织“南社”，与同学举办音乐会和画展。

吴梦非曾在《五四运动前后的美术教育回忆片断》一文中记叙了当时的社团生活情景：“我们的课外组织有‘漫画会’‘乐石社’（研究金石雕刻）等，并出版《木版画集》，这是自画、自刻、自己印刷的作品，其中有李叔同、夏丏尊等的木刻。”当时在李叔同作为艺术指导的艺术团体里就已经有木刻创作了，并且还出版了《木刻画集》。文章中还说：“李叔同先生教我们绘画时，首先教我们写生。初用石膏模型及静物。1914 年后改用人体写生。”“我们这一班学生有二十多人，有周玲荪、金咨甫、朱酥典、李鸿梁、朱蔼孙等。”吴梦非是李叔同首用人体模特进行美术教学的亲自参与者。吴梦非在校期间勤奋好学、成绩斐然，他与恩师李叔同建立了深厚的情谊。

与李叔同的其他学生一样，吴梦非也认为李叔同是一位实行人格感化的大师。他说：“弘一法师的诲人，少说话，是行不言之教。凡受过他的教诲的人，大概都可以感到。虽平时十分顽皮的人一见了他老，一入了他的教室，便自然会严肃恭敬起来。但他对待学生并不严厉，却是非常和蔼，这真可以说是人格感化了。”

1948 年奉送弘一大师灵骨（舍利）上供于杭州北山街招贤寺。前排左起：刘质平、刘胜觉、弘伞法师、宽愿法师；后排左起：吴梦非夫人、李鸿梁、吴梦非、潘锡九、乐欢法师、林子青、巨赞法师、李季谷。

李叔同对艺术与艺术教育的热爱、超凡的人品与艺术才华以及他的人格感化，深刻地影响了吴梦非的艺术教育道路。

# 创办上海专科师范学校

1919年吴梦非、刘质平、丰子恺受五四新文化运动思潮和蔡元培“以美育代宗教”主张的影响，凭借他们发展中国艺术事业的责任感，毅然选择了创办艺术师范学校的道路，自费创办了我国近代第一所私立的以艺术教育为主的上海专科师范学校。

在毫无外来经费的情况下，他们自筹经费，经常把自己个人的钱拿出来接济学校。作为该校校长的吴梦非，深知责任重大，他甚至屡次当掉自己的金表、袍子，还将妻子的首饰变卖，以维持学校的正常开支。已出家的李叔同先生得知他们办学的经济情况后，曾为他们书写了大量的字画，交给学生吴梦非，让他卖掉后补贴学校，终于使学校渡过难关，也由此可见师生间深厚的情谊。

当时学校缺乏高水平的师资，吴梦非积极聘请了许多当时有名的音乐、美术和其他学科著名人士，如担任音乐主任的孙续丞，指挥家金律声，二胡、琵琶家卫仲乐，钢琴教师何莲琴以及外籍钢琴、小提琴等教师，还有语言学家陈望道、佛教学者吕瀓等，为学校的发展打下了良好基础。

吴梦非跟随时代的步伐，在“科学、自由、民主”的时代潮流涌动下，对学校各方面进行改革，积极推行“男女同学”。这种举动在当时的社会历史条件下，是一种大胆的尝试。女生进校后，活跃了学校的气氛，提高了学生艺术想象力和创造力，也给艺术教育、学术研究带来了意想不到的效果。他还借鉴北大办学的经验，减少授课时间，组织各种课外研究会，并请教员或校外名家作指导，受到广大学生的拥护。在吴梦非的领导和促成下，专科师范1920年先后成立了“艺术教育研究会”“唱歌研究会”“作曲研究会”等19个课外活动组织。多次举办会员作品画展，出版歌曲等作品集。在学校里，同学们一起切磋技艺，发挥自己的特长，打破教师讲学生听的成规，全校出现了生动、活跃的学习局面。

为了开阔学生的视野，提高学生的学术水平，学校经常邀请著名学者到学校讲学。如聘请日本学者宫顿博士、日本著名民族音乐学家田边尚雄作关于艺术、音乐的学术报告；请洪琛、邵力子等作专题演讲或作短期讲座。值得一提的是，他们还聘请陈独秀作关于马克思主义的报告等。所有这一切对包括吴梦非、刘质平、丰子恺等在内的全校师生开阔艺术教育的视野，起到了重要的作用。

为了增强学生艺术实践与社会实践的能力，特别制定了外出写生、开义务

音乐会、写生汇报展览等为必修的实习课程，深得社会的欢迎和赞誉。为了普及艺术教育，尽可能多地为社会培养艺术人才，专科师范还面向广大民众举办各种业余学校。其中有1920年7月创办的第一所函授形式的"上海专科师范附设音乐通信讲习所"以及与上海美专、东方艺术专科学校联合举办的四期暑假学校。吴梦非以及一批艺术名家担任教学，以时间短、内容精、收效快等特点，吸引各省在职的艺术教师和艺术爱好者，提高了他们的艺术水平。

作为我国第一所培养艺术师资的专科学校，几年内培养出一千多名艺术人才。有后来成为我国著名音乐教育家的前中央大学艺术系主任、国立福建音专校长唐学咏，著名音乐教育家萧而化，著名音乐教育家、音乐理论家缪天瑞，著名篆刻家、书画家钱君匋，音乐教育家邱望湘、陈啸空、沈秉廉等。他们在我国艺术教育这片领地上，代代繁衍，传播传承，培养和造就了中国现代艺术教育战线上的一批音乐、美术教育家。吴梦非作为该校创办者之一、校长、音乐教师，为开拓我国艺术教育事业做出了重要的贡献。

## 创办"中华美育会"和《美育》杂志

1919年秋，创办上海专科师范学校不久，吴梦非便与刘质平、丰子恺等人联络专科师范和上海爱国女子学校的几位教师，组织发起成立了全国性的学术团体——中华美育会。中华美育会成立不到半年，就发展了数百名会员，成为我国南方最大的艺术学术团体。当时的许多著名艺术家，如欧阳予倩、刘海粟、陈仲子、周玲荪、姜丹书、付彦长、吕澂、周湘等都是中华美育会的责任会员。中华美育会的宗旨与主张，是在当时我国艺术教育枯竭的大地上，为全国从事艺术工作的人们吹响了号角。

1920年，为了宣传"美育会"的宗旨和主张，还创办了中华美育会会刊——《美育》，吴梦非当选为总编辑，刘质平为音乐编辑部主任。吴梦非还请已出家的恩师李叔同(弘一大师)题写刊名"美育"二字。1920年4月，《美育》创刊号出版，到1922年4月停刊，共出版7期。这是我国近代以来以"美育"命名的第一个刊物。刊物的宗旨是："本志是我国美育界同志公开的言论机关，亦是鼓吹艺术教育、改造枯寂的学校和社会、使各人都能够得到美的享受之一种利器。"此刊物发表了有关美学、音乐美学、音乐教育、艺术教育、音乐作品、绘画作品、美术理论等方面的大量文章，推动了我国近现代美学、美育、艺术教育、音乐教育、美术教育、音乐创作、美术创作等方面的研究，具有重要的意义和价值，也是我

们今天研究中国近现代美育理论和艺术教育发展的重要文献。

1923年4月，上海专科师范学校与东方艺术专科学校又联合创办了《民国日报》的《艺术评论》周刊，由吴梦非担任主编。《艺术评论》共出版69期，成为《美育》后的“联络海内外艺术家与艺术教育家，共同宣传艺术与艺术教育的阵地”。1923年9月吴梦非等在《艺术评论》上发表了《中华全国艺术协会宣言》和《中华全国艺术协会草案》，向社会宣告：“我们的目的不是想把既成艺术降低到民众的水平，我们是想把民众抬高到艺术的境地”，“联合全国艺术界及赞助艺术之同志通力合作，筹建建设全国艺术事业”。这个宣言在当时产生了很大的反响。

## 致力于艺术理论研究和音乐创作

吴梦非除了创办上海专科师范学校，在浙江、江西和上海的许多学校担任教学工作外，在音乐理论研究、艺术教育研究、美育研究和音乐创作、绘画等方面，也做出了突出的贡献。

吴梦非一生著述较丰，发表学术论文50多篇，其代表论文有：《美育是什么》《女子对于家庭美育的责任》《艺术与道德》《对于我国办学者的疑问》《革新全国音乐教授的计划》《民众艺术》《艺术的社会主义》《中国人的艺术观》《对于大同乐会表演古乐舞小言》《艺术品应该怎样制作?》《艺术家之主义及态度》《贝多芬与月光曲》《音程及简易识别法》《图案讲话》《弘一上人诗词集西洋绘画家之争点》《民族教育和音乐》《音乐教导方法的研究》及《五四运动前后音乐美术方面的回忆录》《弘一大师和浙江的艺术教育》《唱歌基本练习》《怎样欣赏音乐》等。

吴梦非编译《和声学大纲》封面

主要著作和教材有：《和声学大纲》（开明书店，1930年版）、《西画概要》、《中学新歌曲》（中华书局，1930年版）、《初中乐理教本》2册（开明书店，1932年版）、《初级中学音乐》4册（正中书局，1935年版）、《简易师范及乡村简易师范学校音乐》4册（正中书局，1936年版）、《风琴弹奏法》（开明书店，1934年版）、《音乐四册》（开明书店，1936年版）、《音乐知识手册》（文化出版社，1950年版）等。他的这些著作在20世纪20年代以后，对我国音乐艺术教育的发展产生了重要影

响。他编写的教材多次再版，对当时的我国艺术教育、音乐教育的普及与发展起到一定的作用，对于我们研究我国近现代艺术教育、音乐教育的发展，具有重要的参考价值和文献价值。

吴梦非还将精力投入到音乐与美术等的创作中，许多作品不论是在当时还是以后，都产生了一定的影响。他与妻子词作家王元振合作创作了百余首歌曲，代表作品有：《废墟》《进进进》《青年生活》《游园》《中国国民》等，不少还成为中小学广为流传的作品。

吴梦非认为创作不同于制作。“创作是重新创造出来……比制作的意义还要阔。制作不能够脱离模仿的状态，创作则超脱自然的模仿。再精密说一句：创作是从人的性格上面涌出来的一种特殊的灵液，所以重在个性；至于制作，完全在自然的疆域里面，不能够完全发挥个性。”因此，艺术家理想要高，技术要熟练。

# 丰 子 恺

## ——“现代中国最像艺术家的艺术家”

戴丽敏

丰子恺(1898—1975),乳名慈玉,学名丰润,又名仁,浙江桐乡人,画家、艺术教育家、文学家、书法家、翻译家、文艺理论家。1914年考入我校,在校师从李叔同学习美术、音乐。1919年与吴梦非、刘质平一起创办中国第一所私立艺术专科学校——上海专科师范学校。1921年春赴日本游学,同年冬回国。先后在上虞春晖中学、上海立达学园等校任教,并任开明书店编辑。中国现代抒情漫画的开创者,现代散文代表作家之一。抗战时先后任教于桂林师范学校、浙江大学、国立艺术专科学校等。新中国成立后历任全国政协委员、上海美术家协会主席、上海中国画院院长等职。著有《子恺漫画》《缘缘堂随笔》等。

纵贯南北的大运河在流经浙江桐乡南境时,在一个小镇边上拐了一个弯。据传说,这座小镇正是春秋时吴越分疆之地,越国曾在此筑了一道石门,作为与吴国交往的隘口,这个小镇就叫石门湾。

丰子恺1898年11月9日(农历九月二十六日)生于这个小集镇的一个书香门第,祖上在石门湾开“丰同裕”染坊,父亲丰𫓧,字斛泉,1902年曾中举人,因逢母丧未能出仕。母亲钟芸芳十分能干,治家有方。

丰子恺6岁就随父接受启蒙教育,8岁那年,父亲去世,转入另一家私塾读书。后入石门湾溪西两等小学堂,改名为丰仁。1914年秋,以第3名的成绩考取浙江省立第一师范学校。1919年师范毕业后,与吴梦非、刘质平一起创办中国第一所私立艺术专科学校——上海专科师范学校。两年后自费去日本留学,继续他所喜爱的绘画和音乐学习。日本之行使他有机会接触了竹久梦二等人

的艺术作品，10 个月后回国，先后在上海专科师范学校、吴淞中国公学、浙江上虞白马湖春晖中学任教。1924 年冬，春晖同仁因与校长意见不合，集体辞职。丰子恺与友人在沪共同创立"立达学园"，提倡实行"爱的教育"。1928 年任开明书店编辑，后辞去职务在家著书作画。1933 年由丰子恺亲自设计在家乡所建"缘缘堂"落成。这是一座具有中国风格的建筑，是"灵肉完全调和的一件艺术品"。"缘缘堂"时期是丰子恺生活和创作的黄金时期，抗战爆发后，"缘缘堂"被炮火炸毁。丰子恺扶老携幼，一家人含辛茹苦，逃难至桂林、遵义和重庆等地，先后曾在桂林师院、浙江大学和国立艺术专科学校任教。1948 年 9 月至翌年 4 月丰子恺足迹遍布中国台湾、厦门、泉州、中国香港，为迎接新中国成立，丰子恺回到上海。此后专事译著。1954 年起任中国美术家协会常务理事和上海美术家协会主席，1960 年起任上海中国画院院长，多次参加全国政协会议，在"文革"中遭迫害，于 1975 年 9 月 15 日患肺癌与世长辞。

## "子恺漫画"

丰子恺进省立第一师范读书是非常偶然的。他小学毕业时，成绩为众人之冠，家里就开始计议他的升学之事。母亲非常希望他能入师范，一来因为当时乡村兴学，缺教师，毕业后不用为职业发愁；二来因为父亲早逝，兄弟夭折，不能离家，读商校必定离家求职；三来因家境不宽裕，读中学将来升学无法负担，而师范学费低廉，家里还能负担。丰子恺怕落第，同时报考了三所学校，结果以商校第一、师范第三、中学第八的成绩，被三所学校同时录取。但丰子恺觉得，从学校的规模看，师范最大，似乎最能满足他的求知欲，就这样进了师范，而这跟母亲的愿望正好不谋而合。

丰子恺在一师学习的头两年里，可以说是一名非常刻苦、虚心好学的学生。他埋头苦学，勤修一切功课，学习成绩总能拿到年级第一，还被评为模范生。但是，到了第三年，有一个人让丰子恺的学习生活起了巨大变化，他就是教音乐和图画的李叔同先生。

丰子恺上小学时就唱李先生写的《祖国歌》。如今在师范学校遇见他，丰子恺备感亲切，陡生敬意。

李先生最早是教丰子恺音乐的。李先生上课时总是先端坐在自己的座位上，等待同学的到来，他凭着广博的学识和认真的态度，赢得了同学们的信任，也深深吸引了丰子恺。丰子恺渐渐地把兴趣转到李先生身上，无形中疏远了其

他课程，单单在音乐和美术上注入了大量的时间和精力，而对绘画他更有所偏爱。

丰子恺的绘画才能在很小的时候就显露出来了。

七八岁读私塾时，他发现《千家诗》每页上端都有一幅木版画，第一幅便是《大舜耕田图》，上有一头大象和一个人在那里耕田。丰子恺似乎对画比读诗句更感兴趣，就取来了家中染坊里的颜料，为书上的单色画涂色，涂成了一头红象、一个蓝人、一片紫地，就为这个，他几乎挨了父亲的一顿打。幸亏有母亲和大姐护着。从此以后，他只能背着父亲偷偷地描色彩画，拿给女仆、母亲、姐姐们欣赏，得到了她们的一致赞扬。有一次，乘父亲晒书之机，偷拿了一本《芥子园画谱》，照着上面描，并将自己调配的颜色着上去。塾中学友看了都很羡慕，甚至认为比原画更美，很多同学向他讨画，拿回去贴在床前灶间，权当新年的年画用。当然，这些事都是背着先生在暗地里进行的。但有一次，两位同学为了争画打了起来，被先生发觉，追查后才知道是丰子恺所为，便叫来丰子恺，搜查他的抽屉，搜出了画谱和画，先生拿着画一张一张欣赏起来，放学后还把画留了下来。第二天上学，先生拿出一张孔子像，让丰子恺照样画个大的。回家后，丰子恺在大姐的帮助下，用方格放大，终于按比例描绘出孔子像的轮廓，并用染坊里的颜料着色，画出了一幅孔子像。从此以后，丰子恺在人们眼里俨然成了一个小画家。求画者愈来愈多，体育老师让他画一条龙，作为体操时用的旗帜，家里亲戚、老妈子也让他画像，用作遗像，这使丰子恺在家乡小镇上"名声远扬"。

来到师范，他发觉过去的画法全然不对，特别是到了三年级，由李叔同先生教图画，又一改过去的临摹为写生，更使丰子恺觉得趣味盎然，渐渐疏远了其他课程，埋头木炭画，而且进步很快。李先生曾这样对他说，在他所教的学生中，从未见到过像你这样快速进步的学生。听了李先生这样评价，更使丰子恺抛弃一切学科，专注于西洋画，简直到了入魔的程度。有一个时期，丰子恺热衷于观察人头部五官的比例，回到家里，就出神地观察母亲的脸，连母亲的问话都没有听见。在西湖边写生，发觉一位老人的眼睛生得特别高，便从袋里抽出一支铅笔来，竖着向老人的面前伸过去，打算测量一下比例，老人还以为他拾了铅笔还自己，笑着伸手来接。还有一次，他等火车，发现站台上一卖花生的小贩眼睛细得出奇，丰子恺想看个清楚，就凑上前去，小贩还以为他要买花生米，就问他想买多少，丰子恺只好将错就错地买了一包。

丰子恺除了跟李叔同学画外，还跟先生学日语。为了能直接了解热闹的日本画坛，多读些日本艺术理论书籍的原著，李叔同还介绍丰子恺认识了四位来

自日本的画家，托丰子恺带他们去西湖写生。李叔同在出家前告诫丰子恺：一个人的艺术技艺固然重要，但更重要的是艺术家必须拥有一颗艺术的心。他教育丰子恺要用博爱、深广、同情的心灵去看天地间的一切物类，这些教诲不啻给丰子恺今后的人生和艺术道路指明了方向。

从师范毕业后，丰子恺在所创建的上海专科师范学校任教务主任及美术课教师。在教学过程中，丰子恺痛感自己知识的贫乏，好似一只半生半熟的青皮橘子，带着青皮卖掉，给人家当作习画标本了。他于是决定东渡日本求学。

在日本，丰子恺花了10个月时间“走马观花”似地进修西洋画、音乐，提高日语、英语水平，可以说是到了废寝忘食的地步。一次画石膏，他连续画了12小时，画人体，常常是连画4—6小时，害得女模特只好辞职。而且丰子恺整天行踪不定，画室、音乐研究会、剧场、图书馆、展览会、旧书摊，简直是无处不去，如饥似渴地学习着。有一次，在一个旧书摊上，丰子恺找到了一本日本画家竹久梦二的画册《梦二画集·春》。丰子恺深深地感受到这本画册一反漫画的诙谐、滑稽、讽刺、游戏的风格，它在西画技巧中融进了东方人的情趣、风格的世相风俗漫画，令人耳目一新，使丰子恺读后对人生得到最真挚的感受并产生一连串的遐想，真可说是无声之诗，由此，产生了模仿梦二画风的念头。回国后，他收齐了其余的夏、秋、冬三册，开始悉心研究，模仿起来。

从日本回国后，丰子恺应夏丏尊之邀，来到上虞白马湖春晖中学任教。他开始在校刊《春晖》上发表画作。夏丏尊也向丰子恺要画，想用到正在翻译的《爱的教育》中作插图。有了这些老朋友的赞赏和支持，丰子恺的干劲更大了。等朋友们走后，他突发灵感，画下了《人散后，一钩新月天如水》的画，他自称为“古诗新画”，并将画给了朱自清。《我们的七月》发表丰子恺的画作后，子恺漫画首次在社会上流传开来，受到广泛的赞誉。从此，丰子恺作画一发不可收。他不断将平时所萦心的琐事一一乘兴描出，而且，无论什么包皮纸、旧讲义纸、烟纸反面，都成了他的画布，凡有毛笔的地方都成了画室，这些

丰子恺的“古诗新画”

画都被朱自清拿去发表。后来，郑振铎也不断向丰子恺索画。发表在《文学周报》上，并冠以“漫画”的题头。从此，中国始有漫画，丰子恺也以“子恺漫画”闻名了。

特别值得一提的是丰子恺师从弘一法师（李叔同），其毕生创作的《护生画集》成为佛教艺术的杰作，更成为人类心灵之爱的传世瑰宝，是佛教界、文艺界的大师们合作的文化精品。整套画集中的诗文，有引用的古诗文和弘一法师所撰的诗文，也有丰子恺所作。此书在各界和广大普通民众中广泛流传，影响深远。《护生画集》创作起念和绘成画幅整个创作过程的前前后后，丰子恺和弘一大师有着不解之缘。丰子恺一生奉李叔同为恩师。李叔同“嫌艺术的力道薄弱，过不来他精神生活的瘾”。经常带学生丰子恺到“深窥百家之奥”的马一浮处听他谈哲理和佛学，李叔同虽比马一浮年长3岁，但在佛学方面，一直把马一浮视作良师，他在马一浮影响下披剃出家，法号弘一。马一浮对李叔同的出家起了点化作用。李叔同出家后，师生情深的丰子恺一直追随老师。1927年秋，他终于拜弘一为师，皈依佛门，做了居士。《护生画集》就是在这样的历史、文化背景和思想基础上酝酿和创作的。

丰子恺《护生画集》书影

## 在艺术抗战的洪流中

1937年抗战爆发后，抗战的炮火把丰子恺从“缘缘堂”里轰了出来，他从此开始踏上了一条漫长而坎坷的逃难之路。他在得知“缘缘堂”被毁于炮火后表示：“在我反觉轻快，此犹破釜沉舟，断绝后路，才能一心向前，勇猛精进。”丰子恺以一种崭新的精神面貌投入了艺术抗战的洪流之中。

丰子恺经常在外奔走联络，宣传抗战。他平日惯穿长袍，为了行动方便，从此改穿中山装，神态异常活跃，友人戏称他“返老还童”。他曾对好友宋云彬等人说：“我虽未能真的投笔从戎，但我相信以笔代枪，凭我五寸不烂之笔，努力从事文画宣传，可使民众加深对暴寇之痛恨。军民一心，同仇敌忾，抗战必能胜利。”

1938年3月丰子恺加入了中华全国文艺界抗敌协会，并被选为理事，还成为《抗战文艺》的编委，为《抗战文艺》封面题了签。

1938年6月，丰子恺全家到了桂林。丰子恺一面在桂林师范任课，一面绘抗战漫画。他曾画过一幅漫画，题诗“空袭地，炸弹向谁投，怀里娇儿犹索乳，眼前慈母已无头，血乳相和流”。上课时，丰子恺以此画作示范。不料有学生看后大笑，说是像“无头菩萨”。丰子恺严肃地对学生们说：正值抗战之际，应以日寇暴行激发民众对敌的愤怒，以达到全民抗战的目的，这是件严肃而神圣之事，如此儿戏，还有民族之心吗？几句话，使学生羞愧得低下了头。从此，学生对宣传抗战更积极，对丰子恺也越加尊敬，他们感到这位艺术家的心灵深处蕴藏着一股巨大的爱国热情。只要与他一接触，这种热情就会给你留下难以磨灭的印象。

不久，桂林也遭轰炸，丰子恺一家只好辞别桂林师范，应浙大校长竺可桢之邀，去已迁往宜山县的浙大，开讲艺术教育课。由于出发时连日大雨，只好推迟日期，乘这个时期，丰子恺第三次创作《阿Q正传》连环漫画，前两次画稿均毁于战火。丰子恺说：“可见炮火只能毁吾之稿，不能夺吾之志，只要有志，失者必可复得，亡者必可复兴。”

丰子恺抗战漫画

丰子恺在浙大的讲学，受到学生的欢迎，后因日军逼近南宁，浙大迁往贵州，丰子恺一家耽搁在旅馆里。幸而老板仰慕丰子恺大名，邀请丰子恺一家到附近山中他的故乡避难。丰子恺无以为报，应老板要求，为他父亲写了闪金纸对联一副，写完后放在人行道上晒。岂知汽车加油站站长赵正民路过这里，他是另一个敬仰丰子恺的人，见闪金对联墨迹未干，料定书写者必在旅馆内，便登门拜访，表示愿意提供汽车，载丰子恺和老幼家属去都匀，抗战前和抗战以来丰子恺在艺术园地上撒下的种子，就在这次“艺术的逃难”中得到意想不到的收获。

后来，丰子恺又到遵义、重庆。在四川他曾经10次举办个人画展，而宣传抗战的作品几乎占了一半。

抗战胜利后，丰子恺定居杭州。他面对国民党统治下的旧社会十分不满，深恶痛绝。1948年9月离开杭州到台北举行一次画展，还以“中国艺术”为题作了一次广播演讲。新中国成立前夕，丰子恺回到上海，他热情歌颂新社会，赞扬解放军。文艺界在邻园村附近的复兴公园举行劳军游行时，丰子恺热心参加，在园中设座作画义卖，以画作慰劳解放军之用。以后凡遇解放军请他作画，有求必应。

丰子恺为了更好地为时代贡献力量，他认为应该介绍一些苏联文艺。虽然年已 53 岁，他还从头学习了俄语并翻译了屠格涅夫的《猎人笔记》，每逢到节庆之日，丰子恺还常常在报刊上发表作品。他曾写诗谈到自己当时的心情："当年惨象画中收，曾刻图章曰速朽。盼到速朽人未老，欣将彩笔绘新猷。""天地回春万象新，百花齐放百家鸣。此花细小无姿色，也蒙东风雨露恩。"

## 出色的散文家

众人都只知道丰子恺是一位出色的漫画家，其实他还是中国现代文学史上颇有名气的作家和翻译家。

对丰子恺来说，随笔和漫画就像一对孪生姐妹，宜用文学表达的就写随笔，宜用形象表达的就用漫画。

丰子恺的随笔是在夏丏尊先生的直接指导和鼓励下学起来的。"缘缘堂随笔"几乎成了丰子恺所有随笔的通称。他的文和画一样贴切地反映了现实生活、人生、社会，儿童始终是他的基本题材，而且率真二字贯穿始终。他毫无掩饰地展示自己的情怀，以平易的手法，通过人世间琐细平凡的题材来阐述人生哲理。他曾用自己拔除坏牙、装假牙之事，写下了《口中剿匪记》："把我的 17 颗牙齿，比方一群匪，再像没有了，不过这匪不是普通的所谓'匪'，而是官匪……他们竟不尽责任，而贪赃枉法，作恶为非，以危害国家，蹂躏人民……我恍然大悟，原来我口中的国土内，养了一大批官匪，若不把这批人物杀光，国家永远不得太平，民生永远不得幸福……于是我再托易医师另行物色一批人才来。要个个方正，个个干练，个个为国效劳，为民服务。我口中的国土，从此可以天下太平了。"

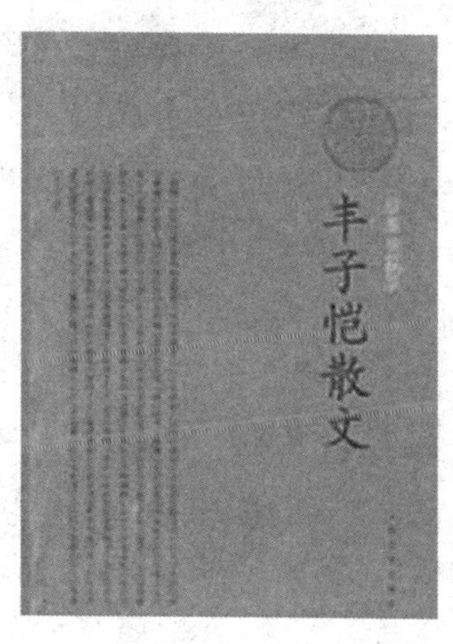

丰子恺著作书影

特别值得一提的是，丰子恺还在自己的散文随笔里为我们提供了大量的浙

一师学校生活的评述，尤其是他与弘一法师李叔同之间的历历往事，在丰子恺恬淡随性的文笔下都有生动的描绘。

## “最像艺术家的艺术家”

丰子恺是一个多才多艺的艺术家。会弹琴、会作画、会写文章，同时，他还是个充满人情味、充满爱心的人。他对家人充满了爱，不忍离开他的家庭和孩子。因此他虽信佛却始终未出家。他对弱者总是给予同情和帮助，待人无论尊卑大小，都和蔼可亲，又十分随和。他通常吃素，不过在做客时怕给人家添麻烦，也随人吃肉边菜。他对师友情谊深厚，对自己的恩师弘一法师（李叔同）与夏丏尊十分尊重。尤其是对弘一法师时时关心、记挂着。丰子恺与友人一起为法师在白马湖畔专门造了一所房子请法师居住。法师健在时，也常常被请到他在上海的寓所永义里内居住。法师圆寂后，丰子恺不远千里亲自到嘉定请马一浮先生替弘一法师作传。对老师要求他画的《护生画集》一诺千金，即使在“文化大革命”浩劫时也没有放下画笔。丰子恺做事极为认真勤奋，在浙一师时画素描维纳斯用了 17 个小时，到东京学习拉琴每次一练就四五个小时，直到手上起泡、结痂出现老茧。他一生不停地学习，除了英文、日文外，到了晚年还重新温习俄语从事翻译。

日本学者吉川幸次郎在《〈缘缘堂随笔〉译者的话》中说：“我觉得，著者丰子恺，是现代中国最像艺术家的艺术家，这并不是因为他的多才多艺，会弹琴，作漫画，写随笔的缘故，我所喜欢的，乃是他的像艺术家的直率，对于万物的丰富的爱，和他的气品、气骨。”

晚年丰子恺

# 潘　天　寿

## ——终身从教的国画大师

吴作为

潘天寿(1897—1971),原名天授,浙江宁海人,国画大师、美术教育家。1915 年考入我校,在校时得经亨颐、李叔同等名师指导。1923 年至上海,先后任上海美术专科学校及新华艺术专科学校教授。1928 年定居杭州,任西湖艺术院教授,翌年赴日本考察美术教育。抗日战争爆发后,随西湖艺术院内迁。1944 年至 1947 年任国立艺术专科学校校长。1949 年后,历任中国美术家协会副主席、浙江省文联副主席、美协浙江分会主席、中央美术学院华东分院副院长、浙江美术学院院长,为第一、第二、第三届全国人大代表,中国文联委员。1958 年被聘为苏联艺术科学院名誉院士。著有《中国绘画史》《中国书法史》《中国书款之研究》等。

在杭州南山路景云村一号有一座风格独特的画家纪念馆。青砖叠成的一堵三丈多高的墙面,无窗、无檐,别致之中,显示着古朴大方和凝重端庄。步入展厅,3 米多高、2 米多宽的大玻璃一块连一块,守护着一幅 3 丈 2 尺的巨作,那磅礴的气势,不由使人产生一种震慑、一种折服。

文化部于 1991 年为潘天寿建成的纪念馆

# 经李门下

潘天寿于1897年3月14日诞生于浙江省宁海县，原名天授，字大颐，号寿者，自署懒道人寿者、古竹园丁寿者，晚年常署雷婆头峰寿者。曾任浙江美术学院院长、中国美协副主席、浙江美协主席、第一、二、三届全国人大代表。

潘天寿自幼爱好艺术，1915年秋以优异的成绩考入浙江省立第一师范学校（以下简称一师）。当时在一师任教的经亨颐、李叔同、夏丏尊等名师对潘天寿产生了巨大的影响。

李叔同精于西画、音乐，在书法上也堪称大家；经亨颐擅长书画，尤以一手清新俊逸的书法闻名遐迩。潘天寿受经亨颐的影响学写《爨宝子碑》，还常将自己所作印蜕，请先生指教。潘天寿后来回忆说："当时我自认为刻得满意的，老师认为不好，而自认为平正呆板的，刻得不好的，老师反认为路子正。"后来看到老师与高班同学刻的印章都是较规矩的汉印一路，于是潘天寿开始悉心临摹汉印，并终成别具风格的"寿"体。

经、李对潘天寿的影响还表现在艺术观上。经亨颐主张学画必须诗、书、画、印四全，李叔同书法中以拙寓巧、至淡至远的高格调，经亨颐书法中的精美用笔和舒卷气概，都对潘天寿的书画产生了重要的影响。从经、李的艺术作品中，潘天寿体会到了中国艺术的重要特质：贵藏不贵露，贵含不贵显，贵内敛不贵外肆。

潘天寿在一师5年，不仅在课堂上接受了名师的指导，而且在课余时间也刻苦学习。在以研讨篆刻为主的"乐石社""寄社"，他是骨干，经常与同学一起研究切磋。磨墨、伸纸、挥毫、洗砚占去了他大部分课余时间。他的书法日有长进，也乐于助人，课余时间他常常为同学作屏条、对联，凡同学有求的必欣然接受，约期交件。所作以对联为多，间架图稳，笔法毛糙，看去别有风格，自成一体。

去西泠印社等处参观印展与印拓，是潘天寿的一件乐事，常常乐此不疲。此外，如果要说潘天寿当年还有什么特别的爱好，就要算逛裱画店了。每逢星期天，他几乎总要到几家裱画店门口去看看。这不为别的，只"因为裱画店总是把最好的名画贴在墙上，使大家可以看到，以招徕生意"。

在一师毕业前夕，潘天寿的国画已有相当的水准。表现在选材上，已有喜欢松柏和牛、马、虎、象、雁等飞禽走兽的特点，追求粗犷豪放的精神。在刻印方

面，“老大一利”“潘天寿”“三门湾人”“阿寿”“老天”“天寿小玺”等印章也已相当成熟。应野平在《回忆潘天寿二三事》中，就记述了潘天寿当时的艺术成就。

有一天，潘天寿与应野平的父兄谈论艺事、切磋诗文，一时兴致所至，潘天寿拿出两张四尺宣纸，泼墨挥毫，大笔淋漓，两幅大画一气呵成。所做的一幅山水，一幅花卉，均使应野平佩服之至：“其磅礴的气概、磊落的胸怀、大胆泼辣的笔触，已可以看作他的非凡才华。难怪到了上海以后，吴昌硕一见到他的作品，就倍加赞赏。”不久，刘海粟就请他到美专教中国画习作课和中国绘画史课。用刘海粟的话来说，这“一方面因为他画画很好，一方面他是师范出身，能讲课，有的国画家能画不能讲，所以我就请他来教国画”。

## 自成一家

潘天寿的国画艺术是我国传统画的延续、发展和变革。他远承两宋的董、巨、马、夏，元代的吴仲圭、方方壶，以及清初的石溪、八大山人、石涛诸家，又曾深受吴昌硕的影响，创作另辟蹊径、自成一家。

潘天寿善作巨幅国画。每当要作巨幅画时，必须在地板上铺上旧报纸和废宣纸，然后铺上丈二特大宣纸。这时，他的家人就自动退避，免得扰乱他的思路。他脱下那双布鞋，双脚走进巨幅宣纸，凝神眯目良久之后，他就指蘸墨色，在宣纸上走来走去地勾勒，随意泼、抹、点、染、勾、勒、描、皴，于是一幅幅巨作如《无限风光》《梅月图》等就慢慢地在他脚下出现了。

不论画幅大小，潘天寿都喜欢从高处、远处、大处和最新处立意，致力于意趣的奇特。他有意把主要的东西放在画幅的边角上，在中间却留着大块空白。这种反常规的做法，使观众一看画面就把注意力一下子集中到边角上，使主题更显新奇。如《正午》，即是一幅极其大胆的构思。

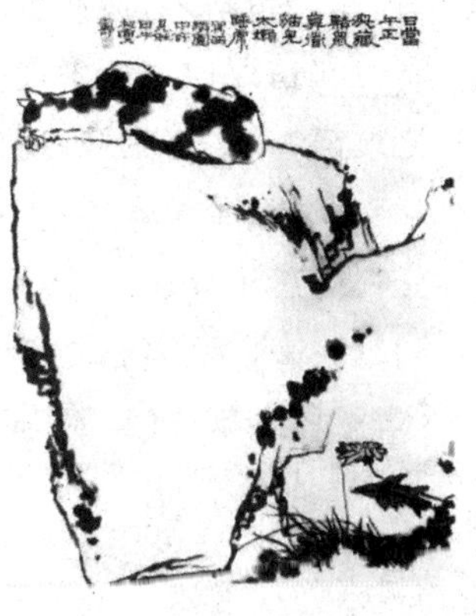
潘天寿画作《正午》

日当午，
深藏黠鼠，
莫道猫儿太懒，
睡虎虎。

这是潘先生给《正午》一画所做的题词，这词把

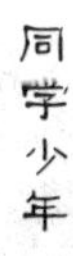

画的主题给点了出来。睡猫被安排在画面的左上角，猫上面留下的那一些空间，正好使观者可以透透气。猫儿确实是在悠闲自在地睡觉。猫身上的黑点子，点得好极了，疏疏落落，有意无意，但恰好是猫身上的东西。画面虽为巨石布满，仍然显得不闭塞。右下角的蒲公英，与左上角的睡猫，在图上互相呼应，造成得势的均衡感。从右上角开始的题词，字体在篆隶之间，一线排开，压住了阵脚。朱色小图章紧押在"寿"字之下，不即不离，这位置和距离恰到好处。这幅画上的猫的形象，偏于文静。此幅题词中有"写邻园所见"数字，庭院正午宁静的气氛，谁没有见过石头上的睡猫呢？这普普通通的画材，在潘天寿先生的笔下，竟如此自然地化成充满诗情画意的中国画杰作！

构图的奇险，还表现为极繁复时，满幅似无空白，但仍觉境界空灵。如《雄视图》，以一上大下小之长方形巨石，突兀图中，石上再立双鹫，更显得上重下轻，"岌岌三乎危哉"。然而，他在图左山间引出一水，潺潺下注，不仅上下气脉贯通，增加了下部的重量，并使鹫有了注视的目标，居高临下，意气扬扬，顿显灵气。他的这种画法是故就其难，在浓墨粗笔画成的石头几乎塞满画面的情况下，使"山穷水尽"的局面突然"茅塞顿开"，出现"柳暗花明"的意境。正如潘天寿自己所说："运笔应有天马腾空之意致，不知起止之所在；运意应有老僧补衲之沉静，并一丝气息而无之，以静生动，以动致静，得矣。"两株山花挺身于杂草乱石之间，两只蟾蜍匍匐于水滨怪石之上，雨后蛛网，目下老梅都是静中之动，堪为神奇之笔。

在作毛笔画的同时，潘天寿还常作指画。他的指画可谓画坛独步、世无其偶，有杰出的成就。他说："间作指画，何哉？为求指笔间运用技法之不同，笔情指趣之相异，至为印证耳。"他用指作线比用笔更刚、更拙、更辣、更涩，也更见风骨，作起指画来，往往会心手两忘、指掌并用，有挟风雨雷霆之势，具神工鬼斧之奇。邓白评他的指画代表作《无限风光》"构思之妙，意境之妙，意境之高和章法之严谨，手法之生辣，达到了惊人的程度"。

此外，潘天寿还是一位功力深厚的书法家。著名书法家沙孟海的评价说得好："两三千年来各个不同的体制、流派，经过他的分析、赏会、提炼、吸收，应用到笔底来，无不沉雄飞动，自具风格。"潘天寿的艺术正是融诗、书、画、印为一体，意境高华，气势磅礴的艺术，既根植于民族传统，又有强烈个性。

## 献身教育

潘天寿国画艺术的成就无须多言，他的作品陈列在纪念馆中的虽仅百余幅，但都是国宝。然而在他看来，“我这一辈子，是个教书匠，画画只是副业”。一位饮誉海外的国画大师这样说自己，似乎很难理解。但只要考察一下潘天寿的生平和他所做的努力，我们就能理解了。

1920年夏，潘天寿从浙江一师毕业，即在家乡宁海正学高小开始教师生涯。1923年，他到上海美术专科学校任教，次年被聘为国画教授，与诸闻韵共创全国第一个中国画系。1926年商务印书馆出版了经过他整理的讲课笔记《中国绘画史》。1928年杭州国立艺术院(后改名为杭州艺专)成立，他受聘为国画系主任，同时在上海美专、新华艺专、昌明艺专兼教国画。抗战期间，杭州艺专与北平艺专合并为国立艺专，内迁湖南沅陵、昆明、重庆，他一直任国画系主任，1944年曾接任国立艺专校长。

新中国成立后，他一直从事国画教学和创作，复任过国画系主任。1957年任中央美院华东分院副院长，1958年被聘为苏联艺术科学院名誉院士，1959年复任浙江美术学院院长。在几十年的教育生涯和学校管理中，潘天寿旗帜鲜明地倡导和坚持了现代中国画教学的民族性、独立性，在中国画的教育思想、教学体制和教学方式等方面做出了突出的贡献，在浙江美术学院初步形成了较完整的中国画教学体系。

他在长达几十年的身体力行中，继承和发扬了中国画的民族性特征。他强调传神写意，注重艺术格调；强调笔线造型，反对揉揉擦擦；强调艺术要博采众长，独创风格；强调“绘画不须三绝，而须四全”；强调教书育人等主张，对培养新一代画家产生了极大的作用。在教学实践中，他引导学生欣赏和体会古人优秀作品的神情、气韵、意境、格调，取法乎上。他一再告诫“艺术的重复等于零”，“谁没有创造，谁就淘汰”。正如花盆里总长不出参天的苍松翠柏一样，他用这形象的比喻教育学生“笔正则画正，心正则画正”，“人格方正，画品亦高；人品不高，画品也低档”。

作为一直担任着领导职务的艺术教育家，潘天寿的功绩不仅表现在直接培养学生上。他主张分系分科教学，注重师资配备，设置全面课程，丰富藏画资料，在中国画教学体制建设中有独到的建树。

早在20世纪50年代后半期，潘天寿就多次在全国美术教学会上提出人



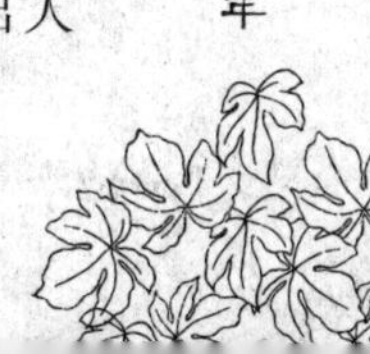

物、山水、花卉、书法分科教学，以培养人、山、花、书各方面的专精人才。20 世纪 60 年代初，他的建议得到了采纳。1961 年，中央美院和浙江美院试行人、山、花分系科教学。次年，浙江美院招收第一批书法专业学生。1979 年，浙江美院还招收了一届书法篆刻研究生。

同时潘天寿也注重师资队伍建设，早在重庆主持国立艺专时，他就聘请了许多有名望的艺术教育家。20 世纪 50 年代后期，为增强浙江美院国画系的实力，他亲自联系，物色人才，商调成就高、功力深、学问好的画家学者来校任教。如顾坤伯、陆俨少、陆维钊、黄曦、陆抑非等老教授，加上原有的吴茀之、诸乐三、邓白、潘韵等老教授，组成了强大的教师队伍，并积极培养青年教师。

在绘画须四全的思想指导下，潘天寿在浙江美院中国画系设置了全面的课程。为给学生提供临摹研究充足的古画，潘天寿与吴茀之等老画家一起，亲自搜罗鉴定了 1000 余幅民间藏画，分类造册，加以装裱整修，花极少的经费，增添了极为可观的资料和珍品，使浙江美院中国画系成为国内收藏古画最多的中国画系。在他几十年的教育生涯中，成名的学生不计其数。

作为著名的艺术教育家，他还为推广书、画、篆刻等传统艺术做出了卓越的贡献。1962 年秋，潘天寿以当代中国书法代表人士的身份，任中国第一个书法家访日代表团副团长，对中日书法的互相联系、互相借鉴，从自己的角度做出了贡献。

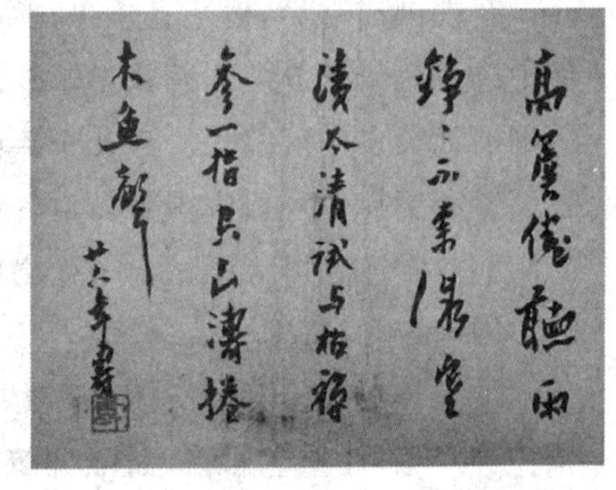

潘天寿书法作品

他的一生有效地加速了当代书法发展的过程。陈振濂在《书坛巨匠》一文中说：“他堪称是中国书法走向兴旺发达的一个历史性人物。”“他的业绩，是完全可以载入史册，载入书法历史的‘凌烟阁’中去的”。

## 寿者风范

由潘天授改成潘天寿，并以“天寿”名，引出一大串带“寿”字的落款来，实在不是偶然。早在浙江一师求学时，他就因一副憨态、有大智若愚之风而被同学呼为“阿寿”。被人冠之以“寿”而欣欣然接受，则更显其寿了。在浙江方言中，“寿”就是“寿头”的意思，即是指那些不懂人情世故、处处吃亏而自得其乐的人。

潘天寿乐“寿”爱“寿”，也表明他为人正直谦逊。

他的“寿”，表现为始终保留了农民式的生活习惯。自制的腌白菜，似乎是他每餐必不可少的佳品。年轻时不论菜好坏，每餐必定三碗；年纪大了，也还能吃两碗。他不喝牛奶、可可、咖啡，甚至很少吃零食。工作疲劳了，不喜欢躺到床上正儿八经地睡，倒喜欢趴在桌上，并且很快入睡。他对于失眠总是缺乏体会，当他的夫人何愔因神经衰弱而睡不着时，他总觉得不解：“怎么会睡不着呢？你眼睛闭起来睡着不就是了吗？”

与种花相比，他更喜欢的是种瓜菜。丝瓜、南瓜、辣椒、番茄，是他家小院里的“宠物”。与亲手掘地浇水相照应的是，他当了院长，小汽车整天停在院子门口的车库里，很少坐，宁愿走路或坐公共汽车。别人劝他，他总说：“还是走走好，走路是一种活动。”他整天和书画打交道，却仍然和农村的劳动生活保持着密切的感情联系。他在遇到天气反常时，常常会发出感叹：“这天气真不好！”“这样下去今年要歉收。”“好一场及时雨！”活脱脱一个农民的心态。

他的“寿”还表现在不随大流、疏于应酬。

1962 年，潘天寿在北京举办个人画展，康生看了以后津津乐道。后来他还通过浙江一位领导向潘天寿索画。潘天寿完成“任务”后，款署康生为“先生”。在 20 世纪 60 年代不用“同志”用“先生”也只有潘天寿才做得出。后来，康生在一次会上看到潘天寿，特意邀请他到北京专事绘画，因为潘天寿不愿抛开教学专事绘画，便拒绝了。几年以后，康生还在刘开渠的面前抱怨：“我请潘天寿到北京来画画，他都不肯来。”等到江青说“潘天寿的画丑死了，秃鹫真难看，又暗又丑”，姚文元帮腔“画很阴暗，与他搞特务有关。潘天寿喜欢画的秃鹫，是特务的化身”时，曾崇拜潘天寿的康生对潘天寿就远不只是不满了。“像他这种人至今想的还是过去那一套，不可能真心实意为无产阶级的革命路线服务。”康生就同“四人帮”沆瀣一气，加入了陷害潘天寿的行列。

在“文革”中，一次又一次挨批之后，潘天寿还是毫不开窍，尽管此时他已过古稀之年。有一次批斗，有人问他是不是“反动学术权威”？他说，反动两字不要。有人训他：“你与吴茀之狼狈为奸。”他认真地解释：“怎么叫狼狈为奸？狼前脚短后脚长，狈前脚长后脚短，搭在一起跑路。我们不是野兽，没有四条腿，怎么叫狼狈为奸呢？”在游斗中，人家追问他犯了什么罪，他待了半天，说：“我画画创新创不好。”后被诬为“国民党特别党员”，更使牛棚里的潘天寿莫名其妙。批斗之后，他还懵懵懂懂地小声问牛棚里的难友：“国民党员自己总该晓得的吧，我什么时候入的国民党？从来没有填过什么表格，怎么会是国民党员呢？”

然而，批判会的调门还是一次高过一次。曾被誉为"高华绝伦，造诣独绝"的苍鹰成了"凶相毕露"的怪物；被赞为"妙契神理，古今独步"的寒鸦成了"对共产党充满刻骨仇恨"的载体；被评论家看作"强悍有力"的水牛，成了"懒牛"。在没日没夜的摧残下，一次次的批斗、游街，最硬朗的身体也忍受不了，何况是一位 70 多岁的老人？

1969 年冬，潘天寿被押回老家宁海批斗。白天在寒风中游街，夜晚只有一件破旧的大衣做伴，没有床没有被。他依然默默地忍受着。"莫嫌笼狭窄，心如天地宽。是非在罗织，自古有沉冤。"回杭途中所做的这首诗，愤慨之情穿透纸背，也是他刚直不阿、铁骨铮铮的高尚人品的印证。

拖着病重的身体，不给治病，不给药吃，还得排队走着到工厂去劳动。剧烈的咳嗽、高烧，昏昏然中，潘天寿不能住院，连"观察室"也待不下去。

1971 年 9 月 5 日，75 岁的寿者含冤逝世。

火化那日，除了子女亲属，只有浙江美院的教师诸涵和另一位朋友。

没有举行追悼会。

历史曲直自有公断。潘先生逝世 6 年后，中共浙江省委宣布为他平反昭雪；7 年后的忌日，"潘天寿先生追悼会"在杭州隆重举行；10 年后的忌日，经文化部批准建立的潘天寿纪念馆在他的故居揭幕；1991 年，重修的潘天寿纪念馆以崭新的形象出现在世人面前。

纪念馆内的庭院草坪上竖着一截断裂的白色大理石。有人说高高低低的起落中蕴藏着先生一个又一个的故事，有人说那粗粝质朴的表层又如先生的为人作风，象征着先生清白的一生……

# 陈　建　功

## ——从师范学校走出来的数学大师

谢广田

陈建功(1893—1971),字业成,浙江绍兴人。1910年至1913年在我校就读。与华罗庚、苏步青并称“现代中国数学三大家”,是中国科学院首批学部委员之一,历任台湾大学代理校长,杭州大学副校长,浙江省科技学会主席,第一、二、三届全国人大代表等职。

1,2,3,4,5五数之中可以把6除尽的,就是1,2,3三数;将1,2,3三数相加起来,等于6。又1,2,3……27二十七数中可以把28除尽的数——1,2,4,7,14——相加起来等于28。像6和28一类的数叫作完全数。严密地定义起来,就是“有一正整数a,将可以把a除尽而较小的数相加起来,其和若等于a,名a曰完全数。”从这个定义,我们立刻知道1,2,3,4,5,7,8,9,10等数都不是完全数。读者可试验试验看,496和8128乃是完全数。那么,符合什么规律的自然数,才是完全数呢?这是大数学家陈建功给中学生提的一个悬念。那么,陈建功又是怎样一个人呢?

### 绍兴城里的好学少年

清末民初,绍兴府城里(今浙江省绍兴市)官办的慈善机构同仁局里,有一个忠厚老实的小职员,名叫陈心斋,娶妻鲁氏,生下七个儿女。长子取名建功,下面六个都是女孩子。对一个月薪仅两块大洋的小职员来说,这一副生活担子是够沉重的。所幸鲁氏夫人生就一双巧手,经常到成衣铺去取些活计来做,帮

助丈夫维持生计。同仁局的业务，除施药、施棺材之外，还有小额无息贷款一项，主要给一些小贩临时解决资本短缺的困难，规定只要铺保，不取利息。陈心斋就是经管贷款的。这位洁身自好、爱惜名誉的小职员，在同仁局做事 24 个年头，从来没有一点银钱上的差错，老先生在儿女面前常引以为豪。据说他 60 多岁告老以后，接任的那个职员不出一年就搞成一笔糊涂账，弄得身败名裂，陈心斋的正直从此更加为人称道，也给子女以身教。

陈心斋对子女教导甚严。陈建功是长子，陈心斋的心愿是把他培养成才，与自己一起来支撑这个九口之家。5 岁时，父亲送他到某户人家的私塾先生那里附读，虽要花一点银钱，但不必管老师的中饭，负担可以稍轻一些。他从小十分喜欢读书，有一天祖母见他发烧，不让他去上学，5 岁的陈建功嘴里说着“娘娘，我要去的，我要去的”，挣脱了祖母的手，朝外就走。

跟私塾先生读书，学生的主要作业是背书，陈建功记性好，又用心，书背得特别快，“喧宾夺主”，学业比那户请先生的人家的孩子长进得更快，惹得那家主妇很不放心，特地关照私塾先生，要等他家的孩子背熟了功课才能往下讲，她家孩子背不出时，先生不可讲授新课，于是陈建功只得时常停课等待。

读了几年私塾之后，经塾师推荐，他进了绍兴有名的蕺山书院，与历史学家范文澜、文学家许钦文等同学。蕺山书院有悠久的历史，明代著名学者刘宗周曾在院中讲学，是以他的学生黄宗羲、陈确、张履祥等为中坚的著名的蕺山学派的发祥地，著名爱国志士徐锡麟在此教过书。明末清初年间，有位曾经在这个书院念过书的明朝遗臣刘念台，效法古代的伯夷、叔齐，义不食清粟，不肯当清朝顺民，绝食而亡。陈建功从绍兴县志上看到刘念台的事迹，敬仰不止，常把这个故事讲给妹妹听。抗日战争爆发前夕，日本侵华的意图十分明显，陈建功想起了宁死不肯变节的绍兴志士刘念台，就给自己起了陈念台这样一个别名，以明宁死不当亡国奴的志向。

蕺山书院

蕺山书院就是后来的绍兴县立第一小学，从该校毕业后，他考入了绍兴府中学堂，当时鲁迅先生就在这里教书。后来他在回忆这一段历史时常对人说，如果不是由于家境困难需要他改念师范的话，他会受鲁迅先生的影响向文科方面发展。

陈建功读书十分专心，放学回家，他喜欢爬到自己床上去看书，年幼的妹妹

们有时走进来捣乱，他并不斥骂她们，却想出一个改善学习条件的办法，将床脚垫高，使妹妹们够不着，无法再翻乱他的书本。有一天他坐在高高的床铺上，双脚搁在床边的一张旧茶几上，看书入了神，无意中用脚摇动茶几，一不小心将茶几踢翻在地。祖母听见声音，走进房屋问他，陈建功竟连茶几倒地也不曾发觉。

1910 年，陈建功 17 岁时考进了我校（当时校名为浙江官立两级师范学堂），来到山清水秀、风景绮丽的历史文化名城杭州。学校分设初级师范和优级师范，陈建功念的是优级师范。当时念师范在经济上有补助，他得以安心地念完三年。在三年学习期间，数学、物理、化学的课程增多了，他最喜欢数学，兴趣逐渐由文转向理。时值辛亥革命前后，社会上“科学救国”“实业救国”的呼声很高。他觉得无论科学和实业都需要以数学为基础，而我国古代的数学本有很高的成就，只是到了近代才衰落，这使他逐渐产生了要振兴我国科学和实业首先要振兴我国数学的想法。这一想法，随着他对数学兴趣的日益浓厚，而越发坚定。凡受业于他的人都知道他一贯重视数学基础理论的研究，重视数学教育事业，并且身体力行贡献出他的毕生精力。但较少人知道当他选择数学作为毕生事业时，除了对数学有浓厚的兴趣外，他已对数学基础理论的重要性有了明确的看法。

1913 年陈建功以优异的成绩毕业，他回到绍兴，一家人无不欢天喜地，父亲将儿子唤到跟前，郑重其事地对他说：“你优师毕业，可以当中学教员了，以后就帮我一道养家吧。”不料陈建功指着几个年幼的妹妹，反问父亲：“我当教员，叫几个妹妹都去当‘白吃饭’吗？”使做父亲的一时目瞪口呆。“白吃饭”是当时绍兴人对女童工的称呼，她们出卖廉价劳动力之后，由厂主管饭，故称“白吃饭”。要是去当教员，待遇当然是极低的，只够自己糊口，没有余力帮助妹妹们。出国深造，将来让妹妹们也能读书识字，有个较好的前途，这是他为家庭所做的考虑。至于为国家、为数学，他想得更多，但不好意思在父母面前高谈阔论。他只讲了为妹妹着想的几句话，便静待父母点头。陈心斋听他说得有理，不禁暗暗赞许儿子比自己志向远大。他当初不是替儿子取名建功么，看来陈家真要出一个不寻常的子孙了。“好吧，多学点本事也好。”他朝妻子望了一眼，知道她舍不得心爱的儿子，但又望子成龙，不会阻拦的。

## “为了国家”三次东渡

辛亥革命后政府为兴办实业，举办了公费留日，科目限于染色、纺织之类。

陈建功当时已蓄志出国深造，苦无机会。见到留日公费待遇，他觉得大有可为，除可节约出一笔安家费用及几个幼妹的教育费用外，每年的余额攒起来还可供他今后继续在日本专攻数学。有此决心后，他报考了染色科留日科目，当即被录取。到日本学习一段日语后于 1914 年考进了东京高等工业学校。

他在高等工业学校学的是染色体，从大的专业范围来说，属于化工一类。但他不愿意放弃自己在数学方面的志趣，又考进了一所夜校——东京物理学校。

同时读两所学校，白天学化工，夜晚念数学、物理，除去上课，还要做大量的习题，学习是何等紧张！连吃饭的时间都不得不尽量缩短。为了节约时间和节省开支，他时常啃糯米团充饥，久而久之，牙齿蛀坏了好几颗。

这样过了好几年，除了学得理、工两方面的知识和技能之外，他更学会了珍惜时间。后来回到祖国，看到有些人办事不知讲究效率，常感慨地说："这些人真会浪费时间，只知道东西值钱，实际上时间最宝贵。"待到当了教授以后，他最不爱听学生叫嚷"时间不够"，他说："根本没有'时间不够'这回事，是自己不抓紧。"时间对陈建功来说实在太宝贵了，他非但善于抓紧时间，养成了高速度、高效率的工作习惯，而且连小说、电影也视作一种耗费时间的因素而避之唯恐不及。

1918 年陈建功从高等工业学校毕业，1919 年春又毕业于东京物理学校。在异国的 6 年中，他学业突飞猛进，但耳闻目睹中国人在国外受人歧视，心头都结着疾愤。

陈建功从小爱读历史，在远离祖国的日子里，他时常想念着隔海相望的神州故土。祖国有过灿烂的文化，科学上岂能长期落后于人，他相信，中国一定会繁荣富强起来，他愿意为此献出自己的一分力量。1919 年他学成归国，到浙江大学工学院的前身——浙江甲种工业学校教书，教的是染织工业方面的课程，作家夏衍那时候是他班上的一名学生。陈建功业余时间继续钻研数学，他还组织对数学感兴趣的学生成立课外学习小组，每周定期交流学习心得，轮流做数学方面的自学报告。

1920 年夏，陈建功离别新婚妻子李国英，第二次东渡扶桑到日本去留学。

他来到日本仙台，考进日本东北帝国大学数学系。他将原在国内独自研究的心得，经过整理，完成了他的第一篇学术论文，题为"关于无穷乘积的若干定理"，投到了《东北数学杂志》，很快在第 20 卷(1921)刊出。该文给出了判定一个无穷乘积收敛的新的准则，并对外尔斯特拉斯(K. Weierstrass)判别准则给出

了简洁的证明。大学一年级学生在数学专门刊物上发表论文在日本是少见的。苏步青在为《陈建功文集》写的序言中指出:"最早一篇1921年发表在日本《东北数学杂志》(*Tohoku Mathematical Journal*)上,无论在时间上或在内容上,都标志了中国现代数学的兴起,它是具有重要意义的一篇创造性著作。"这在一定意义上也反映了当时日本学者对该文的评价。1923年秋,陈以优异的成绩从东北帝大数学系毕业。由于家庭经济原因,他不得不放弃继续深造的机会,立即回国并再次受聘于杭州甲种工业专门学校,主讲数学课程。一年后,他应国立武昌高等师范之聘,主讲高师的数学,一直到1926年。我国数学家王福春、曾炯之都是那个时期武昌高师的学生,曾受业于陈建功,是他的高才生。这一时期他致力于提高武昌高师的数学教学质量。为了教学,他精读了霍布森(E. W. Hobson)的《实变函数论》两大册,奠定了他在三角级数方面的基础。另一方面他仍省吃俭用,力求经济上有所积蓄后再去日本深造;他仍挤时间刻苦自学,研读数学经典著作,为进一步深造做好业务上的准备。

日本仙台城标

为了掌握国际数学界的最新动态,他努力学习外文,通晓日、英、德、法、意、俄6种文字,尤其能纯熟应用日文与英文。

1926年秋他第3次东渡扶桑,到日本东北帝国大学去做博士研究生,在导师藤原松三郎指导下致力于研究三角级数论,当时,作为傅里叶分析主要部分的三角级数论,正处于国际上研究的全盛时期。

纯数学过去长期以来习惯上分成三个方面:分析数学、几何学、代数学。分析数学主要研究函数以及函数概念的进一步扩展后的有关概念。函数论是分析数学中最重要的基础之一。陈建功毕生的精力就用在研究函数论方面。

他在日本做研究生的时候,就发表了许多数学论文。他曾致力的研究工作,跨越了数学中的不少分支。

在三角级数理论的早期发展中,主要研究对象是富里埃级数的收敛与求和问题。陈建功年轻时代的主要工作就属于这个领域。例如:他研究了如何刻画一个函数能用绝对收敛的三角级数来表示的问题。当时,这个问题是世界上许多一流数学家极力企图解决的问题。1928年,陈建功和当代最著名的数学家黎斯、哈代以及李特伍特等各自独立地解决了这个问题。陈建功证明了这类函数

就是所谓的杨氏(Young)卷积函数。他的论文发表在日本帝国科学院的院刊上。同年,哈代和李特伍特的论文在英国伦敦数学会的会刊上发表,这样重要的定理,理应称为陈建功定理或陈建功-黎斯-哈代-李特伍特定理,可是遗憾得很,由于当时西方蔑视东方被压迫民族的科研成果,这样的命名是不可想象的。

藤原松三郎(1881—1946)

在日本期间,陈建功仅用了两年时间,就取得了一系列重要的研究成果。他把这些成果分别用英文写成十多篇论文,发表在日本的几种数学学报上。就是这些工作奠定了他取得理学博士学位的基础。1929年,他把两年多的研究成果加以综合,写出了自己的博士论文,通过答辩取得了在日本极为难得的博士学位,成为在日本获此殊荣的第一个外国学者。他的成就不但惊动了当时的日本舆论界,而且使藤原教授引以为豪。根据周建人回忆,有位朋友曾经告诉他,在日本学者专为庆祝陈建功博士的成就而召开的一次大会上,藤原教授发言说:“我一生以教书为业,没有多大成就,不过,我有一个中国学生,名叫陈建功,这是我一生最大的光荣。”苏步青教授也说过:“长期被外国人污蔑为劣等人种的中华民族,竟然出了陈建功这样一个数学家,无怪于当时举世赞叹与惊奇。”

藤原教授多年来苦于自己专业领域内日文著作的匮乏,只能采用英文原著作教材给研究生上课。此刻看到自己的中国学生有了造诣,便要求陈建功用日文撰写一部《三角级数论》。陈建功以自己一贯的风格,高速度、高效率地完成了这部专著。书中反映了当时国际的最新成就,其中也包括了他自己的研究成果。一年后这部著作由著名的日本东京岩波书店印行,成了当时函数论方面的一部重要著作。函数论方面的专门术语,日本人过去无论讲课、做报告,还是写论文,一直采用英文字眼,陈建功撰写这部日文著作时,为创造日文术语颇费了一番心思,他当年首创的不少日文术语至今仍在使用,此书仍被视为日本基础数学方面重要的参考文献。

这样一位才华横溢的优秀数学家,藤原教授当然是舍不得放走的,他暗暗希望陈建功能长期留在自己的身边。陈建功到老师家中交出《三角级数论》手稿的那天,藤原夫人像往常一样,按照日本妇女的习惯,恭恭敬敬地跪在榻榻米上奉上一杯清茶。藤原教授笑盈盈地望着陈建功,心里说不出的高兴。不料陈

建功说出一句话来，使老先生大吃一惊。“先生，我是来向您告辞的，过几天就要回国去了。”陈建功终于说出久已埋藏在心底的决定，不觉松了一口气，但他十分明白老师的心意，所以语调格外柔和，希望取得老师的理解。

“为什么要走?”老师开始耐心地开导他。这个学生已经在三角级数的研究方面取得了十分重大的成就，如果留在东北帝大研究所，继续研究数学，前途是无可限量的。“在我们日本，获得理学博士学位相当难，这点你是知道的。你在日本数学界有了这样的声望和地位，还愁将来没有灿烂的前程吗?”教授还说了许许多多坚决挽留的话，断言留在日本对陈建功有利。“先生，谢谢您的美意。我来求学，是为了我的国家，也为了家里的亲人，并非为我自己。”短短的几句话，道出了陈建功不可动摇的决心。陈建功是一位富有成就的数学家，但他首先是个热情的爱国者，在他看来，一个人的学问绝不是他个人的私产，而应当是为国家为人民效力的资源。东渡日本求学的目的本来就是“科学救国”，岂能为个人打算而忘却亟待振兴的祖国！祖国既然贫弱，出外求学的儿子，就该以报国为己任！他终于辞别老师，登上一艘西行的客轮，离开了求学12年的异乡。轮船朝着他朝思暮想的祖国大陆驶去，陈建功望着汹涌的海涛，心潮澎湃，涌起了一股美好的愿望:中国需要人才，哪怕自己今后少出一些成果，也要为国家多多培养数学人才。

## 悉心培养数学人才

陈建功博士从海外归来的消息很快就在各所高等院校传开了。北京大学、武汉大学、浙江大学争相延聘。论待遇，前面两所大学的月薪高，浙江大学低一些;论研究条件，北大和武大历史久、藏书多，条件比浙江大学优越。研究物理、化学、生物学都需要借助实验设备，而研究数学，专业书籍和杂志最为重要。故而数学系的图书馆，作用简直与物理系的实验室不相上下。藏书多少绝非一件小事。然而，陈建功却婉言谢绝了前面两所大学，决定赴浙大任教。

陈建功为什么选择浙大?至今有几种不同的说法。许多人说，他不太看重银钱，又特别孝顺母亲，到浙大为了便于照顾住在绍兴的父母和妹妹;也有人说，他喜欢到杭州去工作，因为这个城市幽静、美丽，而且政治色彩比北平、武汉两地淡薄;还有人讲正因为浙大数学系新建不久，新辟的天地更有利于他施展自己的才华。很可能三种因素兼而有之吧。

浙江大学校长邵斐之把陈建功请来，并委以系主任之职。直到20世纪30

年代前期，浙大只有5位正教授，除了一位土木系的外籍教授外，另外四位是数学系的陈建功和1913年归国的苏步青、土木系的吴复初，以及化工系的李寿恒。

陈建功1929年来到浙大时，1928年招入的第一届学生已经念二年级了。第一届两个学生，第二届3个学生，当时数学系的学生只有5人。陈建功教二年级的代数课，采用的教材比较艰深，据说在美国是供研究生使用的。

有一次，两个学生学习中遇到了困难，摸不透新来的教授性情脾气如何，课后不敢贸然去问他。一个学生自己先反复看书，反复思考，看到某处实在不懂，才到老师房间里去请教。他原以为老师会马上替他答疑，不料陈先生表情十分严肃，对他说："你先把上面这部分讲给我听。"幸亏这个学生有所准备，把书上的内容讲了一遍，陈先生才简单地提示他如何解决那个疑问。从此学生们知道老师对他们要求非常严格，遇到问题总是自己先反复看书，不敢用简单得不像话的问题去打搅老师。不太难的问题让学生自己去解决，有利于培养他们的钻研精神和工作能力。这是陈建功教学的特点之一。

陈建功对学生既严格又亲切，没有高傲的气息，这不是一般教授所能做到的。学生感到他坚持高标准是为了他们日后能够成功，对他既敬畏，又爱戴。有段时间陈建功住在单身宿舍里，学生们看书到夜深时，感到疲倦了，抬头朝窗外一看，遥遥望见陈先生的房间里仍有灯光，他们的精神也就振奋起来了。

一天陈建功去找校长邵斐之，告诉他日本东北帝大的中国留学生苏步青最近获得了理学博士学位，他在回国之前与苏有过交往，知道这位青年数学家学问好、能力强，浙大应当请他来当教授。邵斐之听说苏步青是中国第二位留日理学博士，很乐意请他来壮大浙大数学系的阵营。陈建功接着说，苏步青的工资待遇应当和自己一样，而且把苏步青请来后，自己不再当系主任，让苏步青来当。"行政工作我不大会做，我做学术工作好了。叫我开会讲话，我不行，苏先生能干，他做好。"邵斐之与这位数学家相处将近两年，知道他为人正直，不会作假，只得勉强同意他的要求。

微分几何专家苏步青来到浙江大学之后，与函数论专家陈建功密切合作，相得益彰。两位教授从1931年起，在高年级学生和助教中举办数学讨论班(Seminar)，那时称为"数学研究"。通过"数学研究"，对青年教师和高年级大学生进行严格训练，培养他们独立工作和科学研究的能力，成为陈苏两位教授的一大工作特色。当年这套行之有效的培养方法，后来不断推广和发展，如今已经成为浙江大学、复旦大学、前杭州大学数学系的优良传统。陈苏两位教授用

这种方法培养出大批数学家，逐渐形成了被国内外广泛称道的“陈苏学派”，“陈苏学派”又被称为“浙大学派”，在20世纪40年代蜚声中外，与当时美国的芝加哥学派和意大利罗马学派三足鼎立于国际数学界。“陈苏学派”培养的弟子遍布海内外，包括程民德、谷超豪、夏道行、王元、胡和生、石钟慈、沈昌祥等多位院士。20世纪80年代，国内20多所著名大学数学系的系主任，大多是他俩当年的高足。

在20世纪30年代，数学讨论班分为“数学研究甲”和“数学研究乙”。“数学研究乙”，函数论与微分几何两个专业分别进行，每个学生要读一本指定的新近出版的数学专著，读后登台讲解。陈教授总是坐在下面提问，有时一直追问到基本概念。“数学研究甲”，函数论与微分几何专业的学生混合在一起，每个人事先要读懂一篇最新外国杂志上的指定的数学论文，接触当时数学研究的前沿信息，难度比前一种讨论班大些。陈教授精通多种外文，往往根据学生掌握的不同语种做出不同的布置，有时特地选择第二外语的文章，促使学生更快地掌握第二外语。陈建功教授不但要求学生搞懂所读数学论文的内容，而且要求他们领会作者的思路，也就是弄懂别人的研究方法，因此往往在学生讲完论文的内容之后还要追问一句：“他怎么样提出这个结果来的？”

面临专业和外文两方面的困难，学生阅读外国杂志上的最新文献相当费劲，然而一旦花时间钻研下去，印象就深了，因此尽管有时准备不足而被责令重新准备，大家还是欢迎这个办法的。“数学研究”当时特别受到重视。

从1930—1937年，陈教授在教学任务十分繁重的情况下，写出了9篇有创见的数学论文。

为什么说陈建功教授教学任务繁重？他不但要指导“数学研究甲”和“数学研究乙”，还要给二三四年级的学生开好几门课：高等微积分、级数概论、实变函数、复变函数、微分方程论。五门课程中，有三门他是同时开课的。除了《高等微积分》有现成课本外，其他几门课当时都没有合适的教材，由陈建功自己一面编写讲义，一面上课。他教的内容相当深，例如1935年他为二年级学生编写的《级数概论》讲义，20年后浙大数学系还用来作为青年教师进修的教材，难怪当年的学生都说读陈先生的课要花比较多的时间。

陈建功在教学中深入浅出，擅长用艰深的语言，把庞杂难懂的数学原理讲得清楚扼要，使听者印象很深。他十分重视课堂教学，所以陈建功非常熟悉教材内容，上讲台精力百倍，下讲台白粉满身。

从他的第一届学生到最后一届学生都还记得，陈先生每次都空手走进教

室，从来不带书本、讲义或笔记本，唯一要用的就是学生为他准备好的几支粉笔，每次讲授的内容，他都花了许多时间熟记在心，因此讲起课来内容丰富，思维严谨、敏捷，课堂气氛格外生动。

20世纪30年代的学生们如今回忆起来，有的说："陈先生记忆力好到无以复加，比陈先生记忆力更强的人我从来没有见过。"有的说："这样好的老师不大有的。"许多学生自己后来也当了数学老师，体会到陈先生采用这种教学方法是很不容易的，这不但要求完全消化讲授的内容，而且要求多花时间备课。事实也确实如此，直到20世纪50年代后期，富有教学经验的陈建功先生每次上课之前还要在家把讲课的内容准备一遍。

一位把时间视为最珍贵财富的数学家，自己手里还有研究课题要做，有研究论文要写，若没有对学生的真挚感情，没有为教育事业献身的崇高精神，绝不可能数十年如一日坚持这种对教师来说难度很高的教学方法，陈教授的许多学生如今也采用了同样的教学方法，事先认真备课，上课不带讲义，无形中已经成为陈门弟子的一大特征。

陈教授上课时态度严肃、一丝不苟，学生既有点怕他，又深受感动，对他十分敬重，然而课后他对学生和蔼可亲、态度随和，毫无名教授的架子，因而师生感情十分融洽。

现今的浙大校址在杭州西郊，近黄龙洞、玉泉等风景区。当年老浙大是在城市的东部、今日的大学路一带，陈建功的家就在校舍旁边，学生去找他十分方便。到了每学期一度的"吃酒会"上，师生简直像朋友一般，一起玩个痛快，也喝个痛快。"吃酒会"实际上是欢迎新生和欢送毕业生的联欢会，既不做报告也不演节目，不过是郊游和聚餐，因为每餐有酒，所以大家戏称为"吃酒会"，陈先生一喝酒，往往变得格外健谈，喜欢说几句笑话，学生们哈哈大笑之后，也不那么怕老师了。

## 千里跋涉弦歌不辍

1937年抗日战争爆发后，浙江大学从杭州出发，不断西迁，历经浙江建德，江西吉安、泰和，广西宜山，辗转跋涉五千里，于1940年2月先后抵达贵州遵义、湄潭，并在两地分别建立起浙江大学工学院与浙江大学理学院，陈建功把家眷送往绍兴老家，自己只身随校西行。沿途日机轰炸，生活极端困苦，但他的数学研究与教学仍然弦歌不辍，他表示"决不留在沦陷区""一定要把数学系办下

去，不使其中断”。

1940年陈建功开始招收研究生，提高培养要求，他的头一个研究生是程民德，以后人数渐多，还有一个印度学生，1941年在湄潭成立了浙江大学数学研究所，所址设在一座祠堂里，虽然晚上只有菜油灯，科研气氛却很浓厚。

这年家乡第二次沦陷，他的六妹建琳任教的稽山中学内迁，建琳只得暂居家中，教几个学生勉强糊口，母亲和两个妹妹、陈建功的5个子女，还有三个早年丧父的外甥，都要靠陈建功维持生活，日子十分艰难。那时一封书信要在路上耽搁一个月，甚至两个月，物价飞涨，收到的汇款不够买米，只能买谷吃。有一天，陈建功的一个幼子得了急病，送到医院，说要先交30元钱才能住院，当时拿不出钱来，只得把孩子抱回家去，还不曾抱回家里，孩子就在半路上断了气。

陈建功与他的学生——原北京大学数学系主任程民德教授（左）在美国

这场战争给陈建功带来了接二连三的灾祸，爱好音乐的陈教授后来每逢听到播放日本音乐，总要吩咐孩子将收音机关上，也许是国家和家庭的苦难在他脑海中印象太深了吧。

1945年抗日战争胜利，生物学家罗宗洛教授邀陈建功等人同去接收台湾大学，陈先生临行前对同事们说：“我们是临时去的。”第二年春天，他果然辞去了台大代理校长兼教务长的职务，仍然回浙大当他的数学教授，当时陈省身教授在上海主持中央研究院数学研究所，陈建功在那个研究所兼任研究员，每月往返于上海、杭州两地，

从1942年至1947年，陈建功发表了十篇学术论文，其中较有代表性的成就，是他获得了关于富里埃级数蔡查罗绝对可和性的充分必要条件，富里埃级数的收敛性与可和性问题，是富里埃级数研究中最重要的问题，陈建功在20世纪20年代和40年代，先后在这两方面做出了基本的贡献，因而，西方国家数学史专家在介绍中国现代数学家时，往往首先举出陈建功教授。

1947年他与王淦昌教授同船到美国，应邀担任普林斯顿研究所的研究员，当时华罗庚教授也在普林斯顿。

美国的物质文明和优越的科研条件并没有打动这位数学教授，他怀着强烈的民族意识，第二年秋天又返回浙大。

陈建功的部分著作书影

陈建功教授的民族意识还有一个重要的例子，从前的大学讲坛上，教授们上数学课都采用英文教材，讲课也用英语，陈建功英语相当好，也一贯提倡学生刻苦学习外语。但他认为，中国的大学讲坛上应当用中文来教数学，就第一个坚持上课全部用中文讲解，现代的不少数学名词术语，便是陈建功首先定名的，在他的影响下，新中国成立前的许多大学里就已经改用中文讲课。

## 矢志祖国勤奋一生

陈建功1948年从美国归来时，中国人民已经看到了新中国成立的曙光。然而新中国成立后，热爱祖国、热爱社会主义的陈建功教授竟长期被一些人误认作“只专不红”的典型，从这一点看来，历史真会嘲弄人！然而历史也是最公正的，陈教授身后，许多人终于发出了感叹，中国太需要像陈建功这样爱国的科学家了。

杭州一解放，陈建功便意识到与苏联的学术交流将日益频繁，当年夏天便率先学习俄文，不久即带领学生深入对苏联数学之研究。正当他全力为新中国培养第一批研究生时，朝鲜战争爆发，为了保卫祖国，他毅然送子参军，社会为之轰动，人们争相学习。

1952年院系调整，浙江大学文理学院部分并入复旦大学，陈建功、苏步青等教授都调至复旦大学。校长陈望道特别器重他们，为之安排了较好的工作条件，从此浙江大学学风在复旦大学弘扬。年过花甲的陈建功的工作量仍然大得惊人，他常常同时指导三个年级的十多位研究生，还给大学生上基础课，而且科研成果和专著不断问世。为便于国人学习苏联，他又翻译了戈卢津的《单叶函数论的一些问题》和《复变函数的几何理论》，以及《复变函数论——30年来的苏联数学》。在他本人多年研究与教学积累的基础上写成的专著《直交函数级数

的和》，以及《实函数论》也相继出版。

陈建功在工作中

1958年，浙江新建杭州大学，请陈建功担任副校长。杭州大学是一所综合大学，行政工作极为繁忙，但陈建功依然不知疲倦地从事教学与科学研究工作，还兼任复旦大学教授，同时在两校指导研究生。在他的指导下，杭州大学数学系有了长足的发展，函数逼近论与三角级数论等方面的研究队伍也在迅速成长，古稀之年的陈建功还应上海科技出版社之约，将自己数十年在三角级数方面的研究成果结合国际上之最高成就，写成巨著《三角级数论》，1964年12月该书的上册出版。

正当陈建功送出《三角级数论》下册手稿时，“文化大革命”开始了，专家学者在劫难逃。陈建功这位公认的学术权威首当其冲，卓越的贡献也无法使他幸免于难，身心受到严重摧残。1971年初，陈建功的身体状况每况愈下，胃出血严重，心肺等方面的并发症同时出现……

1971年4月11日20时28分，一代学者陈建功教授与世长辞。

# 俞 秀 松

## ——立志做利国利民东西南北人的革命者

陈永华

俞秀松(1899—1939),原名寿松,字柏青,又名余寅初,俄文名那利曼诺夫,浙江省诸暨市次坞镇溪埭村人。1916年,考入浙江省立第一师范学校。其时,立下志愿:"做一个利国利民的东西南北人。"1919年五四运动时,是杭州学生运动领袖。后与同学宣中华、施存统、夏衍等一起创办《浙江新潮》。"一师风潮"后被迫离校,1920年6月在上海与陈独秀等成立中国共产党上海共产主义小组,并受陈独秀委派组建上海社会主义青年团,1922年9月后任临时团中央书记。曾参加广东革命政府东征,后赴苏联学习,1937年任新疆民众反帝总会秘书长、新疆学院院长。1938年5月受王明等诬陷,被盛世才逮捕,1939年屈死于苏联狱中。

### 吸收新思想的三W主义者

1916年8月,17岁的俞秀松从萧山临浦高级小学毕业,考入了浙江省立第一师范学校,进入"一师"预科乙班学习。在校期间,俞秀松思想十分活跃,求知欲非常旺盛,总爱寻根究底,同学们都称他为"三W主义者"(W,英语中"谁、什么、为什么"的缩写)。此时,他一心为学,想成为一个学问家。他对《民国日报》副刊《觉悟》、《时事新报》副刊《学灯》特别感兴趣,做到每期必仔细阅读。他还省吃俭用,自己订阅了陈独秀主编的《新青年》。在俞秀松看来,这些报刊上说的话都是顺应世界新潮流的。他每每读到好文章时,总是激动不已,感受到里面的文章说出了自己想表达的话。

俞秀松还到处去拜访有声望的学者，虚心向他们请教，从他们那里接受了很多新思想。通过陈独秀的介绍，俞秀松结识了当时在杭州颇有声望的学者马一浮先生，并常常向马一浮先生请教诸如“什么是剩余价值”“什么是剥削”等许多问题。有一次，俞秀松与几个同学相约一起去拜访马一浮先生。当谈及“四体不勤、五谷不分”问题时，俞秀松说：“天下远大之事业，岂仅仅是农业一端乎？若只知农业而不知天下治乱之大势，此种人乃鼠目寸光者也……”马先生当即称赞俞秀松有抱负、有见解。

俞秀松在“一师”学习之际，正值新文化运动在全国如火如荼进行之时。各种学说纷起，凡事都激进一些的俞秀松自然也不例外地对这些思想进行了饶有兴味的钻研，并集合了施存统、宣中华、叶天底、柔石、汪寿华、梁柏台、金甲武、曹聚仁、傅彬然等一批志同道合的青年朋友组成进步的研究团体，共同努力去寻求真理。中心话题总也离不开国家局势，探索“中国为何受人欺凌”“怎么样能不受人欺凌”等这些经常困扰青年学生思想的复杂问题。他们讨论最激烈的问题是“怎样救国”，有人主张“实业救国”，有人主张“读书救国”，而大多数同学赞同“革命救国”。但是怎么革命呢？用暴力还是用和平的手段？俞秀松认为，和平手段不行，必须用暴力！在这样的学习和研究氛围中，俞秀松的革命思想逐渐成熟起来，改造社会的志向也越来越明确。

俄国十月革命胜利的消息传到杭州，俞秀松非常兴奋，认为俄国的社会主义制度是理想的社会模式，是拯救中国于危难之时的光辉榜样。他从中看到了中国的未来和希望。他说：“我的志愿，将来要做一个有利于国、有利于民的东西南北人。”

## 五四运动中崭露头角的爱国者

1919 年北京学生五四爱国反帝运动巨浪般的怒吼声，冲破了古国的沉默和荒寒，也震动了俞秀松年轻的灵魂，使他看到了希望，激起了他投入战斗的热情。5 月 9 日晚上，杭州中等以上学校的学生代表在省教育厅(今杭州市总工会所在地)开会。在这次集会上，俞秀松向在场的学生代表详尽地介绍了北京学生怒烧赵家楼、痛打卖国贼章宗祥的壮举，愤怒地谴责了军阀政府野蛮镇压赤手空拳的游行学生的罪行。他和宣中华事先拟定了决议草案，供与会学生代表讨论，最后一致同意先做三件大事：成立杭州学生联合会；函告杭州总商会，即日起停止出售日货；省议会提出三项要求：请议会致电北京政府顾全民意；请当

局对卖国官吏提出弹劾；组织浙江省后援会。

宣读请愿书的人声泪俱下，聆听者闻之动容。同时，杭州学生联合会致电参加巴黎和会的中国代表，“若非青岛直接交还中国，切勿签字”；还致电参加巴黎和会的美、英、法、意四国代表，要求他们“支持公理”，将青岛直接交还给中国，并废除《中日密约》和《共同防敌军事协定》。这次爱国示威游行活动声势浩大，直至当日傍晚才结束。

在这场反帝爱国运动中，俞秀松不仅是一位重要的组织者，参与了杭州各项重大活动的策划，还是一位出色的宣传鼓动者。为了唤起民众，他带领一支由 20 人组成的学生宣传组，到湖墅路至拱宸桥一带沿街演讲，向过往群众讲述国家如何受到列强欺凌，军阀当局怎样签订丧权辱国的不平等条约，并呼喊“惩办国贼”“提倡国货”等口号，以声援北京爱国学生。在拱宸桥一家日本人开的药店附近，俞秀松向群众宣传：我们堂堂大中华，被小小东洋侵略者欺侮，而卖国的军阀政府又签订了丧权辱国的条约；我们的山东，我们的中国，不久将会像朝鲜、中国台湾地区一样，被侵略者霸占去；我们一定要团结起来，打倒卖国贼，打倒侵略中华的帝国主义，坚决不买、不卖东洋货。每次演讲，俞秀松都讲得情真意切、条理清楚，听众常常报以热烈的掌声。

5 月 28 日，杭州学生联合会召开紧急会议，决议 29 日一致罢课，并发布罢课宣言，致函全省各中等以上学校一致行动。

面对迅猛发展的学生运动，浙江反动当局如丧考妣、惊恐万状，千方百计地予以阻挠、破坏，甚至镇压。他们发布“训令”“通告”，严令禁止学生集会，查封了杭州学生联合会的爱国刊物，还进行了新闻封锁，不准报馆刊登学生集会、罢课的消息。

但是，军阀政府的高压政策并没能使学生屈服，反而激起了更大范围内学生的反抗。俞秀松和同学们一起，一面向社会各界戳穿当局用提前放假、疏散学生的手段来破坏反帝爱国运动的阴谋；一面坚持在校开展斗争，还带领同学上街宣传和查烧日货。

俞秀松等领导的杭州学生联合会对军阀政府的阴谋予以彻底揭露，并发表了第二次罢课宣言。

“抵制日货、提倡国货”，是五四爱国运动的一项非常重要的内容。俞秀松是抵制日货的积极分子。他深入杭州的街头巷尾，劝导人们使用国货、抵制日货；带人到“高义泰”等大商店和城站、拱宸桥等水陆码头，对过境的商品和客商的行李进行检查，凡是日货，一经查获，立即没收，集中烧毁。

在俞秀松等人的推动下，杭州总商会召开大会，决议抵制日货，并通告省内各县商会和各业董事一致实行。宁波商会还设法解除了洋行向日本订货10余万元的合同，并表示以后不再进货。嘉兴、绍兴、宁海、温州、瑞安各市(县)商会也相继行动，抵制日货。

五四反帝爱国运动胜利的消息传到杭州后，俞秀松和同学们兴奋地走上街头，手持“学生释放、感谢商界，三贼已除、同心开市”等标语，沿保佑坊途经清河坊，一直到鼓楼前，把胜利的消息传遍了整个杭城。俞秀松与宣中华等学生领袖组织和领导了杭州的反帝爱国运动，并在这场伟大运动中接受了革命风暴的洗礼。

## 主编《浙江新潮》的弄潮儿

五四运动中，坚持在杭州继续进行斗争的学生骨干俞秀松、施存统、宣中华等在宣传和组织反对帝国主义、清查日货的同时，也开始创办进步刊物。1919年10月10日，由杭州一中的查猛济、阮毅成发起，邀请俞秀松、施存统、傅彬然、宣中华、周柏棣等“一师”学生在内的20多个进步青年，在陈望道、刘大白、夏丏尊、李次九等进步教师的指导和支持下，经过一段时间的积极筹备，以“一师校友会”的名义，正式出版了以宣传新思想、批判旧思想为主旨的《浙江省立第一师范学校校友会十日刊》。这是一份有着明显纪念辛亥革命意义的刊物。

通过学习和比较，杭州五四运动的学生骨干们很快就认识到了辛亥革命的不彻底性，因此决定把刊物名称改为《浙江新潮》，希望像当年对推动辛亥革命起重要作用的《浙江潮》那样，在新的历史条件下，推进新的潮流，去埋葬一切腐朽与丑恶；并改半月刊为周刊。他们还成立了“浙江新潮社”，推举俞秀松为负责人，担任《浙江新潮》主编。在第一期上他发表了《发刊词》。在《发刊词》中，他鲜明地提出了以“改造社会”为宗旨，认为改造社会的责任在于“转变农工劳动者的思想和地位”，方法就是“自觉与联合”。俞秀松首先提出了人类所面临的三大问题：“宇宙的将来究竟是怎样”“人生最后的目的是怎样”和“真理恒久的标准是怎样”。然后，他从人类历史发展的角度出发，回答了上述三大问题，他给出的答案是“生活”“幸福”“进化”。

俞秀松明确提出了创办《浙江新潮》的四大旨趣，即四大宗旨：第一种旨趣是“谋人类——指全体人类——生活的幸福和进化”(也可作为本周刊的宗旨)；第二种旨趣是改造社会(也可作为本周刊的目的)；第三种旨趣是促进劳动者自

觉和联合（也可看作本周刊的方针）；第四种旨趣是对于现在的学生界、劳动界加以调查、批评和指导（也可看作本周刊的方法）。这表达了他们决心改造社会的强烈意愿。

浙江新潮

从这篇充满着战斗精神的檄文中可以看出，俞秀松等青年学生在目睹黑暗的时局后，在各种纷繁复杂的社会思潮中，已经开始受到社会主义思潮的影响，认识到改造社会才是最终使中国彻底摆脱列强欺侮、迅速富强起来的出路和前途。他指出，要达到“生活”“幸福”“进化”的目标，要谋求“生活的幸福和进化”，必须具有“自由”“互助”“劳动”三大条件。而要具备这三大条件，便“不可不破坏束缚的、竞争的、掠夺的东西，建设自由的、互助的、劳动的社会”。这“破坏和建设”，就是真正地改造社会。那么改造社会的主体和方法是什么呢？俞秀松认为，改造的责任在于工农劳动者自身，改造的方法在于“自觉”和“联合”。俞秀松初步考察了中国社会各阶级的现状，看到其他阶级因其固有的弱点，无法担负起改造社会的重任，而“劳动阶级占全世界人类的最大多数，而且都能尽互助、劳动的责任；但是生活的苦痛唯有他们受得最甚”，所以，“必为改造的责任不能不由劳动者担任”。而为完成改造社会的责任，“知识阶级里面觉悟的人，应该打破知识阶级的观念，投身劳动界中，和劳动者联合一致”。青年学生作为“中国很有希望的平民，教育劳动者实在是他们最重要的责任”。如果能通过学生自身的努力，“以学生的自觉和联合促进劳动界的自觉和联合”，并进而“使学生界和劳动界联合”，最终“使学生都成为劳动者，谋劳动界的大联合”，那么，改造的目的就易于达到。这些观点表明，俞秀松不仅开始看到了劳动者的地位和作用，而且明确提出了知识分子只有同劳动者相结合，才能担负起改造社会的责任。这也正是李大钊提出的“知识阶级与劳动阶级打成一片”思想的重要发展，也是对毛泽东提出的“民众的大联合”思想的补充。

这些文字已经表现出俞秀松等人对社会主义的理解，他们初步设计出了一套中国社会改造与解放的方案。尽管限于个人的理论修养与社会实践的不足，他们还没能学习和了解到马克思主义的阶级斗争理论，还未能真正找到改造社会的正确途径，但已经在“劳动神圣”的口号下，沿着正确的方向努力前进了。

可以看出，《浙江新潮》的内容已经清楚地表明，这份刊物已经接受了俄国

十月革命的影响，是非常明白的。以第一期上发表的文章举例来说，刊物转载了日本《赤》杂志上的一幅《社会新路线图》，指出了新社会改造的方向，必定将走向“布尔什维克”。也正如毛泽东所言：“五四运动时期虽然还没有中国共产党，但是已经有了大批的赞成俄国革命的具有初步共产主义思想的知识分子。”因而，在《浙江新潮》第一期的文章中，有傅彬然写的《学生今后的方针应怎样》，有汪馥泉批判“三报”的文章《寄之江日报、全浙公报、浙江民报的主笔》，还有汪馥泉、查猛济的新文艺，夏衍倪维熊（当时署名 Y. Y. 生）的随感录等。

《浙江新潮》刊登的文章篇幅不大，但言论之犀利，在当时是非常突出的，也成为当时浙江宣传新思想最鲜明的一面旗帜。

《浙江新潮》第二期发表了由施存统撰写、经俞秀松修改的文章《非孝》。施存统作此文的初衷，是因为他的父亲残酷地虐待他的母亲，让身为人子的他很为难——顺父逆母，不孝；帮母斗父，亦不孝，怎么办呢？由于新文化运动的发展，施存统从克鲁泡特金的著作上和国内一些新杂志，如无政府主义的刊物《进化》《民声》《自由录》《近世科学和无政府主义》上看到许多新鲜的学说，这些学说要求打破包括家庭在内的一切偶像。他结合自身家庭的处境，即母亲病危后无人医治、无人照料，他借来的治病钱却被视钱如命的父亲藏起来的事实，认为这是由于中国的旧式伦理观念根本不对头，为此，“要改造社会，的确非先从根本上改造家庭不可”。于是撰写了《非孝》一文。文章认为，人类社会应当是自由的、平等的、博爱的、互助的。“孝”的道德观念与此不合，所以应该反对这种封建的“孝”。该文主张，在家庭中应用平等的“爱”来代替不平等的“孝道”，从根本上推翻家庭制度，建设一个新社会。

此时，施存统和俞秀松还没有认识到社会改造不是单单解决“非孝”问题就能彻底完成的。但是，不可否认，这是一篇向封建伦理道德开火的文章。该文一经发表，犹如一颗炸弹投入还在为封建伦理所麻醉的人群中，掀起了轩然大波。正如鲁迅所说的，“单是提倡新式标点，就会有一大群人如丧考妣，恨不得食肉寝皮”。当时的守旧分子，尤其是浙江省省长齐耀珊和省教育厅厅长夏敬观等看到这篇文章后，大肆地进行迫害和报复。他们以“非礼、废孔、共产、公妻”“主张社会改造，以劳动为神圣，以忠孝为罪恶”“贻害秩序、败坏门风、明目张胆、毫无忌惮”为罪名，派人到“一师”向校长经亨颐索要浙江新潮社的社员名单，责令校方立即开除俞秀松、施存统等学生，解聘陈望道等进步教师。当他们的无理要求遭到严词拒绝后，立即下令调离校长经亨颐，又以“主张社会改造、家庭革命、宣扬劳动为神圣、非议忠孝”为罪名，查封浙江新潮社，勒令浙江印刷

公司将已经排好版的《浙江新潮》第三期全部毁掉，责令印刷公司经理周佩芳具结，今后不得再印，并通令全省各印刷厂一律不得承印《浙江新潮》，还下令禁止《浙江新潮》出版、发行与邮寄业务。同时，反动当局还指使思想反动的“一师”学生凌荣宝，创办了一份与《浙江新潮》观点针锋相对的刊物《独见》。

反动当局的高压政策，并没有使学生屈服。俞秀松等闻讯后，立即召集“一师”的浙江新潮社社员开会商讨对策。会上，俞秀松愤怒地谴责了反动当局的罪恶行径，并提出了初步对策。经过社员认真讨论，形成了三项决议：《浙江新潮》第三期内容不做任何变化；向社会各界人士声明《浙江新潮》的态度；立即派人去上海联系印刷厂，继续出版刊物。

随后，俞秀松把《浙江新潮》第三期的稿子带到上海，在《星期评论》社和沈玄庐、戴季陶、邵力子等人的帮助下顺利地印刷出来，并秘密带回杭州散发。第三期《浙江新潮》不但内容原封不动，还在中缝处增加了《特别启事》：“读者诸君鉴：本刊一再受到官厅的压迫，但我们的精神和主张不变，将出版不定期的刊物。本刊系少数学生组织，与广大师生无涉，特此声明。”

以省长齐耀珊为代表的反动当局得知这一消息后，气急败坏，老羞成怒。11 月 27 日，浙江省督军卢永祥和省长齐耀珊联名密电北洋政府大总统和国务院，要求在全国范围内查禁《浙江新潮》。北洋政府接到密电报告后，一改往日办事拖沓的作风，于 12 月 2 日就通令各省要“立予禁止印刷、邮寄《浙江新潮》”。

## 为革命走遍东西南北

“非孝”事件后，俞秀松拒绝父亲为他安排的亲事，并立誓如找不到志同道合的新女性，终身不娶，并决心做一个有利于国、有利于民的“东西南北人”。

1920 年 1 月，俞秀松到了北京，参加北京工读互助团，在北京大学第一院哲学系旁听。由无政府主义者转变为马克思主义者后，公开宣称“我此后不想做一个学问家，情愿做个举世唾骂的革命家”。

1920 年 3 月，俞秀松由李大钊推荐，到上海《星期评论》社工作。5 月，参加马克思主义研究会。6 月，与陈独秀、李达、李汉俊等成立上海共产主义小组，并参与制定党的纲领等活动。8 月，受上海党小组的委派，负责组织上海社会主义青年团，任书记。其时，除参加编辑《劳动者》刊物外，进入厚生铁工厂做工，组织工人夜校、俱乐部和工会，还与其他同志一起创办了旨在培养干部的上海外

国语学社，其学员后来大都成为党和国家领导人，如任弼时、刘少奇等。

11 月，团临时中央局成立，俞秀松任书记。在陈独秀去广州任广东省教育厅厅长后，负责上海共产主义小组，指导全国的建党工作。1921 年 3 月，受共产国际的邀请和上海党团组织的委派，他到莫斯科出席少年共产国际第二次代表大会和共产国际第三次代表大会。会后，留俄学习，并负责联系选送国内革命青年赴苏俄留学事宜。1922 年初，俞秀松参加远东和各国共产党和民族革命团体第一次代表大会。3 月，回国，继续从事工人运动和赴各地建党建团工作。4 月，创建社会主义青年团杭州支部，任书记，并到绍兴指导团工作。5 月，参加青年团第一次全国代表大会，当选为团中央执行委员，兼经济部主任。9 月，任团中央书记。同时，任中共上海地方兼区委员会委员。

1922 年 10 月，俞秀松去福建、广东等地协助孙中山工作，任东路讨贼军总司令部参谋处一等书记官，随许崇智讨伐陈炯明。同年，与陈独秀、李大钊、张太雷一起以个人身份加入国民党，协助国民党改组。

胡耀邦题词“俞秀松烈士陵园”

1925 年 5 月，五卅惨案发生后，中共上海地委联合学校和社会团体公祭顾正红烈士，并发动罢工、罢课、罢市等爱国活动，俞秀松任内部指挥。是年冬，受党中央派遣，率 100 多名党、团员赴苏留学。先后在莫斯科中山大学、列宁学院学习和任教，曾任中山大学联共支部局委员、中国部中共支部副书记、国民党中大特别党部主席、校学生公社主席。其间，因反对和抵制王明宗派主义和“左”倾冒险主义而遭到打击和排挤。1933 年，被派到苏联远东地区工作，任联共边区党委机关报《工人之路》(中文)副总编辑。曾任新疆民众反帝总秘书长、新疆学院院长。1935 年 12 月，王明、康生从苏联回延安途经新疆，俞秀松再次遭诬陷，被捕入狱。1938 年 6 月，转押苏联。1939 年 2 月 21 日，被苏联最高法院军事委员会错判死刑。1962 年，被民政部追认为烈士。1996 年 8 月，俄联邦军事检察院为其彻底平反。

# 施 存 统

## ——“一师风潮”引发者的起伏人生

吴光松

施存统(1899—1970),浙江金华人,社会活动家、经济学家。1917 年考入浙江省立第一师范学校,五四运动爆发后发起成立新生学社,参与创办《浙江新潮》,在第 2 期上发表反封建家庭制度的《非孝》一文,影响巨大。1920 年 5 月参加创建中国共产党上海共产主义小组。后赴日,创立中国共产党东京小组。1922 年在中国社会主义青年团第一次代表大会上当选团中央书记。1945 年与黄炎培发起创立民主建国会。1949 年后曾任全国人大常委、全国政协常委、劳动部副部长等职。其子施光南为著名作曲家。

### 双尖山水滋养英杰

巍峨的金华北山由西向东延绵,逶迤起伏,到金华和义乌交界处异峰突起,那就是著名诗人艾青曾经讴歌的双尖山——华金尖、法华尖。在 1955 年 5 月号的《人民文学》上艾青发表了长达 244 行的长诗《双尖山》,诗中称双尖山“像一个古代的骑兵,满身披挂着弓箭,骑着紫铜色的骏马,在天边驰骋”。双尖山山水灌溉数百平方公里土地,滋养百余万人民。葱郁的双尖山脚下有一个奇特的“文化圈”,这里曾出过多位杰出人物:按照村庄位置由东向西,一位是义乌吴店苦竹塘村的中国著名历史学家吴晗;与吴晗老家隔溪相望的是傅村镇畈田蒋村,那里是中国诗坛泰斗艾青成长的地方,他在诗中写道:双尖山的水“流着,流

着，经过了我的村庄”“我喝着你（双尖山）的山泉长大”；一位是傅村镇柳村的明代文学家宋濂；再往西北，过了大叶荷（大堰河）村就到源东乡的叶村，新中国首任劳动部副部长施存统（又名施复亮）就是从这里走出大山的。所以双尖山又可称为“四杰山”，因为山有双尖，随处可见，山有四杰，十分难得。其实施存统的小儿子就是“与冼星海、聂耳齐名的人民音乐家施光南”（徐沛东语），施存统的夫人钟复光也是个“不简单”的女人，施存统旧居陈列室里有四张照片可以说明。一张是1925年在北京（北平）香山碧云寺钟复光与宋庆龄守在孙中山灵柩旁边。那时她还是上海大学的在校学生，因组织妇女运动，到北平参加全国的妇女组织大会，被选为执行委员，就在此时孙中山逝世，她是治丧委员会委员，负责接待外国的吊唁者，所以她为孙中山守灵；第二张照片一身戎装、英姿飒爽，她是黄埔军校的女教官，著名抗日女英雄赵一曼就是她在武汉分校的学生；第三张是新中国成立后她与贺子珍在上海；第四张是粉碎“四人帮”后，在全国妇联会议上与邓颖超的合影，她是全国妇联领导人之一。

由此又可以说，双尖山又是“多杰山”。

在这个“文化圈”里，盛行“耕读”遗风，大户人家在给子孙分遗产的时候，留一块阳光充足、灌溉便利的好田奖励用功读书的子孙，叫“贤田”，读书的人多了，大家轮流耕种贤田。有的富裕人家还办学校，免收学费。如20世纪三四十年代，金华傅村的傅志云、傅长春父子就办了一所育德小学，让许多穷苦的孩子有书读。施存统也致力于在家乡办学，还请名人于右任题匾：“半耕半读”，挂在自己家里。这大概就是这个“文化圈”形成的基础吧。

叶村坐落在群山环抱的小盆地里，盆地北靠巍然屹立的双尖山，另三面是相对高度不足百米的青山。盆地最南端是个山垄口，口上有一条清溪，溪边一座古庙，庙神叫洞主大王，所以庙名叫洞殿。整个小盆地就叫洞殿里，新中国成立后建立源东乡，共有49个自然村，叶村属于大村，300多户人家，1500口人。

## “非孝”引发一师风潮

1899年12月施存统就出生在这个“洞殿里”小盆地的叶村，世代农民，9岁入私塾，习读“四书”“五经”，两年后转入金华长山小学。他学习刻苦，尤其是作文成绩特别优秀，在学校里一直名列前茅。洞殿里的村民有着吃苦耐劳、勇敢刚毅、疾恶如仇的品质。辛亥革命前期，被秋瑾视为革命大本营的华龙会（千人会、九龙党），曾在这里频繁活动，进行过反清革命斗争。辛亥革命时期，洞殿里

的长塘徐村有许多人参加了国民革命军。施存统的舅父徐载金担任浙联军21团上校营长，因攻克南京有功，晋升为少将。民国3年，金华大旱，田地龟裂，颗粒无收，民不聊生，婴儿大批死亡。洞殿里农民施新金、施光贝、陈国良等以“爱护孩子”为口号首先组织农民起义，得到了义西、澧浦、塘雅、傅村等地民众的响应，建立了统和党、华荣党。金东、义西6个区，40多个乡，近千个村庄，上万人参加。这就是金华历史上有名的“甲寅事件”。此时的施存统才16岁，在威灵寺县立两等小学读书。他也积极参加调查，登记死亡婴儿的名单。

1917年，由舅父资助他考取位于杭州的浙江省立第一师范学校。他和其他进步学生一起组织了“全国书报贩卖部”和“书报贩卖团”，大量销售《新青年》《星期评论》《少年中国》等宣传新思想的刊物，还与俞秀松等在1919年出版了《浙江新潮》。

当时，施存统接到母亲病危通知，回家后得知母亲因过度操劳又缺乏营养，导致双目失明，兼患其他疾病，又因生活贫困得不到医治，同时还饱受父亲的虐待。施存统曾借钱寄回家给母亲治病，父亲爱钱如命，不给母亲治疗，理由是给快死的人看病是浪费。母亲终于过早地离开人世，年仅45岁。母亲的早逝对施存统刺激很大，在回校的路上大哭一场，哭醒了十几年当孝子的好梦，他苦苦思索，如何推翻封建家庭制度，于是写了《非孝》一文，发表在1919年11月7日出版的《浙江新潮》第2期上。他在文中写道，在中国历来主张“孝道”“百善孝为先”“我爱母亲，可是父亲虐待母亲；我要对母亲尽孝，就要反对父亲；可是，对父亲同样要尽孝，我又不能反对他”。他认为一味尽孝是不合理的，要以父母、子女间平等的爱代替不平等的“孝”。他写此文的心情是“我要救社会，我要救社会上和我母亲一样的人！……人类应当自由的，应当平等的，应该博爱的，应当互助的；孝的道德与此不合，所以我们应当反对孝”。此文一出，立即受到陈独秀等进步人士的赞扬，称作者为“可爱可敬的小兄弟”。这篇惊世骇俗的文章被当时的北洋军阀政府视为“洪水猛兽”“大逆不道”，发出了“查禁《浙江新潮》”的电报，加此刊罪名为“主张家庭革命，以劳动为神圣，以忠孝为罪恶”和“非孝、废孔、公妻、共产”等罪名。当时的浙江省长公署发出训令，责成教育厅切实查办。在这种压力下，《浙江新潮》被查封，施存统被开除，陈望道、夏丏尊等一批新派教员被解聘，并准备变相将经亨颐校长撤职，因而引发了“挽经护校”的“一师风潮”。

## 复亮、复光携手投身革命

1919年底，施存统和俞秀松、傅彬然等离开“一师”到北京参加工读互助团。1920年初由李大钊推荐，到上海《新青年》杂志社工作，当时已名扬四海的主编陈独秀十分器重这个写出《非孝》的勇敢青年。在上海，施存统如饥似渴地学习马克思主义，并到工厂参加工人运动。他与陈独秀、陈望道等在上海澄衷中学举行了有500多人参加的第一次纪念“五一”的集会。大会以后，施存统参加了以《新青年》杂志社为中心的筹建中国“共产党”组织的集会。6月，共产国际派维金斯基来上海，不久，中国第一个“共产主义”小组在上海渔阳里6号陈独秀寓所诞生，并拟订了“党纲草案”，着手创建中国共产党。该小组有5名成员，他们是陈独秀、施存统、俞秀松、李汉俊、陈公培，这就是5名中国共产党创始人和最早的党员。其中两名是浙江一师校友，这是浙江一师的光荣，在校史上应当浓墨重彩地写上一笔。《新青年》杂志就成为第一个党组织的机关刊物，除宣传马克思主义、指导工人运动、推动各地建党活动之外，还把领导青年运动、组织社会主义青年团作为一项重要任务。施存统积极参加当时的各项工作，成为站在运动前线的积极分子。

1920年下半年，受戴季陶资助，施存统赴日本留学。俄国十月革命胜利后，日本文化界翻译出版了大量有关马列的著作，成立了共产党的组织。当时我国有许多进步青年在日本留学，在思想上受到影响。施存统带了一份党纲草案去日本，既是为了在留学生中发展党员，也是为了学习马克思主义理论，考察日本的社会主义运动。

沈玄庐、陈望道、俞秀松、施存统(从左至右)的合照

施存统到日本后，因经济困难，他未进正式学校，向一位日本下女(服务员)学会了片假名、平假名，开始自学日文，通过几个月的刻苦学习，达到能借助字典阅读日文书刊的程度。施存统不断地把日本学者对社会主义的研究论著翻译出来，寄回国内发表，还发表了大量自己撰写的介绍、宣传马克思主义的文章。

1921年中共一大召开时，他是旅日中国共产主义小组负责人，本来是他回国参加会议，因考虑到周佛海长时间没有回国，施存统就让他参加这一历史性的重要会议，错过了参加名载史册会议的机会。他经常与日本进步人士宫崎龙介等交往，更多的是与日本共产党人山川均等研讨有关共产主义的理论与实际问题。在这个时期，他的学习进步很快，为以后传播马列主义的工作打下了基础。日本政府对于施存统的行动早已加以监视，并于1921年12月将日共几位同志和施存统一起逮捕。施存统在东京监狱关押了半个月左右，被驱逐出境。

1922年初，陈独秀委派从日本回国的施存统重振社会主义青年团工作，5月，在广州召开的中国社会主义青年团第一次全国代表大会上，他被推选为团中央首任书记。原在北京出版的团中央机关报《先驱》杂志搬到上海出版，施存统兼任主编。《先驱》共出版了25期，他主编了17期，到1923年8月停刊，改出《中国青年》，才由恽代英主编。

因为患有神经衰弱症，施存统辞去团中央书记，1923年到上海大学任教。他讲授《社会思想史》《社会运动史》和《社会问题》等。1924年，他接替瞿秋白任社会学系主任。他的课深受学生欢迎，后来成为著名作家的女生蒋冰之(丁玲)就在其中。由于他讲课的魅力，获得了女生钟复光的芳心，两人志同道合，遂结为伉俪，为了表达爱情，施存统又名施复亮，在钟复光与他探讨“如何创造自己、如何有益社会”时，他专门雕刻了一枚“复光复亮”的图章，并作了一首打油诗：“复光复亮，宗旨一样，携手并肩，还怕哪桩?”

1926年，国民革命军开始北伐，施存统遭军阀孙传芳的通缉。党组织安排施存统夫妇奔赴广州。在广州，施存统先后在黄埔军校、广州农民运动讲习所讲授政治经济学。在黄埔军校武汉分校时，他任政治部主任，钟复光任女队教官。

施存统和妻子钟复光共同使用的印章

## 钟情革命的民主斗士

1927年7月15日，武汉国民政府大举屠杀共产党，国共合作破裂，大革命失败。施存统失望之下退出了共产党。脱党后，他曾幻想通过改变国民党的做法，恢复孙中山的三大政策。他一度参加过国民党的改组派，并与许德珩、陈公博相约：“不骂共产党，只能帮共产党”，但终

因意见不合而退出改组派。于是，他到大学当教授，钻进书斋，埋首学问。1933年春，施存统为了摆脱国民党的迫害，在冯玉祥的资助下去了日本。在日本买了一批革命书籍，返回叶村，在叶村半耕半读一年左右。这一年，他翻译了日本大内兵卫著的《财政学大纲》，后由上海大江书铺出版。在家乡期间，施存统看到村里的孩子读书难，决心建一所小学，他亲自选校址，要求环境幽静、出入方便，所以定在村西黄牯山下。为了建校，他卖了自家在雅里畈土质、水利很好的3亩5分良田。

到抗战爆发为止，施存统出版了《资本论大纲》《苏俄政治制度》等20余种译著，帮助许多青年走上了社会主义革命的道路。

施存统翻译的部分著作书影

抗战爆发后，施存统积极宣传抗战。

1941年，施存统夫妇住在重庆南山，施光南出生，但夫妻双双失业，度日艰难。有人劝他投靠国民党，去当个参议员。施存统义正词严地说："宁可饿肚皮，不投蒋介石。"表明了他不和国民党同流合污的坚决态度。后经朋友帮助，到中央银行任经济研究员。

抗战胜利后，他与黄炎培、章乃器组建民主建国会，成为在国统区争取和平民主、反对国民党独裁统治名著一时的战士。

1946年2月10日在重庆较场口召开"陪都各界庆祝政治协商会议成功大会"，施存统和章乃器作为民主建国会代表前去参加。国民党反动派有计划、有组织地安排了特务打手，破坏了这次会议，郭沫若等27人被打致伤。施存统伤势最重，胡子昂用自己的小汽车，由钟复光陪同，把他送到医院。周恩来副主席和各界代表都到医院慰问，各地纷纷发来慰问信。反动派的暴行不仅没有达到他们的罪恶目的，反而激起了全国人民的愤怒，也教育了一些保持所谓"不偏不倚"的中间态度的团体和人们，使他们认识到在独裁和民主、内战和和平、爱国和卖国等大是大非问题面前是不能保持中立的。施存统在医院忍受着伤痛，断断续续地口述，由钟复光笔录，写了一篇充满激情的题为《愤怒的抗议》的文章，揭露国民党的罪恶行径，他在文中指出："我对于这种事实，不能不对于今天当权的国民党表示愤怒的抗议！""我们个人是被打了，但是历史的车轮还是要向着我们所相信的方向行进的。"

施存统康复后，周恩来考虑到他在重庆不安全，就安排他一家随新华社迁往上海。但上海各大学被国民党控制，不敢聘用他，生活无着落，靠共产党员周庚接济。后在党组织的安排下，随一批民主人士取道中国香港，到达东北解放区。上海解放后他担任华东军政委员会顾问。

## 叶落归根

新中国成立后，施存统担任劳动部第一副部长，兢兢业业，秉公办事。他的女婿被错划为右派后，他引用京剧《宋士杰》里的两句台词说："父子恩情重，朝廷法度严。"虽然表示同情，却始终没有借自己的地位去代为求情。施存统对自己要求也很严，曾写信给劳动部长李立三和中共中央统战部长李维汉，反省自己当年的脱党行为，并决心为新中国的建设鞠躬尽瘁。但不幸的是不久后就瘫痪在床了，此时的心情可用杜甫的两句诗来描写："出师未捷身先死，长使英雄泪满襟。"

1970 年施存统在北京去世。2004 年他的骨灰从八宝山公墓第一室取出，与钟复光合葬在故乡的双尖山下。经有关部门批准定为省级文物保护单位。

# 魏金枝

## ——从激情诗人到沉郁作家

陈　鑫

魏金枝(1900—1972),原名义荣。浙江嵊州市人,著名作家。1917年考入浙江省立第一师范学校,毕业后在孝丰、上海等地从教并从事文学创作,1930年加入"左联"协助编辑《萌芽》,抗战胜利后主编《文坛》,新中国成立后任《上海文学》副主编、上海市作家协会副主席。

1917年,17岁的魏金枝考入浙江省立第一师范学校,其间因家庭变故中途退学,两个月后重新返校,1922年毕业。

### 求学于浙江新文化运动中心

魏金枝就读期间,正值一师国文教育大兴改革之风。刘大白、陈望道、李次九等后来被称作"四大金刚"的名师均在1919年加盟该校。"一师风潮"之后,朱自清、俞平伯、叶圣陶等中国现代文学史上名声斐然的大师也陆续来校任教,这无疑为一师国文教育的改革再次注入了一剂强心针。有如此强大的师资力量执教讲坛,也难怪有论者强调魏金枝的文学基质是被一师所激发出来的,甚至他之后由激情诗人转至沉郁作家,同样是在一师铺就了心路。

当时的浙江一师,由具有新思想的"四大金刚"牵头革新国语教学,倡导白话文。学校研订了《国文教授法大纲》,并选辑《新青年》《新潮》《每周评论》中的时文进入教材。此外,学校还编写了《国语法》《注音字母教授法》等实用性强的教学用书。校长经亨颐大力支持国文教学改革,倡导用白话文替代文言文。他

把文言文比作鼎彝瓶钟之类的摆设，把白话文比作杯盘碗盏之类的必需品，强调“人人家室，堂上无鼎彝瓶钟犹可，厨下无杯盘碗盏可乎”？并认为“中国文字不改革，教育是万万不能普及的”“非提倡国语改文言为白话不可”。

教师如夏丏尊等则突破传统的“命题作文”，断然要求学生抛开八股文章，写自家的切身经历与感受。据《杭州师范大学百年史稿》记载，当时有一位学生文章中提到父亲客死他乡，自己“星夜匍匐奔丧”，夏丏尊就问那位同学“你那天晚上真个是在地上爬去的？”而针对有同学文字中的消极思想，夏先生则质问“为何报考师范学校”。同时，新编写的国语教材把人生问题、家族问题、贞操问题、文学问题等16个问题作纲，各种杂志上关于各问题的文章作目，叫学生“用批评的眼光，去自动地研究”。如此强调讲真话、求实际、重思想，使得浙江一师的国文教育更加关注社会人生问题。而该校也因此成为浙江新文化运动的中心。陈望道在《五四时期浙江新文化运动》一文中说，五四时期，“高等学校以北大最活跃，在中等学校，则要算是湖南第一师范和杭州第一师范了”。

在新文化、新思想的不断冲击之下，魏金枝们更是不满足于在教室中激扬文字，他们把激情带出了校园。求学期间，魏金枝以几近狂热的态度投身到学生运动中去。他参加抵制日货活动，参与组织“全国书报贩卖部”，推销相关宣传新思想文化的书籍，并积极投身于“一师风潮”之中。

## 诗情洋溢的魏金枝

然而，谈及这位以“乡土作家”闻名的校友魏金枝，或许更应该回顾他在一师期间的文学生涯。

在1920年1月20日出版的《浙江省立第一师范学校校友会十日刊》第11号上发表诗作《泉》，或许可以看作是魏金枝文学创作的起点。次年10月，由同学潘漠华提议，汪静之、魏金枝、柔石共同发起成立了学生文学团体——“晨光社”。这也是继文学研究会和创造社之后，全国最早的新文学团体之一。“晨光”即曙光，代表新思想，象征社员们对光明的热烈向往。社团邀请了当时在一师教学的朱自清、叶圣陶等担任指导老师，定期组织丰富多彩的活动集会，交流读书心得与各自的诗作，聆听专家讲座，并将其中比较优秀的作品发表在《晨光》周刊上。

此外，魏金枝也在上海《民国日报》的《觉悟》副刊上发表政论文章《工人的借鉴》。但在浙江一师的求学阶段，他的创作主要还是以诗歌为主。

1922年，潘漠华、冯雪峰、汪静之、应修人等一起结成湖畔诗社。然而诗人魏金枝却直到离开一师后的1924年才主动申请，由汪静之介绍入社。这或许是因为除发起人应修人以外，潘、冯、汪年纪相仿，入学时间相近，平日交谈更洽。但其深层原因则应是湖畔诗社初创时汪静之与魏金枝志趣上的差异。

据《杭州师范大学百年史稿》，潘漠华入学时间为1920年，冯雪峰和汪静之的入学时间均为1921年，他们就读期间，浙江一师的国文教学改革已经在如火如荼地开展。他们一定没有听过夏丏尊先生“在教室里带着众学生摇头晃脑地哼着丘迟《与陈伯之书》不输于塾师的起劲”。因此，他们的诗作和诗情必然是“泛舟湖上”“春风拂面”似的清新，充满着浑然天成的可爱。

1920年的魏金枝却因为家庭变故而退学，去湖北省做了两个月书记员才回到一师。回校后，他开始从事工人运动，帮助浙江印刷公司工人互助会创办浙江首份工人刊物——《曲江工潮》，却因为工人的内部矛盾激化，而被迫停刊。他在《工人的借鉴》一文中对此表达了沉重的苦闷。魏金枝这时充满斗争的诗风和湖畔诗人的清新是不太合拍的。

1924年加入湖畔诗社后的魏金枝倒确实创作了不少诗篇，并结集为《过客》。原本是打算作为湖畔诗社继《湖畔》《春的歌集》后的第三个集子出版，后来却因为无法筹到印刷费用而不再排印，但是与魏金枝同时入社的谢澹如诗集《苜蓿花》，却在1925年的3月自费出版了。魏金枝的表侄女欧阳翠在若干年后的回忆中说道：“如果魏金枝的《过客》能在当时出版，一定也会在文学界产生反响，而使魏金枝以诗人的形态走上文坛。”可以想见，诗集的未能出版，对于25岁的魏金枝来说是一个不小的打击，不说无法以“湖畔诗人”的称号走入文坛，至少是少了一个彰显才华的机会。

## 一师传统与沉郁风格的形成

而他离开浙江一师，却也颇为无奈。1920年“一师风潮”后，蒋梦麟推荐暨南大学教务长兼南京高等师范学校教员姜琦出任浙江一师校长。姜琦在上任演讲时称“经亨颐是文化运动的中坚分子”，并强调“当极力地贯彻经校长的主义”。上任后，姜琦坚决推行“学科制”等经亨颐极力主张的办学思路，大部分师生渐渐接受了姜校长。而魏金枝却仍试图组织学生再掀学潮，坚持“留经目的”，反对“一切新来的校长”。他在《柔石传略》中曾经提到：“有一次，学生们反对一个新来的校长，我是反对新校长的，而柔石他们却是新校长的拥护派。我们之间的思

想距离竟有如此之远。"魏金枝虽试图继续反对姜琦的到任，终因应者寥寥而离校赴浙东乡间。1922 年夏天，浙江一师仍准许魏金枝毕业，颁予毕业证书。

我想说的是，正是学生运动的受挫和诗集出版的无望，使得魏金枝蓄积的诗情渐次冷却，转而形成沉郁的风格。离开学校后，魏金枝开始他的小说创作。写于 1925 年的《留下镇上的黄昏》中，魏金枝念叨，"正像活了好几个世纪般，自己觉得自己是苍老了！第一原因为着无事可做，第二原因也为着不愿去做"，"行尸般踱来踱去"，"天天遇着一样刻板的生活"……这被鲁迅先生认为"描写着乡下的沉滞的氛围气"的作品，满溢着无所事事的郁结，似乎也正表达了作者当时的心境。这篇小说于 1935 年被鲁迅先生选入上海良友图书公司出版的《中国新文学大系·小说二集》。由此，魏金枝开始以"乡土作家"的身份在文坛崭露头角。

## 围绕"文人相轻"的论争

从这个意义上来说，鲁迅是魏金枝的伯乐，然而有意思的是，他们两人却在 1935 年发生了一场不大不小的论争。当年 4 月，魏金枝在《文饭小品》上发表《再说"卖文"》一文，对茅盾有所责难。鲁迅在《"文人相轻"》中对此提出异议。魏又在《芒种》上发表《分明的是非和热烈的好恶》一文，对鲁迅的观点也提出异议。鲁迅连续发表《三论"文人相轻"》《四论"文人相轻"》两文，对魏的观点进一步提出批评……

从中国现代文学史的纬度来考察这场论争，这似乎并不见得是一件多么重大的事情，然而却对魏金枝本人产生了不小的影响。1957 年，有人搬出这次论争，说是魏金枝站在"第三种人"的立场攻击鲁迅。"文化大革命"时期，有人也因此把魏金枝列为围剿鲁迅的干将。直到 1977 年，魏金枝在这次论争中的重要文章《分明的是非和热烈的好恶》仍然被编入《"围剿"鲁迅资料选编(1927—1936)》。而魏金枝本人也对此感到不平，他在《自传》中表示，"《文学》方面的人，也在鲁迅先生面前弄是非"。

这就有必要重新审视这两位曾经在浙江一师工作或学习过的校友之间发生的故事，从而来准确把握两人之间的关系。

据鲁迅 1929 年 10 月 20 日的日记记载，当天"魏金枝来，柔石得 Gibbings 信并木刻三枚以给我"。这或许是两人的第一次见面。然而在此之前，鲁迅就已经注意到这位年轻作家，并对他的创作给予支持。1925 年春，魏金枝写下《留下镇上的黄昏》，向《莽原》半月刊投稿，鲁迅把这篇小说校编后发在 1926 年 6

月 25 日出版的《莽原》第 12 期上。魏金枝对此十分感激。

1929 年的会面之后，魏金枝经常拜访鲁迅先生，鲁迅也乐意与这位诚恳的年轻乡土作家交流，对他悉心指导。据魏金枝《有关鲁迅先生的几件旧事》，鲁迅曾指导魏金枝“写得实在些，也就会更好些”，并告诫魏金枝不要在题目的选择方面花太多时间，“文章的好坏，和题目的好坏，关系并不大”。

《魏金枝短篇小说选集》封面

1928 年 5 月，魏金枝在上海人间书店出版短篇小说集《七封书信的自传》，但却没有引起评论者的关注，文坛对此没有反响。鲁迅先生却看到了这部作品的优点和作家的进步，他在 1930 年 4 月 1 日的《萌芽》月刊第 1 卷第 4 期中发表文章《我们要批评家》指出，“这两年中，虽然没有极出色的创作，然而据我所见，印成本子的，如李守章的《跋涉的人们》，台静农的《地之子》，叶永秦的《小小十年》前半部，柔石的《二月》及《旧时代之死》，魏金枝的《七封书信的自传》，刘一梦的《失业以后》，总还是优秀之作”。“现在所首先需要的，也还是——几个坚实的，明白的，真懂得社会科学及其文艺理论的批评家”。鲁迅的赞扬，对于魏金枝的鼓舞是显而易见的。《奶妈》《白棋手》《父子》《校役老刘》《前哨兵》《报复》等作品都是在这段时间创作或发表的，形成了他创作上的一个高潮。

此外，鲁迅先生对魏金枝在生活上也给予过关心和帮助。据张惠达先生《魏金枝文学年谱》和《有关鲁迅先生的几件旧事》，1930 年 3 月 20 日，魏金枝从杭州来到上海，鲁迅、冯雪峰、柔石在新亚饭店为他接风。他当时想搞创作，却又不愿去镇江茶捐局当税务员，就去请教鲁迅先生，鲁迅就说：“革命不能不吃饭，写文章也不能不吃饭，离开社会就无法生活，也无法革命。”鼓励他投入到社会工作中去。当魏金枝实在受不了茶捐局乌烟瘴气的环境而回沪后，鲁迅则又推荐他编辑左联刊物《萌芽》，他才得以以每月 30 元的编辑费维持生计。他也正是在这个时期由柔石介绍加入了“左联”。

因而，魏金枝对于鲁迅也是尊重和关心的。1930 年 9 月 17 日，鲁迅先生五十寿辰，魏金枝和柔石、叶圣陶、冯雪峰等一起参加酒会，为先生贺寿。1931 年，柔石被国民党逮捕，魏金枝闻讯，四处寻找鲁迅，在北四川路拉摩斯公寓找到先生后，他除了告知柔石事件的情形外，还请先生“当心一点”。这或许也是魏金枝当时所能为先生做的唯一的事情了。

那么这场论争又是如何发生的呢？我们依次来看上文提到的几篇文章。

首先是魏金枝在《再说“卖文”》一文中说，在一次宴会上，茅盾“问我为什么到教会学校教书。语义之间，似乎颇为不屑”“但日子过得不多……茅盾的一个亲戚，想到我在教书的教会学校来找事做了”。而鲁迅的《“文人相轻”》，本是批评林语堂辈把文坛的进步与反动、正确与谬误的斗争笼统地归之为“文人相轻”，是“混淆黑白”“增加了文坛的黑暗的”。同时，他也顺带讽刺了魏金枝，“一切别的攻击形体，籍贯，诬赖，造谣，以致施蛰存先生式的‘他自己也是这样的呀’，魏金枝先生式的‘他的亲戚也和我一样了呀’之类，都不在内”。

而对于鲁迅的批评，魏金枝发表《分明的是非与热烈的好恶》进行辩驳，强调“天下的事情，并没有这么简单，除了是非之外，还有‘似是而非’的‘是’，和‘非中有是’之非，在这当口，我们的好恶，便有些为难了”，并列举一些攻击《文学》杂志的事例作为论据。此文的立论，与鲁迅相悖，在《三论“文人相轻”》中，鲁迅一针见血地指出，魏金枝所谓的是非难分其实是有是非的，并在《四论“文人相轻”》中进一步阐明“魏先生所拥护的‘文人相轻’，并不是因为‘文’，倒是为了‘交道’”。但是朋友分好多种，“骗子有屏风，屠夫有帮手，在他们自己之间，却也叫作‘朋友’的”。鲁迅以此点醒魏金枝不要被什么交友之道蒙住了眼睛，而充当了杜衡一类人的“帮手”。

魏金枝虽然一时还不服气，但终于没有再发文辩驳，只是在当年 10 月，给鲁迅一封信，解释自己的观点，并声明与“第三种人”没有关系。鲁迅也就没有再对此进行批评，但对这件事情很看重，认为魏金枝的观点在当时具有一定的代表性，就将《分明的是非和热烈的好恶》附在《三论“文人相轻”》文后备考。

这就是魏金枝和鲁迅二人围绕“文人相轻”进行论争的整个过程。仔细阅读这几篇论争文章及魏金枝那段时期的经历，容易发现，他反对“第三种文学”的观点，没有发表过支持“第三种人”的文艺观点，对鲁迅也没有恶意，它的攻击对象是《文学》杂志。而论争的发生，也包含着杜衡等“第三种人”的挑唆。关于这点，魏金枝后来在《自传》中也有相关表述。

在此，我不想对前辈文人及这场论争妄加评论，只想强调，浙江一师时期所形成的激进、论辩传统依然深深扎根在魏金枝身上，在他毕业 10 余年后又一次爆发出来。而这种勤于思考、敢于斗争的精神我们似乎还可以在一师的发展史上寻到踪迹：1909 年，鲁迅先生积极投身的“木瓜之役”；1919 年，魏金枝反抗到最后，直至“离校奔赴乡下”的“一师风潮”；1935 年，这对浙江一师的校友相聚于“文人相轻”的论争之中……

# 曹 聚 仁

## ——集资深报人与名作家于一身的知名爱国人士

徐学会

曹聚仁(1900—1972),字挺岫,浙江浦江人(出生地蒋畈村现划属兰溪)。中国现代作家、学者、记者。1921年在浙江省立第一师范学校毕业后到上海教书,先后任上海大学、暨南大学、复旦大学等校教授,并从事写作,以散文创作立足文坛。20世纪30年代初主编《涛声》《芒种》等刊物。1937年抗战开始,从书斋走向战场,任中央通讯社战地特派记者,曾采访淞沪战役、台儿庄战役及东南战场,并主持《正气日报》编务。抗战胜利后回上海,在大学任教,并从事报刊新闻工作。1950年到中国香港,为多家报刊撰写专栏文章,并参与主办《循环日报》《正午报》。1956年后,为国共和谈之事频频北行,是中南海毛泽东、周恩来的座上宾,中国台湾蒋介石、蒋经国父子也秘密邀其"畅谈",密商两岸和平统一事宜。1972年病逝于中国澳门。

## 一师曹聚仁

### 一、我爱我师

曹聚仁的性情比较耿直,有什么话说什么话,他对待老师也是如此。对不同的老师情感表达有所不同,其中很有意趣。如他在一师读书期间,对朱自清先生和夏丏尊先生的感觉就不同,对我们做教师和学生的都有启迪。

提起朱自清先生,其《背影》《荷塘月色》《春》等经典名篇,很多人都耳熟能

详，甚至会脱口背出某些片段。曹聚仁和朱自清先生的交往，可以说是亦师亦友。朱自清先生仅仅比曹聚仁年长两岁。朱自清先生出生于 1898 年，而曹聚仁出生于 1900 年。曹聚仁 1916 进浙江一师，1921 年毕业。1920 年，朱自清先生由北大校长蒋梦麟推荐到浙江一师任教，这时他刚从北大毕业。未经教学实践，初次上课自然会有很多不适。据曹聚仁回忆"……朱自清先生上了讲堂，情绪总是紧张得很，一头写，一头流汗，那么喘不过气的样子。他看我们的反应，那么漠然的，心里便失望得很。他只教了一个月，便决然要辞职了……"北大校长蒋梦麟接到朱自清的信，知道他有去意，一面写信劝阻，一面写信给"一师"校长姜伯韩。信上说："假使如朱自清先生这样的教师，还不能孚众望，一师学生的知识水准，一定很差。"姜校长把信给曹聚仁看了，曹聚仁当时任学生自治会的主席，颇得姜校长的信任。曹聚仁看过信，答应姜校长去劝留朱自清先生。曹聚仁找到朱自清先生，说："朱老师，我们使您失望了，很抱歉。"曹聚仁向朱自清先生说明来意，朱自清知道曹聚仁已知晓他的"去意"，面对比自己小两岁的学生，有些出乎意料和不自然。但耿直的曹聚仁直截了当地告诉朱自清先生："老师，恕我斗胆直言，教书是一种艺术，这和学问的广博与否没有多少关系。我们是尊敬朱老师的，请您还是留下来不要着急，慢慢会适应的。"看到曹聚仁如此诚恳，朱自清先生也不好再说什么。接下来，曹聚仁陪着朱自清先生去看同事们的教学方案，又陪着朱先生去看了毕业班同学在"一师附小"与特约小学的实习课。朱自清看到实习学生的良好表现，大为赞叹，终于打消去意。他也和曹聚仁成了知契朋友。以后，朱自清先生改变了以往我讲你听的教学方法，课堂上让学生自由发言，互相讨论，师生感情越来越好，一年后，朱自清先生的影响逐渐增大，被学生看作新潮人物，学生们也确认他是一位优秀的诗人和有诗人气质的小品散文家，成为学生的"文艺导师"。应该说，曹聚仁这样对待老师，在当时不仅弥足珍贵，即使在今天也足为楷模。

夏丏尊先生是著名的教育家，民国初的十年中，一直在"一师"教书。他和李叔同先生在一师时，被称为"爸爸的教育"和"妈妈的教育"。李叔同先生对待学生像慈父，被学生称为"我们的先生"。而夏丏尊先生自告奋勇当舍监（有点像今日的辅导员或宿舍管理员），严格管理学生，被学生称为"夏木瓜""阎王"等。曹聚仁也很"讨厌"夏丏尊先生。在《我与我的世界》中，曹聚仁曾写道："夏丏尊师是我们的舍监，在我们心目中，简直是阎王，言语无味，面目可憎。"为什么呢？原来曹聚仁与夏丏尊先生有"不共戴天"的小私仇。因为曹聚仁从乡间到杭州读书，实在穷苦得很，好不容易才积了一点钱买了一部洋纸本小字《水浒

传》,在自修室看那闲书,夏师一把抓了去没收了(大家一定想不到后来成为新文学运动导师的夏丏尊先生,当年也会没收学生的《水浒》《三国》)。这份仇视夏师的心理,直到"留经"运动(挽留经亨颐校长)结尾,曹聚仁代表学生自治会挽留夏丏尊等四位老师时,和夏师亲密接触后,才知道夏师的为人,"不带一点急功近利的意味",他所处的职位,所做的事务,都是尽职的。知晓了夏师是有深度的文士,彼此才建立了亲密的新友谊。直到曹聚仁自己做了中学的部主任和前进中学的校长,才知道"舍监""训育主任"之类的职位,真是很难使学生满意。

曹聚仁回忆说:"夏师原是一师的前四金刚之一,我在一师读书时期,对夏师并没有多大印象,为了他做了我们的舍监,无端端没收了我的《水浒传》,多少还带点恶感……"学生对夏先生往往有误解,大家又都怕他,只有另找一对象来出气。同学中,有人跟夏师极相似,曹聚仁和同学们就指着和尚骂秃驴,一切怨气都往同学身上发泄。曹聚仁在一师时,只在二年级时,上过夏师的《中等国文典》课,因国文典枯燥无味,而夏师又是舍监,更感觉干枯。这种情绪化,正符合当时学生的性情。我们当今的大学生也会如此,讨厌一个老师,连他的课都不想听。

曹聚仁这种"我爱我师,我更爱真理"的态度,在他对待弘一法师李叔同的态度中也有所反映。一方面,作为李叔同的学生,他十分敬重李叔同,曹聚仁写过多篇回忆李叔同的文章,他写道:"在我们的教师中,李叔同先生最不会使我们忘记。他从来没有怒容,总是轻轻地像母亲一般吩咐我们。"曹聚仁以李叔同的三首歌(《落花》《月》《晚钟》)作比,分析了李叔同皈依、出家的心路历程。

另一方面,曹聚仁对李叔同敬重中怀有委婉的不满。曹聚仁对佛教不仅不感兴趣,而且还时常有拒绝抵触的情绪。当然他始终不敢对李叔同的信佛有任何不敬之词。

像曹聚仁这样"恨师"而后"爱师",也是一种楷模。既要懂得"恨"也要学会"爱",而不是当今,有的大学生因为老师的严格管理,在教师评教时,就给老师打低分,报复老师。曹聚仁对朱自清师的"留"与"助",对夏丏尊师的"恨"与"爱",都是那么鲜明、那么真挚。

## 二、重情重义

民初那几年,浙江一师的艺术氛围非常浓厚,李叔同先生(弘一法师)成为学生的明灯,许多年轻的艺术天才,都被培养出来了。其中,丰子恺、刘质平最

负盛名，而曹聚仁认为，同学叶天底（在校时，名叶天瑞）却是最有成就的一个。曹聚仁的第一颗私章就是叶天底刻的。《浙江省立第一师范学校校友会志》第13期上就曾刊登叶天瑞的篆刻作品《崇文之玺》《校友长寿》，校长经亨颐先生和夏丏尊先生都善于治印，刊登他的作品，亦可见叶天底的篆刻水平。

叶天底篆刻

也许有人会问，叶天底何许人也。现在上网百度一下，就知道。百科名片介绍：叶天底，1898年生，浙江上虞人，富有艺术才华，善绘画，能篆刻，尤其爱好西洋画，是李叔同的得意门生。1916年底入浙江省立第一师范，在“一师风潮”中积极参与“留经”运动，是斗争的骨干。与陈独秀、瞿秋白、罗亦农等交往频繁，1923年加入中国共产党。1927年组织浙东秋收大暴动，被反动武装逮捕，1928年年仅30岁英勇就义。

曹聚仁对叶天底的印象非常深刻，感情也非常真挚深厚。曹聚仁文章中曾回忆起一件小事：“有一天，我借了他的印泥一用，一不小心，印盒掉在地上碎了，他很慷慨，就把那盒印泥送给了我。我这乡下人，真不知艺术轻重：西泠印社的印泥，上品比黄金还要贵些呢！”同学叶天底的大度，让曹聚仁备感安慰。曹聚仁对同学叶天底也是非常敬佩的。五四运动以后，学生们怀疑一切旧时代的学问，蔑视封建社会的思想，却也希望着完成学业，取得那一纸毕业证书。叶天底却在毕业那一学期先离开学校。曹聚仁对他轻视“毕业证书”的做法，如是写道：“他敝屣文凭，翩然引去”，敬佩之情油然而生，也是对自己的一种鞭挞。1928年秋天，曹聚仁在文澜阁工作，看到报纸上的报道：“浙东暴动总司令叶天底已于今晨四时在陆军监狱执行”时，“我悲从中来，不禁号泣”。第二天清晨，

一師學生葉天瑞朱義權，地廳驗明受傷確實，令送醫院療治
附浙江一師職教員學生全體來電

浙江一师风潮期间所写通电（《民国日报》1920年3月30日第二版）

当时报纸上有关叶天底的报道

惘然地走到钱塘门外，徘徊久之。回到文澜阁，找出叶天底当年替他刻的印和那盒印泥，一同包了，埋在了西泠印社的一角。多年后，曹聚仁重游故地，再访西泠印社，看见那青苔朦胧，印冢依然，感叹同学叶天底舍身的革命大业已完

成，可以瞑目了。

### 三、勤工俭学

曹聚仁家并不富裕。当时曹家有50亩水田，父亲曹梦岐开办育才小学，当校长兼教员却是尽义务，每年多少还要补贴一点给学校，才能支撑下来。曹聚仁的哥哥曹聚德在金华第七师范读书，全部公费，家中只提供往返路费。曹聚仁进一师，虽然基本上免费，但一年要交18元的半费伙食（“半膳费”）。从家乡去杭州，单程需3元车船费，两种费用一年需要24元左右，加上日常零用，每年曹父为筹措这些钱，得卖掉30担谷，等于10亩田的收成。因此，家里只能给曹聚仁每月1元的零用钱，在杭州这样的大城市，1元钱够什么用呢？还得理发洗衣。穿着方面，和一师大多数学生一样，一色的布校服，一顶布帽子，成了一师学生的“商标”。别人都穿皮鞋，曹聚仁只穿母亲亲手制作的布鞋，下雨就穿“钉靴”，和乡民没什么两样。他为了摆脱窘境，就想写点稿子赚点稿费。恰好，好友查猛济在杭州《之江日报》做编辑。查猛济是刘毓盘的弟子，又和单不庵师（单不庵师钟爱曹聚仁，有如父子情深）带点亲。查猛济虽不是一师学生，但与曹聚仁来往密切，曹聚仁就想替他们的副刊写点稿子。查猛济告诉曹聚仁：“除非写旧诗词，否则是拿不到稿费的。诗词稿费也可怜得很，你还是写点新闻吧！起码三四角钱一条，好的还有一块钱——分甲、乙、丙、丁四等。”这确实是个好办法，但整日在“象牙塔”中的曹聚仁，几乎与世隔绝（一师校规十分严厉，学生一律住在学校中，假日得有假条，请了假，才可以到街上去，下午八时前必须回校），如何去找新闻呢？曹聚仁便突发奇想，和兰溪的《兰江日报》取得了联络，答应给他们写杭州通讯，不取稿酬，送《兰江日报》一份即可。曹聚仁就从那份《兰江日报》上找寻金华地区的地方新闻资料，添油加醋，重新写过，投稿给《之江日报》，居然刊载出来，还有了稿费。有几回居然得了一元一条的高酬。这样每月就有四五元的收入作零用，解决了自己的经济困境，也为日后当新闻记者奠定了良好的基础。而当时曹聚仁只有15岁。当时学生是奉令不许做报馆访员的，好在曹聚仁写的都是钱塘江上游的地方新闻，和学校当局井水不犯河水，没被学校训斥过，包括严厉的夏丏尊师。用当今的话可以说算是曹聚仁在一师时的勤工俭学。

### 四、爱国情怀

曹聚仁考进一师，如他自己所说“这件事，对于我的一生，关系实在太大，想不到我进的乃是一个造反派的学校，五四运动的领导者之一”，也注定了他走出校门，将来为实现“国共两党第三次合作”而奋斗至生命最后一刻的命运。

五四运动狂潮席卷全国，也冲开了杭州贡院前的大门，一师学生便投入到社会运动中，和革命的主流结合起来了。为了反对北洋政府卖国丧权，北京各大学学生在天安门前游行示威，杭城各校举行了游行。曹聚仁所在那一班被分配到杭州拱宸桥地区（日本人经营拱宸桥租界），曹聚仁做了一件“胆大妄为”的事，带领同学们涌入那些姑娘拉人的茶楼去“抵制日货”“打倒日本鬼子”。曹聚仁生平第一次在茶楼妓院林立的拱宸桥畔，四方桌上公开发表演讲。下面的茶客们窃窃私语，都说学生是吃了老虎胆的人。这是他作为一师学子的一次爱国实际行动。

大潮来临，逆流涌动。浙江省议会对一师进行全面攻击，连累到校长经亨颐，把经亨颐视作洪水猛兽，列举四大罪状：废孔，非孝，公妻，共产。根据议员们所列举的罪状，浙江省当局撤了经校长的职务。因曹聚仁在全校国文会考中得了第一名，学生们公推他写学生自治会宣言进行批驳。宣言指明“公妻”是希腊哲人柏拉图《理想国》中的主张，柏拉图所说的“公妻”是男女婚姻由国家决定。他讽刺议员们普通的常识都缺乏，用他们自己的肮脏想法污蔑经校长，既无耻又可怜。说到“共产”，他以《礼记·礼运篇》为证，天下为公，人不独亲其亲，不独子其子，“货恶其弃于地也，不必藏于己”。这是人类理想的最高境界，我们所要的共产社会，正合乎孔子的主张。这篇嬉笑怒骂的宣言，刊登在沪杭各大报纸上，把反动派驳得体无完肤。锋芒初露，曹聚仁崭露头角。后被推举为学生自治会主席之一（另一人为范尧生）。曹聚仁在“一师”用自己的行动，践行了“匹夫自有兴亡责，收拾乾坤在一肩”的职责。

## 报人作家曹聚仁

### 一、救亡图存办《涛声》

1931 年是曹聚仁落脚上海的第 10 年，这年他 32 岁。这年也是中国最黑暗的时期。国民党统治者在军事与文化两条战线上加紧进行“围剿”。在文化方面，他们禁止出版进步报刊，封闭进步书店，颁布旨在扼杀进步文化的出版法，通缉作家，并将柔石等革命作家逮捕、拘禁甚至秘密处死……在这样的情况下，有正义感的作家无不感到愤恨、苦闷和彷徨，就想自己创办刊物。正如曹聚仁所说的，几个朋友“想写点文章叫喊一番”，这时正好上海群众书局的主人方东亮到暨南大学找曹聚仁，请他编套新文艺选集。曹聚仁等向他提议，结合作选集广告与新书宣传，办一份刊物。1931 年 8 月一种叫《涛声》的刊物就问世了。一开始《涛声》并没有什么政治主张，也不给什么主义做宣传。办了一段时期后，曹聚仁等才逐渐形成了一种共同的信念：对现实采取批判的态度。《涛声》有一句影响巨大引起当时读者共鸣的话语：“脱下长衫，莫做奴才”，体现出曹聚仁的爱国激情和救亡的焦虑，也是对知识分子的一种警醒和告诫。《涛声》得到了众多知识分子的支持，如周木斋、杨霁云、曹礼吾、石不烂等，鲁迅先生就曾以笔名罗抚为《涛声》供稿，鲁迅先生曾说：“我是喜欢看《涛声》的，并且以为这样也就好。”但《涛声》出到第 42 期时就在“一·二八”的炮火中被迫停刊。1932 年复刊，但终因“常有赤膊打仗、拼死拼活的文章(鲁迅语)”而被国民党以“袒护左翼，诽谤中央”为由叫停。曹聚仁并没有因为《涛声》的停刊而消沉，他仍然昂扬地战斗着。此后，曹聚仁与徐懋庸合办《芒种》半月刊。《芒种》继承了《涛声》的批判精神和泼辣文风，成为左翼文坛中较有影响的刊物。

**二、主持《正气日报》**

1940 年，担任江西第四行政区督察专员的蒋经国，在得知曹聚仁先生定居赣州后，“三顾茅庐”请曹聚仁出山，主持《新赣南报》，后创刊时改名《正气日报》。曹聚仁因有 20 世纪 30 年代主办《涛声》周刊的经验，又一直与文化、新闻出版界人士交友，如何办报早已驾轻就熟。但曹聚仁还是谦虚地与蒋经国约定“其实聚仁也不一定能办好，既蒙青睐，我可以负责半年。半年后待报纸有起色我就退出”。上任伊始，就建议蒋经国将《新赣南报》更名为《正气日报》：“我以为报纸虽在赣南，但不能局限于赣南，应面向全国。因此要有一个有气魄的报名。”此言正合蒋经国准备大干一番事业的心理。曹聚仁大刀阔斧采取一系列的办报措施，如他把原在中央通讯社工作、熟悉印刷业务的徐锡高请来当厂长，更新设备提高印刷质量。请来一些能力强的编辑、记者，又请来知名的作家、学者撰稿。陈望道、李四光、竺可桢等都曾在《正气日报》上发表过作品。他还开办了新闻、图书馆人员培训班，招收高中以上文化程度的青年，为报纸培养新生力量。这些措施很快就见到了效应。《正气日报》和东南一带的著名报纸《东南日报》《前线日报》并驾齐驱，由原来日销量三四千份猛增到一万多份，连在西安的八路军办事处和延安中共的领导人李富春都有订过《正气日报》，可见其影响不小。半年期满，曹聚仁本准备功成身退，哪知恰在那时，报社被日军轰炸成一

片废墟。他去找蒋经国要求按原先的诺言告退，蒋经国不同意，他只得继续干下去，直到1943年离开赣州。

### 三、一脚文坛，一脚“报坛”

曹先生在杭州读书期间就开始为报纸投稿，虽然当时仅仅是写点新闻稿赚点生活费，但却为他今后成为知名的报人、作家奠定了基础。到了上海后，他就“一脚踏到文坛，一脚踏到报坛”。

1921年秋天（毕业当年）曹先生就为邵力子先生主编的《觉悟》副刊撰稿，将自己毕业当年到南京投考东南高师落第、又转到武汉投考武昌高师的一段经历写成了《失望的旅行》，在《觉悟》上连载。从20世纪30年代到20世纪50年代的30年中，教书、写稿、当记者，为《北晨》《觉悟》《学灯》《民国日报》《申报·自由谈》等刊物撰稿，文稿不下100万字。在上海活跃的时期，他是与鲁迅有着深交的一位作家。上海鲁迅纪念馆有曹聚仁的专库，可以看出他与鲁迅的亲密关系。这一时期，作品主要以散文为主，《笔端》《文思》《文笔散策》《中国史学》都是那时的作品。

抗战爆发后，曹聚仁成为一名战地记者。《大江南线》是他对淞沪抗战的战地采访记录，以后到徐州采访台儿庄大战，成为第一个报道台儿庄大捷的记者。抗战胜利后，他在上海出版了《中国抗战画史》。

1950年至1956年，曹聚仁在相对宽松的中国香港埋头写作，成为他一辈子辛勤劳作的收获期。据不完全统计，在此期间，曹聚仁出版的著作竟有20多种：《中国剪影》《到新文艺之路》《乱世哲学》《新事十论》《火网尘痕路》《中国近百年史话》《蒋经国论》《采访外记》《中国剪影》《酒店》《鱼龙集》《书林新话》《文坛五十年》《新红学发微》《观变手记》《文坛五十年续集》《采访二记》《采访三记》《采访新记》《山水·思想·人物》《中国文学概要》《鲁迅评传》《蒋畈六十年》等。这些论著达到了他学术的最高境界，足以让他成为现代中国的著名作家、思想家。曹先生一生留下的著作在4000万字以上，说他是一位著名作家并不为过。

## 爱国人士曹聚仁

新中国成立后，因曹聚仁的丰富阅历和深厚的人脉关系，用曹聚仁的话说“国共两党中，只要榜上有名的人几乎都认识”，历史的际遇，受爱国心的驱使，曹聚仁充当起大陆与台湾之间沟通的“密使”。1956年至1959年，曹聚仁曾先

后 6 次从港澳返回内地，受到毛泽东、周恩来的接见；也曾与在中国台湾的蒋介石、蒋经国父子“畅谈”国共第三次合作的事宜。

1957 年曹聚仁受蒋介石、蒋经国父子之托，曾“遵命看了一些地方”。到江西庐山，参观河东路 180 号的美庐（宋美龄曾居住过的地方），曹聚仁拍摄了蒋介石的手迹摩崖石刻“美庐”二字、宋美龄绘制的风景油画、宋美龄用过的钢琴等等。到蒋氏父子的故乡奉化溪口探访。曹聚仁带着一架 120 相机（大底片相机），对奉化溪口作了详细观察、拍照。曹聚仁专门拜谒蒋母墓园、毛氏墓地，并且拍了两卷胶片。看到蒋母和毛氏坟墓并没有什么损坏，政府也并不叫人民怎样仇视蒋氏的故居。这些都在曹聚仁先生给台北蒋氏的报告中提及，给蒋氏多少有些安慰。曹聚仁报告送出后不久，台北就有反应，在曹聚仁的记录里写道：7 月 23 日下午接 W 兄电话：“G 公嘱兄耐性，我即来港面谈”（“G 公”指蒋经国，“W 兄”即蒋经国的特派员王济慈）。但此后终因种种原因海峡两岸间的热线由热转冷并且一度中断，“国共第三次合作”也被无限期搁置。

曹聚仁终老港澳，1972 年病逝于中国澳门。周恩来总理对曹聚仁先生的爱国情怀给予了充分肯定，他曾说：“他爱国，宣传祖国的新气象。”他逝世后，周总理为曹聚仁盖棺论定，称曹是“爱国人士”，并亲自为其拟写碑文：“爱国人士曹聚仁之墓。”周总理认为曹聚仁生前为两岸和平统一事业而羁留港澳，未能回到内地，应将其骨灰送到他家乡浙江兰溪安葬，让他落叶归根。尽管还有着各种说法与传言，但曹聚仁“为谋国家统一而努力”是完全可以肯定的，作为我们杭州师范大学的知名校友是值得我们骄傲的。

# 冯 雪 峰

## ——洁如雪　高似峰

吴作为

冯雪峰(1903—1976),原名福春,浙江义乌人,诗人、作家、文艺理论家。1921 年考入浙江省立第一师范学校,在校时与潘漠华、汪静之等组织晨光社、湖畔诗社,合出诗刊《湖畔》《春的歌集》。1927 年加入中国共产党。1931 年任"左联"党团书记,与鲁迅为至交。1949 年后长期主持《鲁迅全集》的注释出版工作,历任人民文学出版社社长和总编辑、《文艺报》主编等职。著有《雪峰文集》《雪峰论文集》等。

"心灵高似山峰,心灵洁如白雪"是诗人汪静之对冯雪峰的评价。作为在浙江一师的同学、湖畔诗社的共同创始人,汪静之的评价是很有见地的。从农民的儿子到湖畔诗人,从诗人到战士,几十年的风风雨雨中,冯雪峰以执着的追求为后世之楷模。

### 走 出 农 家

1903 年,冯雪峰出生于浙江省义乌市赤岸乡神坛村的一个贫苦农民家庭。他从小就上山砍柴,割草放牛,干各种繁重的农活。9 岁那年,他搁下牛鞭拿起笔杆,入邻村私塾读书。1913 年转入义乌市立小学学习,1919 年考入浙江省立第七师范学校。这对四代同堂、祖祖辈辈没有一个识字的人的冯家来说,的确是一件大喜事。祖父的喜悦无法用语言来表述,甚至连孙子用过的纸片都收起来,因为在他看来"弄脏字纸都要遭雷劈",五四运动后冯雪峰因带头发动罢课,被浙江省立七师开除了学籍,这使他的祖父失望了。不久,冯雪峰考入浙江省

立第一师范学校(以下简称一师),从此,他进入了一个绚丽多彩的世界。

## 从"晨光"到"湖畔"

冯雪峰到一师不久,就积极响应当过小学教师而比较成熟的潘漠华的建议,于1921年10月10日,在风光秀丽的西子湖畔成立了杭州第一个新文学团体——晨光社。当时有28位志同道合的青年参加,潘漠华、冯雪峰为负责人,还有汪静之、赵平复等一师学生骨干。

晨光社常常利用星期天到西湖西泠印社或三潭印月等处聚会,喝茶作诗,谈文说艺,还举行文学演讲会。在文学活动中,汪静之以写新诗而小有名气,冯雪峰也专注于写新诗,10多年以后,他还能回忆起在一师读书时写的第一首诗,大意是:"那小鸟,口噙着一朵花,从山南坡,飞过来!告诉山背后的人们,山那边已是春天降临的世界。"诗意新鲜,充满了青春的活力。

1922年3月30日,春意浓浓的杭州湖滨清华旅馆11房间住进了来自上海的文学青年应修人。第二天,他和冯雪峰、汪静之、潘漠华共游西湖。四位天真纯洁、直爽真诚的文学青年"在白堤上散步,在桃花下写诗,在雷峰塔下吟咏,有诗文唱和,有徐徐春风,真是快活无穷"。在此后几天,他们泛舟西子湖,登栖霞岭,游紫云洞,攀南北高峰,游凤凰岭,上六和塔。无论上山下湖,他们都带着心爱的诗集。

经过几天的欢快聚游,他们已经成了好朋友。为纪念这次会晤,也为使他们的友谊有一个永久的见证,他们决定编一本诗合集。4月4日,中国诗坛上的第五本诗集《湖畔》,在游山泛舟中编定了。为使诗集的出版名正言顺,他们又一致同意成立一个诗社,用友爱和诗作结成小小的"湖畔诗社"。这是我国最早的新诗社团之一。

湖畔诗社的《湖畔》《春的歌》《蕙的风》等诗集受到了读者尤其是青年读者的热烈欢迎。郭沫若、叶圣陶、朱自清、郁达夫等都给予其积极的评价。

## 投 身 革 命

1925年春,冯雪峰怀着一颗热烈而虔诚的心开始了新的追求。在北大,他借住潘漠华的宿舍,在近乎流浪的生活中刻苦地学习。一方面他与穷学生一起勤工俭学,在东城当文字校对,在西城做家庭教师,一天到晚来回地奔跑;同时

又借用潘漠华的入学证在北大旁听。北大的阅览室，学生公寓的铁炉边，老同学或朋友暂时空出的铺，都曾是他的栖身之地。

在五四运动发源地北京，冯雪峰开始研究社会科学理论。从李大钊的《布尔什维主义的胜利》《我的马克思主义观》等文章中，他看到了李大钊人格的高尚和马克思主义的力量。在对马克思主义的认真学习研究中，冯雪峰逐步确立了共产主义信仰。

1927年4月12日，政治风云突变，蒋介石发动了“四一二”反革命政变，腥风血雨笼罩了全国，大批共产党员人头落地。4月18日，冯雪峰崇敬的李大钊被奉系军阀张作霖杀害。在巨大的悲痛之中，冯雪峰一度好像失去了魂魄似的，没有一点主意。

在血的考验面前，在偷生者叛离革命、懦弱者徘徊动摇、悲观者消沉颓废、革命处于低潮时，经过深思熟虑，冯雪峰毅然于1927年6月加入了中国共产党。作家张天翼是介绍人之一。从此，冯雪峰投身革命的怀抱，成为一个为共产主义事业奋斗终生的革命战士。

## 与鲁迅并肩战斗

在柔石等“左联”五烈士牺牲3个月后，冯雪峰、鲁迅两家合照了一张照片：鲁迅身穿长衫，右手揽着爱子海婴，冯雪峰身着西装，仪表英俊；后面是许广平和抱着女儿雪明的何爱玉。这是一张具有纪念意义的特殊照片，也是一对亲密的战友、两个革命家庭的珍贵留影。

在这张照片中，不引人注意的是，鲁迅夫人许广平低着头。这是因为什么？我们在黄乔生著的《鲁迅像传》(贵州人民出版社2013年5月出版)中找到了答案：

冯雪峰与鲁迅两家合影

“拍这张照片的时候，许广平刚哭过，眼泪没干，头微微低着……原因是许广平当时不愿意拍这张照片，柔石刚被杀害，鲁迅全家仓皇外出避难。但鲁迅坚决要求与冯雪峰及其全家合影，并因此斥责了许广平。”

这一细节说明了冯雪峰、柔石在鲁迅心中的分量，也很能见出鲁迅的硬气、义气和勇气，同时也无损于真实的，富有人情味的许广平形象。

早在1928年二三月间，冯雪峰因在一部译稿扉页上写了“这本书献给为共产主义而牺牲的人们”被当局通缉，被逼离京到上海。1928年12月9日，在柔石陪同下，冯雪峰拜见了鲁迅。两个月后，柔石替冯雪峰在鲁迅家附近找到房子，于是他们相居为邻，经常在一起交流思想。在与鲁迅的日常接触中，冯雪峰成了鲁迅的忠实学生和亲密战友。

在成立“中国自由运动大同盟”的过程中，冯雪峰作为发起人跑前跑后。鲁迅因被通缉，暂时避居日本友人内山完造家中，冯雪峰几乎隔一天就去看望鲁迅一次。

在鲁迅参加发起和筹建“中国左翼作家联盟”时，冯雪峰奉党组织之命，同鲁迅商量用不用“左翼”两字。鲁迅在左联成立大会上发言，没有讲稿，当时也没有布置记录。只因为觉得鲁迅讲话意义重大，于是他根据回忆追记了鲁迅的讲话，经鲁迅改定后发表在《萌芽》月刊上。

在“两个口号”等文艺论争中，冯雪峰以“O·V笔录”的形式拟了《答托洛斯基派的信》《论现在我们的文学运动》，按照鲁迅的立场、态度来写，发表后编进了鲁迅的文集。《答徐懋庸并关于抗日统一战线问题》一文更是他们友谊和合作的结晶。

鲁迅在病中收到了徐懋庸的信，非常气愤，一边把信交给身边的冯雪峰，一边说：“真是找上门来了！他们明明知道我有病！这是挑战。过一两天我来答复。”冯雪峰眼看鲁迅的健康状况还没有恢复，就主动要去了徐懋庸的信。过了两天，冯雪峰把草拟的文稿给鲁迅看。鲁迅看后说：“就用这个做一个架子也可以，我来修改，添加吧。”一两天后，许广平已把文稿誊抄好了，冯雪峰和鲁迅再斟酌修改了几个字眼，然后拿出去发表。这篇文章明确提出了“民族革命战争的大众文学”，是“两个口号”论争中极其重要的一篇文章。

在鲁迅身边的时候，冯雪峰就是这样发挥了特殊的作用。有时候，他不仅是鲁迅的学生，从鲁迅那儿接受任务，而且也给鲁迅下任务，他说：“先生，可以这样做的。”鲁迅说：“不行，这样做我办不到。”他说：“先生，你可以那样做。”鲁迅说：“似乎也不大好。”他说：“先生，你就试试看吧。”鲁迅说：“姑且试试也可以。”初出茅庐的冯雪峰，凭着这“浙东人的老脾气”“强迫”鲁迅做事。难怪陈望道要说：“今天许多青年受鲁迅影响，但他，不但受了鲁迅的影响，也时时刻刻企图影响鲁迅。”

冯雪峰参加了红军长征。1935年10月，红军长征胜利到达陕北，鲁迅曾去电祝贺并向毛泽东赠送了浙江金华火腿。其实送火腿的事是冯雪峰帮鲁迅做

的：1936 年 9 月，冯雪峰又奉命从陕北潜回上海，10 月初，冯雪峰的秘书周文要去西安汇报工作，当时，冯雪峰手头正好有鲁迅的 100 元稿费，他就用这笔钱买了两只金华火腿要周文带去。鲁迅还通过冯雪峰将瞿秋白的《海上述林》精装本转送给了毛泽东和周恩来。

冯雪峰回忆鲁迅的书影

在上海，在鲁迅身边，冯雪峰事实上成了党和鲁迅联系的桥梁。党组织通过冯雪峰等人，影响领导着上海的反文化“围剿”；鲁迅则从冯雪峰那里了解到了不少关于毛泽东、关于红军二万五千里长征的故事。

## 跟着毛泽东长征

在中国的文化名人中，没有几个参加过举世闻名的二万五千里长征的，而冯雪峰恰恰就是其中的一个。

1933 年 6 月，冯雪峰奉命任中共江苏省委宣传部部长，12 月，又奉命调至江西瑞金中央苏区。在一个交通员的带领下，冯雪峰坐船到汕头，又乘火车到潮州，再改坐帆船到大浦上岸，然后走了一二十里山路来到了上杭地界的秘密交通站。当晚，就在几个武装交通员的护送下，于天亮前赶到了游击区。

在瑞金，党中央任命冯雪峰为中央党校的教务主任。

还是在瑞金，冯雪峰于 1934 年初见到了毛泽东。当时，毛泽东正受到王明等机会主义者的排挤，有时间约见冯雪峰，或到冯雪峰处长谈。他们话题很广，文学、诗歌、文艺界的活动、根据地的斗争等，什么都谈，往往一谈就是几个小时。有时党校杀了猪，冯雪峰就请毛泽东来吃顿饭。

长征开始，冯雪峰被编在“中央纵队”。这是由党中央直属机关的干部组成的，跟随在中央的周围。过了遵义后，毛泽东在党内的地位得到了恢复和确立，无法常与冯雪峰长谈了。然而毛泽东依然非常关心冯雪峰。有几次，他搞到了奇缺的纸烟，就派人送给冯雪峰。过大雪山以后，看到从寒冷饥饿中挺过来的冯雪峰，毛泽东感到非常高兴。

到达陕北吴起镇后，冯雪峰又参加了中国红军抗日先锋军，渡过黄河东征。他担任了地方工作组组长。有一次，他率领的工作组和部队失去了联系，经过十几天的艰苦战斗，与敌人几番周旋方才回到部队。就此，毛泽东曾自豪地说：

"谁说书生不会打仗？雪峰同志就会打游击！"

## 战斗在狱中

皖南事变以后，1941年2月16日，三个便衣特务星夜扑向乌南乡神坛村，如获至宝地抓住了一个书生模样的人。先是押解到金华宪兵连，然后又转押到江西上饶宪兵第四团团部，如临大敌般地开展了审讯：

"你是共产党员，还不快说？"

"不是。"

"你是新四军？什么时候去新四军的？"

"没有去过。我不是。"

"你和金华抓来的这些共产党员是什么关系？"

"我不认识他们。"

"你是什么人？"

"我是上海商务印书馆的编辑，搞历史的。"

……

这个被审讯的人就是冯雪峰。因为一个进步青年给他的一封信落入了宪兵手中而被捕的。

从此他开始了将近两年的狱中生活。

国民党上饶集中营旧址

在狱中，他受到了百般的折磨和摧残。但他始终坚贞不屈。敌人最终也没弄清他的共产党员身份。

在狱中，凭着战士的本质，他与难友中的党员进行秘密串联活动，与敌人开展了巧妙的斗争。

在狱中，凭着他丰富的政治斗争经验和观察力，他告诫难友：不能对敌人抱任何幻想，还巧妙地帮助三位难友逃脱。

还是在茅家岭监狱，那虱子、跳蚤、臭虫的乐园，冯雪峰拿起搁置了多年的诗笔：

忍耐是不屈，
而愤怒是神圣，
顽强简直是天性！
但这一切都是为爱，
于是又添了憎恶
和蔑视，
镇定地，对着宙斯的恶德和卑怯！
而这些，都是由于火。
而火归给人类了，
而所有这些都归给人类了！
雷电呵，你这天上的火和力的使者，
你能奈他什么呢？

这表现坚贞不屈的普罗米修斯的诗篇，堂而皇之地出现在敌人的墙报上，除了体现敌人的无知，还体现着诗人冯雪峰战斗不已的精神。读着这些诗，我们仿佛可以看到冯雪峰在敌人淫威前不屈斗争的英姿。

这样的诗，冯雪峰在狱中作了39首。由党组织保释出狱后，冯雪峰的这些诗作于1943年在重庆出版，题名为《真实之歌》。

## 党的忠诚儿子

从江西出狱后，冯雪峰到重庆，在周恩来身边工作。新中国成立后，他曾任上海文联副主席，中国作家协会党组书记、副书记，鲁迅著作编刊社社长，人民文学出版社社长兼总编辑，《文艺报》主编，以及第一届全国政协委员，第一届全国人大代表。在培养文学新人、领导文艺工作等方面，冯雪峰做出了自己的贡献。杜鹏程的《保卫延安》就是在冯雪峰的指导、修改、推荐之后正式出版的，他还和杜鹏程成了忘年交。

然而在1958年，种种莫须有的罪名加到了冯雪峰的头上。对于开除他党籍的错误处理，他百思不解，头发一下子白多了，人也显得更加苍老了。但他坚定地说："我不能离开党，总有一天我会回到党的怀抱里来的。"

在他生命最后20年那漫长的岁月里，他始终念念不忘回到党的队伍中来。

1961年，被摘去“右派分子”的帽子后不久，他就坚决要求回到党内来。1972年，从干校回北京探亲时，他对老朋友胡愈之说：“只要求回到党内，别无所求。”1975年患过肺癌动过手术后，他曾对敏泽说，他已托人给毛泽东带信，希望能恢复他的党籍；同年12月15日，他又托人向党委陈述了恢复党籍的要求，因癌扩散、说话已很困难的情况下，他对儿子夏熊说：“我没有能活着回到党的队伍里来……我心里难过。”自知生前回到党的怀抱的希望很小，因此他对敏泽说了这样的话：“只要死后能恢复我的党籍，我也就死而无憾了。”直到逝世前两天，他还对来看望他的骆宾基说：“我写材料，我要求回到党的队伍当中，做一名列兵。”1976年1月30日，他在世的最后一天，冯雪峰弥留之际，在组织和战友面前，他要夏熊代他最后一次表达了要回到党内的愿望。

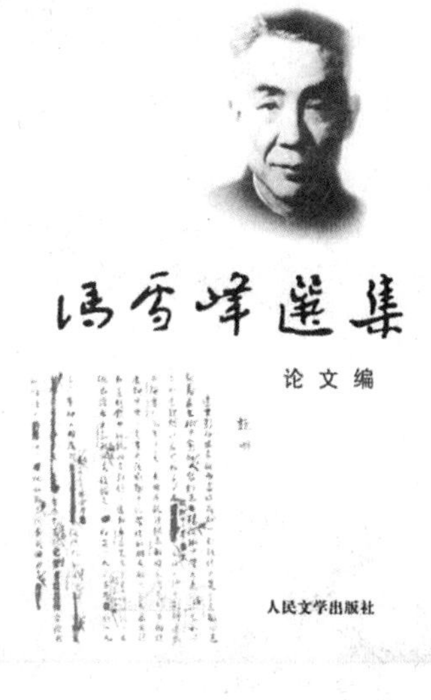


冯雪峰著作书影

冯雪峰走了，含着一腔遗憾走了。

这一天，正是农历的除夕。

他曾自谦为“路边的一块小石子”，他曾对自己的战友说：“革命嘛，需要有人在厨房里烧火做饭，也需要有人在客厅里交谈应付。好，让我们永远做灶下婢吧。”可人们赞他是皑皑冰峰、郁郁青松，说他“为革命，兢兢业业，鞠躬尽瘁，堪称圣者风骨；求真理，勤勤恳恳，俯身做牛，实为战士典范”，赞扬他“经血雨腥风历千灾万劫岿然不动无愧共产党员称号，薄权势名利轻生死安危光明磊落堪做鲁迅先生传人”。路遥知马力，疾风知劲草，冯雪峰半个世纪的苦苦追求，20多年的坚韧不拔，不愧为后世楷模。

1979年4月，党中央恢复了他的党籍和政治名誉，冯雪峰冤案得到昭雪。

# 柔　石

## ——一个总会有人记着的人

吴作为

柔石(1902—1931),原名赵平福(复),浙江宁海人,作家、"左联"五烈士之一。1918年考入我校,在校时参加文学团体晨光社。毕业后从事教育和文学创作,与鲁迅合办朝花社,任《语丝》编辑。参与发起中国自由运动大同盟和"左联",任"左联"编辑部主任、执行委员。1931年2月在上海龙华就义。代表作有《为奴隶的母亲》《二月》等。鲁迅曾有《为了忘却的记念》一文纪念之。

1931年2月7日深夜,上海龙华。

月亮早已下山了,星星也打着瞌睡,四周万籁俱寂,只有寒冷的北风呼呼直叫。突然,一阵铁镣声从龙华西北方的旷野上传来,24位气宇轩昂的青年男女拖着沉重的步伐走来。也不知是谁带的头,在一阵阵镣铐声中,传来了雄壮的《国际歌》声:"起来,饥寒交迫的奴隶……"紧接着,惨无人道的暗杀悄悄地实施了:100多发罪恶的子弹从伪淞沪警备司令部刽子手的枪口,直冲戴着脚镣手铐的24位青年。在"中国共产党万岁"的口号声中,他们全部壮烈牺牲,所有的热血毫无保留地洒在龙华的旷野上。然后,刽子手们剥去了他们身上的衣服,把他们拖进一个大土坑……

这24位烈士中,有5位是"左联"的革命作家,其中有一位身中十弹而死。

他的名字叫柔石。

# 一 师 岁 月

柔石，姓赵，原名平福，因与一乡绅少爷同名而被迫改“福”为“复”。称平复，又名少雄。1902 年 9 月 28 日出生于浙江省宁海关西方祠前。据说，他之所以取“柔石”“金桥”为笔名，同他家旁的小石桥上刻有“金桥柔石”四字有关。1918 年至 1923 年间，他在浙江省立第一师范学校(下称一师)求学 5 年。这 5 年的学习，为他成为中国共产党党员、著名作家奠定了坚实的基础。

柔石的祖父是一个寒儒。父亲赵汝能，为维持家庭生活，在城内市门头独自开了一家名叫“赵源泉”的咸货店，但家境“仍很困难”，所以柔石直到 10 岁“才进小学读书”。

柔石就读的正学小学，是为纪念乡贤方孝孺而得名，在小学，尽管“由于缺少买纸的钱，据说一张毛边纸，往往先练习写小字，再重复写大字”，而他“学习成绩总在优等”。

1918 年秋，柔石考进了进步气氛浓厚的一师。在一师的 5 年，正赶上十月革命、五四运动、“一师风潮”和中国共产党的成立。这一切使柔石感到如沐春风，十分满意，立志在这样的环境里修养品性，完善人格，争取做一个“有思想的学问家”。五四运动后，一师学生积极发起组织游行示威，抵制、查禁日货，《新青年》《浙江新潮》等进步杂志在校内广泛流传。1921 年柔石在给哥哥的一封信中，痛诉反动派“专求一己之肥，毫不顾及下民之困苦饥馑，其更残暴者，则逞一己之私念，斗干戈，动炮火”。对十月革命后的苏俄，则怀着欣喜的心情给予赞扬。在 1922 年 8 月 7 日的日记中，柔石曾写下这样一段话：“溪水泛滥，南门外是白洋洋的一片了。棉花番薯都被浸没，青豆黄瓜多被漂去。多少农人，都纷纷地在那里叹息叫苦。”这一切，促使柔石留意一些有关社会主义的书籍，开始关注中国的政治和社会变革，开始关注劳动人民的疾苦，并对变革不合理的社会产生了朦胧的理想和希望。

但当时的柔石，还是矢志做一个“有思想的学问家”。人们可在柔石故居所陈列的部分作业簿上，强烈地感受到他那一丝不苟、认真学习的精神。

这时，柔石对文学艺术表现出极大的兴趣。1921 年 10 月，他参加了由叶圣陶、朱自清担任顾问的新文学团体“晨光社”，开始从事新文化运动。他常与潘漠华、冯雪峰、魏金枝、汪静之等一起，在三潭印月、孤山、葛岭等处聚会，讨论交流作品。柔石在这个时候开始了文学创作，现存一师时期的作品尚有散文《不

安》、诗《如是》等。

在一师的5年，柔石在金石、书画、乐曲、琴艺等各方面都有了长足的发展。他曾多方搜寻书法名家李叔同的墨迹而不得。夏丏尊先生嘉其勤学，以李叔同手迹赠柔石，以慰他的渴慕之意，柔石“乐而藏之”，不胜珍爱。夏丏尊还亲笔用遒劲挺秀的书法抄录李清照《重阳·醉花阴》词赠他，柔石视为宝贝。这两幅墨迹历经磨难保存至今。保存下来的还有柔石的同学丰子恺先生的字，同学兼同乡潘天寿先生的国画及其他同学的画。

1923年6月，柔石从一师毕业，抱着“要模仿肩膀上荷着锄头望田中去的农民，或手里执着锤看着铁打下去的工匠”的决心，投身于社会实践。

## 梦碎教育

同绝大多数师范生一样，柔石离开一师后首先从事的是教育。1923年9月，他应聘到杭州一应姓人家做家庭教师，因无法习惯寄人篱下的寂寞生活，精神上日趋苦闷，不到半年就辞了职转到慈溪普迪小学任教。面对一大群天真活泼的孩子，他感到孩子们有“未来之真与美”，有了精神寄托。一开始，他非常满意这普通的生活，同事关系又好，感到“乐极了，晚餐后，牵牛棚下，10位同事聚坐着，自由地说，任情地唱，互相了解地说些个人的经验，真是小学教师的清福”。后校内教师钱助乡组织进步读书会触怒了反动校长而被辞退。柔石为伸张正义，与教师们一起开展责问斗争，和校长大闹一场也被辞退。1925年春到了北京。

1926年秋，他经人介绍到镇海中学执教，后任教务主任。当年底，北伐军入浙，他支持中小学师生举行庆祝北伐军入浙的进步活动，被军阀当局诬为赤化嫌疑，只得深夜雇乘小船离开镇海县城，一直到1927年初浙江全省光复才返校。蒋介石发动“四一二”政变后，国民党镇海县党部常务委员李某透露要逮捕县青年运动负责人周浩然。以镇海中学代表身份出席会议的柔石，得悉后便借上厕所为名，离开会场，通知当时镇海中学的学生周浩然马上避开。结果，反动军警扑了个空。后来，国民党反动当局四处追查，柔石自感不能立足，不久辞职回故乡宁海。

早在一师读书时，柔石就认为：“今中国之富强，人民之幸福，非高呼人人读书不可。教育能普及，则无论何事，皆不难迎刃而解矣！”1927年暑期，柔石积极参与创办宁海中学，下半年担任国语和音乐教师。他的目标很明确：一为“中学根基未稳定欲筹足资金，立了案耶；二为宁海教育幼稚，欲稍事发展，以开展宁

地之文化”。他还为宁海中学谱写了一首校歌。

当时的宁海中学是宁海地下党新组成的县委领导机构开展革命活动的基地，担任训育主任的老同学邬逸民是中共宁海临时县委书记。对此，柔石并不知道，但它深信这是一位向往进步的正人君子，因此当他得知反动政府要逮捕邬逸民时，就设法把他领到家里隐藏，使他安然离开宁海。那年暑假，学校因尚未立案，经费成了问题，连工资都发不出来了，柔石就从自己哥哥的店里借了一笔钱来救急，自己却分文未取，赢得同事的一致赞扬。

1928 年初，宁海地下党的进步力量积极活动，使柔石这个出身寒微、诚实厚笃，貌似埋头教育、没有党派色彩，其实却颇有革命倾向的人物担任了教育局局长。

在担任宁海县教育局局长的短短几个月间，他大力发展和改革全县的教育，调整小学校长和教职员，充实进步力量。同时还积极募款集资，筹建宁海中学校舍，设法使学校改为县立中学。在任职期间，他办事公正，操守廉洁，一丝不苟。有一小学教员想谋一个校长的职位，送给他一只火腿，被他严词拒绝，曾被传为克己奉公的美谈。他开启宁海教育事业的种种努力，掩护了设在宁海中学的地下党县委机关，使宁海的党组织工作得到巩固和发展。

1928 年 5 月，中共宁海县委组织的亭旁暴动不幸失败。反动派发现宁中是“共产党的大本营”，就勒令解散学校。柔石利用自己的身份，不仅帮助宁中受牵连的党员和教师出走，还掩护当时县委特派员杨毅卿至西乡岳父家暂避，并资助他返抵临海。而他自己则不顾安危潜回城里处理善后工作。待安排定当后才托辞去东乡募款，瞒着父母妻儿，于 5 月 31 日乘船到石浦。6 月 2 日，柔石怀着痛苦、伤感和眷恋之情，赴沪谋生。

亭旁暴动的失败，反动派的凶残，粉碎了柔石“开展宁地文化”的理想，惊破了他教育救国的迷梦。从此，他告别了辗转 5 年的教育界，开始了新的追求、新的奋斗。

## 热 血 作 家

作为一个著名作家，柔石的创作始于 1923 年的夏天。他的第一篇小说《一个失败的请求》，叙述了自己向父母请求让妻子上学而遭拒绝的伤心事，《无耻的故事》则反映了他在杭州做家庭教师时的孤寂心情。他自编了第一部小说集，题名《疯人》。

在北京期间，柔石当了北大中国文学系的旁听生，学习生物学、英文、世界

语、哲学等课程。特别是听了鲁迅先生的中国小说史和文学原理，感到“胜过十年寒窗，堪称平生最大乐事”。

在此期间，他想以卖文来解决听课经费问题，但常常入不敷出，整天是“跑马路与借钱”，“一点没有学生的滋味和意义”，常陷入无法排解的烦恼。虽然他曾这样告慰父母：“做人是应该尝些苦的，才可算真正的人，读书人更应该从苦中磨炼出来，才可算懂得书中深一层的理！”但还是无法排解心中的苦闷，以至于说出这样的话：“生活！生活！你简直是我的仇人！我真不要你了！”五卅运动使他的思想产生了极大的震动：“我现在究竟算个什么人呢……哗！国民，中国的国民！也不是，也不是！完全没有一分国家的观念，更没有一分国民的责任。五卅！五卅！别人的血是何等沸！而我却没有帮她出过一滴汗……我还算国民么？惭愧，惭愧！”他开始把个人对现实的不满和抗争纳入向黑暗社会冲击的洪流，把个人命运和国家命运联系在一起了。

根据柔石小说改编的沪剧海报

1928 年 9 月，柔石抵上海后，经友人介绍，认识了鲁迅，并与鲁迅先生日益接近，连住的房子也在鲁迅先生的隔壁。成为鲁迅先生革命文学活动的得力助手。这段时间里，他既从事创作，也搞翻译，出版的著作有中篇《三姊妹》《二月》，短篇集《希望》。

柔石最有影响的中篇是出版于 1929 年 11 月的《二月》，《为奴隶的母亲》是柔石最优秀的短篇小说，发表在 1930 年 3 月《萌芽》月刊第 1 卷第 3 期。作品发表不久，被蒋光慈编入《现代中国作家选集》。1934 年，英国的马丁·劳伦斯书店出版的《中国短篇小说集》也将它收入。1936 年，美国德加·斯诺编的《活的中国——现代中国短篇小说选》将它列为鲁迅以外的“其他中国作家小说的首篇”。当年中国左联驻国际作家联盟代表萧三曾在 1945 年 1 月 29 日写的《哀悼罗曼·罗兰》中提到，罗曼·罗兰在从《国际文学》法文版读了柔石的《为奴隶的母亲》后，曾写信给该杂志的编辑部说：“这篇故事使我深深地感动。”主人公春宝娘有着和祥林嫂一样悲惨的命运，她被出典给秀才作为生儿育女的工具，一再经受着骨肉分离的折磨。作品深层次地揭露了地主阶级对她精神上的摧残。作为一个被奴役的奴隶，作品把批判的矛头指向了万恶的旧制度，揭露了这种制度的虚伪和

冷酷。作品笔触委婉细腻，构思不落俗套，又富有乡土气息，实为不可多得的佳作。

## 在鲁迅身边

鲁迅认为柔石是“无论从旧道德从新道德，只要是损己利人的，他就挑上来，自己背起来”的好青年，也是在上海“一个唯一的不但敢于随便谈笑，而且还敢于托他办点私事的人”。柔石以诚实质朴赢得了鲁迅的赞赏，和鲁迅的交往又使柔石不仅成为著名的作家，而且为中国无产阶级革命文学的发展做出了巨大的贡献，成为中国无产阶级革命文学的先驱者。

1928年，经鲁迅的推荐，柔石担任了《语丝》编辑。在鲁迅的大力支持下，柔石等创立了朝花社。朝花社先后出版了《朝花周刊》《朝花旬刊》和《艺苑朝华》，开创了介绍国外革命进步美术作品和木刻艺术之先河，着力介绍了苏联和东欧各国的文艺作品。

朝花社刊印木刻画和其他书刊时，柔石像是一头不知疲倦的耕牛。除买纸之外，大部分的稿子和杂务都是归他做的，跑印刷局、制图、校对都是他的事，任劳任怨。当书与木刻画连本钱也收不回时，他仍毫不松懈。柔石为人忠厚善良，他相信人心是好的，对斗争的残酷性和复杂性往往认识不够。当鲁迅提醒他人会怎样地骗人，怎样地卖友，怎样地吮血时，“他就前额亮晶晶的，惊疑地睁圆了近视的眼睛，抗议道，‘会这样的么——不至于此罢……’”由于鲁迅的帮助和现实斗争的教育，柔石对于鲁迅的“人心惟危”说的怀疑，才逐渐减少，可有时还禁不住叹息说，“真会这样的么……”

柔石和鲁迅青铜像

1929年秋，为了结束当时上海革命文学阵营内部旷日持久、不利团结的论争，党中央希望大家团结起来，组成一个以鲁迅为首的革命统一战线的文艺团体——中国左翼作家联盟，以利对敌斗争。柔石为筹备左联做了许多具体工作，参与拟定左联发起人名单和讨论左联纲要，成为这个组织的12名“基本成

员”之一。

1930 年 3 月 2 日下午，“左联”正式成立。柔石当选为执行委员、后又担任常务委员，编辑部主任，参与了左联机关刊物《萌芽》月刊的编辑工作。此后，又与北方左联负责人、一师同学潘漠华保持密切联系。

1930 年 5 月，柔石在白色恐怖的上海加入了中国共产党。不久，他与胡也频、冯铿以左联代表身份，参加在上海秘密召开的全国苏维埃区域代表大会。会后他写了《一个伟大的印象》，详细地报道了大会的情况，用热情洋溢的笔调反映了大会庄严热烈的气氛，写出了与会者的精神面貌和他自己的切身感受，亲切动人。这篇文章发表在左联机关刊物《世界文化》第一期上，很快就被译成日文，在国际上产生了积极的影响。

在此期间，柔石还和鲁迅一起参加了中国自由运动大同盟的发起工作。

## 血洒龙华

1931 年 1 月 17 日，上海东方饭店正举行秘密会议。在座的有柔石、殷夫、李伟森、胡也频、冯铿等 35 位革命同志。他们哪里知道特务已经悄悄地包围了会场。由于叛徒出卖，与会的 35 人不幸全部落入敌人魔爪。

23 日，他们被移送到龙华警备司令部。柔石和上海总工会青工部长欧阳立安被囚于 2 弄 9 室，并随即被钉上重达 20 多斤的“半步镣”惨遭折磨。

因被捕的前一天，柔石曾受明日书店的委托，到鲁迅那儿问出版鲁迅译著的付酬办法，鲁迅便将和北新书局订立的合同，抄了一份给他，柔石把合同往口袋里一塞就匆匆走了。合同落到了敌人手中，一再逼问鲁迅的住处，柔石拒不透露。在设法托人带给同乡王育的信中，说：“……现亦好，且跟殷夫兄学德文，此事可告周先生……捕房和公安几次问周先生地址。但我哪里知道。”身陷囹圄中的柔石，仍念念不忘鲁迅先生的安危，暗示鲁迅先生要避开景云里住所。

鲁迅得悉后不得不烧掉朋友的信，躲到花园庄旅馆避难，并设法打听柔石等人的消息。有人说，他案情严重，但怎样的案情又说不明白，有的带来柔石写给同乡的第二封信，说狱中“困苦不堪，饥寒交迫，冯妹脸带青肿”。鲁迅深为战友的不幸遭遇焦虑，时刻惦念着他们的安危。

2 月 7 日，反动派企图以转移南京大牢为名骗取死刑判决书上的手印，结果被柔石等人识破。在群起的抗议声中，敌人把他们强制押到牢房后的旷地上，仓促行刑。24 人同时遇难，柔石身中十弹而亡，年仅 28 周岁。

听到噩耗的深夜里，鲁迅站在花园庄的院子里，周围死一样寂静，他沉痛地感到：自己失掉了很好的朋友，中国失掉了很好的青年。悲愤交加之中，他吟出七律一首，以寄托难以排遣的哀思：

惯于长夜过春时，挈妇将雏鬓有丝。
梦里依稀慈母泪，城头变幻大王旗。
忍看朋辈成新鬼，怒向刀丛觅小诗。
吟罢低眉无写处，月光如水照缁衣。

此诗表现了鲁迅对国民党反动派的愤怒控诉和对遇难战友的沉痛哀悼。

新中国成立后，党和政府于1950年4月组织力量将柔石等24位烈士的忠骨挖掘出来，移葬大场公墓。1968年又专门修建了“龙华烈士陵园”。烈士纪念碑高高耸立，象征着革命先烈们的精神高大伟岸、万世永垂。

如今，在柔石故乡宁海还开放了柔石的故居。故居陈列着柔石用过的生活用具、作品和关于与鲁迅结成忘年交的珍贵资料。鲁迅先生沉痛而坚定地说：“我知道，即使不是我，将来总会有记起他们，再说他们的时候的。”是啊，当我们怀着崇敬的心情徘徊在柔石故居，当我们一次次地读他的书，写关于他的书、人们不正是记起他、说起他的后继者吗！

# 桑送青

## ——孜孜不倦的乡村师范音乐教育家

吴光松

桑送青(1903—1989),原名桑幼泉,浙江省上虞人。1926年毕业于浙江省立第一师范学校,1931年起,在湘湖师范学校任音乐教师达30余年,为培养音乐人才和普及音乐艺术做出很大贡献,曾任浙江省政协委员、省文联常委,著有《小学音乐教学法》等。

他用一把二胡进行音乐教学终身;组建一个学生歌咏团鼓舞人民大众的斗志,历时十六载;以一部《小学音乐教学法》奠定了他在浙江省艺术教育界的地位。

### 一把二胡教书育人

桑送青出生在浙江上虞市方家泊村。这是个只有十几户人家的偏僻小村庄,全姓桑。父亲是个农家子弟,念过几年书,写得一手好字,小时候曾在县城米行学生意,后回家务农兼营米行。桑送青8岁时进通明小学,后升入上虞第一高等小学,14岁时,父亲去世,家境中落,16岁便辍学到杭州学生意(当店员)。不久因商店倒闭,回家务农。一家人全靠母亲克勤克俭、典卖家当度日。母亲对桑送青等子女管教极严,这对桑送青一生为人正派有很大的影响。18岁时,母亲亡故,为生计所迫,次年桑送青又到杭州学生意。受新思潮影响,觉得

经商不能救国，只当了三个月学徒便到浙江一师附小补习，后考入浙江省立第一师范学校。那时浙江一师讲究民主、自由和个性发展，音乐氛围很浓，那时著名艺术教育家李叔同老师虽然人已离开学校，但是他所营造的艺术风尚仍然对桑送青影响特别深。从此他便爱上了音乐。他认为："要改造社会，必先改造人心，我要终身从事音乐工作，来推动社会前进。"一师很重视学生自治能力的培养。桑送青曾担任一师的学生会文学艺术部部长。

在一师时期，桑送青与共产党员、进步人士有很深的交往。如著名作家、文艺理论家冯雪峰和他同一寝室，睡的是上下铺，关系甚密。他很尊敬和钦佩经亨颐、马叙伦、夏丏尊、刘大白、朱自清、叶圣陶、俞平伯等曾在浙一师任教的前辈，而对李叔同则心向往之。他曾说李叔同先生才华出众，在学生中有极高的威信。他长期保存着李叔同写的一张"南无阿弥陀佛"条幅，很欣赏他的书法。他也很喜爱李叔同的《送别》，不仅自己经常弹唱，而且成为他一生音乐教学中的传统教材。桑送青在一师求学时，对中国古典音乐和民间音乐也很酷爱。那时村里空闲时，人们常凑在一起弄江南丝竹，他在假期里也去参加。他拉得一手好二胡。有一次，在上虞东门外太和里老家，村里有"的笃班"来演戏。他不想看，独自坐在门口拉二胡，曲子是《梅花三弄》。他越拉越出神，结果一些看戏的人竟不去看了，围拢来听他拉二胡。后来，他回忆说："喏，一首曲子一定要拉得如此出神，才算拉好了。"桑送青在一师求学 5 年，奠定了他一生从事教育工作的思想和专业基础。

桑送青于 1926 年一师毕业后，就在上虞、萧山、临浦、杭州等地任小学教师、校长、音乐指导等职。1931 年 2 月到浙江省湘湖乡村师范学校担任音乐教师，半年后，由于学校更换校长而离开。1932 年 2 月，金海观就任湘湖师范校长，根据在校学生的要求，把已离校的优秀教师都请回来，其中之一就有音乐教师桑送青。他在湘湖师范最初几年，不但教音乐，而且教美术，他努力实践陶行知的教育思想，与学生共同生活，共甘苦，同劳动，共同开筑湘堤，经常与学生一起到湘湖沿岸各村庄去帮助办民校、教歌及做其他民众工作。他被金海观校长返聘回校后不久，便热情洋溢地为《湘师校歌》谱曲。歌词是爱国民主诗人刘大白的最后一首诗。此歌于 1933 年起一直沿用至本世纪初。湘湖师范学校是桑送青施展才华、实现抱负的沃土。他全身心都倾注在培养学生的工作上。

桑送青首先抓课堂教学，讲究课堂艺术。曾于 1936 年考入湘湖师范的学生肖远回忆说："音乐课教学内容十分丰富。在桑送青老师的安排下，一节音乐课主要分四个段落，首先是约 3—5 分钟的发声练习，其次是 15 分钟的读谱练

习，第三是15分钟讲乐理或乐器演奏示范，如怎样拉二胡等，最后是15分钟的唱歌。由于教学内容丰富，时间安排紧凑，因此教室秩序非常好，大家都聚精会神听课，很少私下说话。而我对音乐课兴趣更浓，整天盼着音乐课到来，每去音乐教室——定山的路上，我总跑在全班同学的前面。”

抓住民族乐器中二胡教学这根弦，是桑送青音乐教学的特色。他要求学生每人有一把二胡，就像每人都有一把锄头一样，湘师的学生多数是贫苦农民子弟，也有连一把二胡都购置不起的。桑送青就指导他们自己制作。湘湖定山盛产毛竹，蛇皮也可就地取材。二胡省钱，携带也方便，二胡演奏曲子，老百姓也喜闻乐见，所以二胡教学深受学生欢迎并能一直延续下来。桑送青自己二胡演奏技巧娴熟，经常给学生示范演奏，不遗余力地发扬民族音乐的优秀传统。

创造浓厚的音乐氛围，来培养学生对音乐的兴趣和冶炼革命的情怀。在湘湖空旷的校园里，在碧波荡漾的湖边，歌声琴声不断。在桑送青的倡导下，湘湖师范形成“晨歌”的传统。每学期由桑送青选编《晨歌》油印成册，人手一本。在浙南山区办学期间，全校师生都唱“旗正飘飘，马正萧萧，枪在肩，刀在腰，热血似狂潮！”这种情绪激昂的抗日歌曲，不但在“晨歌”、集会、音乐会上唱，而且在搬迁行路时唱，或到民校去唱。桑送青回忆说：“我们每到一个地方，就到小村庄去办民校，教抗日歌曲，全靠随身带的二胡伴奏。有趣的是你到一个地方，本来农民在种田、砍柴时唱的是小调和地方戏，但我们去了不出一个星期，你就可以听见农民唱着抗日歌曲到田间、上山去了。在这充满音符的氛围里，每个青年学生都受到艺术的熏陶，激发了爱国热情，也提高了识谱和演唱的能力。”

桑送青在音乐教学中实行“小先生制”：把音乐学得比较好的学生，组织起来担任“小先生”，辅导同学进行课外的声学、器乐练习，担任音乐会伴奏，在晨歌时教唱歌和担任指挥。这些“小先生”“做学教”结合，毕业后都成了音乐界、教育界骨干。如陶爱凤成了优秀小学音乐教师，屠咸若新中国成立后任上海文艺出版社音乐编辑室主任，何无奇曾担任上海民乐团团长兼指挥。

为人师表是贯穿桑送青教育生涯中的一条主线。他一心扑在工作上，为学生的成长呕心沥血。妻子在浙南山区临产，他不请假，也忘了买几只鸡蛋以示关怀。到晚年时，老妻还埋怨他。他回答说：“甘蔗不能两头甜，因为我非常热爱我的工作，热爱我的学生。”在流亡办学时，长途跋涉，行路艰难，自己的东西顾不上带，却与学生一起将学校的钢琴、风琴和其他乐器完好无损地转移。他深受学生的景仰。所以在十年浩劫时，不少学生都来暗中保护他。

桑送青还以多种形式办班，培养乡村小学音乐教师。1943年，根据浙南山

区小学缺少音乐师资的实际，在金海观校长支持下，桑送青办起了音师班，二胡是基础课程，自任班主任。先是办了3年制音师班，后又办了6年制音师班。每届音师班学生毕业前夕，都要外出举行公演。3年制首届毕业生毕业时，学校已迁回萧山。1947年上半年，首届音师班到诸暨、绍兴、杭州等地公演，起到宣传和锻炼的作用。

桑送青还为培养小学音乐教师，在无先例可循的情况下举办小学音乐教师函授班。于1944年2月招收120名函授生，是年4月开始函授，到12月经考试合格发给结业证书的有43人。

## 一个歌咏团星火燎原

在学生中组织音乐团体，走向社会，在实践锻炼中培养乡村音乐教育人才，是桑送青教师生涯中最值得歌颂和书写的一章。他在关系到民族危亡的抗日战争中，组织一批批热爱音乐的学生参加嘈嘈歌咏团。他教给他们音乐知识和技能，并用音乐宣传抗日，教育人民自己教育自己。通过他们的活动，又推动和提高了全校音乐课的质量。"九一八"和"一·二八"事变之后，桑送青组织对音乐有浓厚兴趣的学生成立一个专门学习音乐的团体，取名为湘湖音乐团。1932年6月6日，湘湖音乐团在压湖山湘云寺进行首场演出，获得很大的成功，标志着音乐团正式成立，这是桑送青辛勤耕耘所初绽的第一枝鲜花。这年暑假，团员大多数留校，把主要精力放在学习音乐上。在定山音乐教室里弦歌不断，与教室外的蝉鸣相呼应，桑送青与学生们一起度过了一个愉快的假期。

1933年11月25日，桑送青带领湘湖音乐团到萧山仓桥小学作首次外埠公演，曲目有合唱《祖国等着我们去挽救》《毕业歌》等，深受群众的欢迎。公演成功后，学校添置了五架风琴和不少民族乐器，也有团员自己买了小提琴。这大大地改善了学校的音乐教学条件，鼓舞了音乐团团员学习音乐的积极性，但还缺少钢琴。桑送青就组织团员们加紧生产劳动，节俭储蓄和向校友征募捐款，为购置钢琴而努力，但仍相差甚远。此事深深感动了校长金海观，他决定由学校拨专款提前购置了湘湖师范的第一架钢琴。1935年12月14、15两日，音乐团到杭州民众教育馆连续演出两场，得到省城行家的好评。

1935年12月9日，北平学生在中国共产党领导下，举行了声势浩大的反日救国游行，全国救亡运动掀起了新的高潮。27日，上海文化界救国会成立，陶行知当选为委员。湘湖师范师生热烈响应，湘师音乐团改名为救国会音乐团，以

宣传抗日为己任。桑送青将音乐团的演出曲目定为以抗日歌曲为主，并千方百计注意搜集。有一次，音乐家黄自带了上海音专的学生到杭州开音乐会，桑送青听了黄自写的《旗正飘飘》和《抗敌歌》，使他热血沸腾、激动不已。回校后，就立即指导音乐团排练这两首合唱歌曲，亲自任指挥。这两首歌曲成了歌咏团宣传抗日的保留节目。1936 年 12 月 26 日，全团三十余人，在吴兴东吴大学附中首场演出《旗正飘飘》《抗敌歌》和《木兰从军》等，反响热烈。

日寇全面侵华后，为适应抗日宣传需要，进一步鼓舞团员的士气，桑送青等接受了国文教师赵复旦的建议，把救国会音乐团改名为“喈喈歌咏团”。赵老师还为“喈喈歌咏团”作了一首充满爱国激情的团歌。此后，全团师生宣传抗日的积极性更加高涨。从 1938 年春到 1940 年，喈喈歌咏团先后到遂昌、松阳、碧湖、丽水和大港头等地为浙南山区群众演出，凡在农村一律义务演出，不收分文。有一次，在白岩村演出，开场不久，煤气灯突然坏了，桑送青决定停止演出，可是观众不让，一定要演出。喊道：“我们大家拿火把给你们点亮(照明)!”于是，听众把带来照明用的篾片点燃，四个人一组，轮流举着火把，把舞台照得通明，演出就在火把照明下进行。当独唱独奏节目演出时，四个火把聚集在演员四周，像现代舞台上的“追光”那样，使演员容光焕发，激情更高，而听众听得更加出神，桑送青深受感动，事后他说：“群众照亮了我所走的道路，鼓励我更坚定地走下去。”

抗战初期，桑送青经常收到外地寄来的抗战歌曲等音乐资料，他总不失时机地选用作为“晨歌”、课堂教学和喈喈歌咏团教材，进行学习、排练和演出。1940 年初，桑送青收到寄来给“湘湖师范音乐教师收”的邮包，未写寄出地址、单位或姓名。打开一看，是印有“延安鲁迅艺术学院编”字样，红色封面铅印的冼星海作曲的《军民进行曲》、向隅等作曲的歌剧《农村曲》和活报剧《生产大合唱》的歌剧本。桑送青决定，首先排练《生产大合唱》，在校内外演出，得到热烈的欢迎。继《生产大合唱》之后，又排练出《军民进行曲》，也得到很大的成功。于是，决定公演。

到丽水演出时，先是警备司令部稽查处派两个军官来索要《军民进行曲》的油印本，下午通知不能演出。当时丽水的《民生报》已发了消息，登了广告，海报也贴出了，票已卖出一部分。临时取消演出显然非同小可。幸而桑送青对此有所准备，他带着一份重庆《大公报》，上面登有《军民进行曲》的演出广告。他用这张报纸同他们理论：“为什么中央党部、国民政府所在地‘陪都’可以公演，在丽水就不行?”他们无言以对，总算得以演出。

1942 年 1 月嗜嗜歌咏团到当时浙江政治文化中心金华演出。这是桑送青带领的、令人颂扬的一次革命活动，也是桑送青指导的嗜嗜歌咏团最辉煌的一幕。

为了筹备赴金华公演，团员们更加努力排练，并置办必要的布景道具等。为节省经费，有的团员在工艺教师指导下自制乐器，其中有用半只煤油箱做成的低音大胡。这和延安鲁迅艺术学院第一次演出《军民进行曲》和《农村曲》时用煤油箱自制低音大胡不谋而合。1942 年 1 月 23 日，全团 40 人由桑送青等带领，步行去金华。他们翻山越岭，一路笛声悠扬，抗日歌声不断。

1 月 26 日至 29 日，嗜嗜歌咏团在金华公演四场，场场爆满。《东南日报》除及时报道外，在"笔垒"副刊连续发表评论。赞扬说："《军民进行曲》和《农村曲》这两个抗战以来最知名的大歌剧，过去东南各剧团从未去伸手拿过，这回却被多年蛰居在山乡里的乡下青年搬到东南舞台上来了。观众雷鸣般的掌声，应说是最无私的定评。"文章还高度赞扬了湘湖师范学生的艰苦奋斗精神。

对演出所起的社会政治影响，《东南日报》副刊《笔垒》上发表了"听歌再记"。事隔一月，2 月 25 日，《笔垒》又发表了一位偏处山乡的前线战士的《读"听歌再记"》，对嗜嗜歌咏团的演出作了高度的赞扬："我也仿佛听见台下的人们发出轻轻的叹息，湘师子弟雄壮的歌声，将农民辛勤忍耐与爱土地的火一般的感情，传染给台下观众，震颤了观众的心弦，更增强观众复仇的意志。"文章最后写道："中国青年都知道自己应走的方向了，前线士兵把枪口瞄准敌人的胸膛，把笔头戳穿敌人的阴谋，在后方的无数青年如湘师的子弟们，为这民族、这时代、这社会吼出人类自救的震天呼声，为我们争取胜利的明天，我们不能安静地休息呀！"

演出结束后，当时在金华的浙江省剧咏团为了对以桑送青为首的嗜嗜歌咏团演出表示慰劳，曾举行茶话会并邀请在金华的文化界知名人士作陪，对演出作了很高的评价。茶话会上，桑送青指挥嗜嗜歌咏团演唱了《黄河大合唱》中的《保卫黄河》表示答谢。嗜嗜歌咏团的影响力使日本侵略者胆战心惊，于是在 5 月 22 日轰炸了湘师本部广因寺，在歌剧《农村曲》中饰巧姑的团员吴雪蘅，不幸中弹身亡。年仅 16 岁的吴雪蘅前一天晚上还在松阳大保殿演出《农村曲》。当她唱到"大哥呀！逃难找亲人"这句长腔时，台下观众热泪盈眶，一片悲泣。一位满怀美好未来的少女，一个声如雏莺的歌手，却无辜地遭到日本军国主义杀害，怎不令人悲愤，怎不令爱才如命的桑送青痛心！桑送青和团员们强忍悲痛，咽下血泪仇恨，重排《农村曲》，把宣传抗日的歌声传遍浙南崇山峻岭。就这样，

嗜嗜歌咏团的成员在桑送青的指导和影响下，以坚忍不拔的意志，克服种种困难，学习、战斗在浙南山区，直到抗战的胜利。

嗜嗜歌咏团虽然是一个只有几十人的小团，但却是一个培养革命音乐人才的摇篮，桑送青被誉为嗜嗜的保姆，年复一年，团员一批一批地在学习和演出中锻炼成长，一批又一批毕业生走上革命的道路。

中国人民解放军路过萧山时，文工团团长晓河(部队作曲家、北京解放军艺术学院离休干部)到湘师看望嗜嗜歌咏团师生，说部队文工团需要补充人员，桑送青积极支持，绝大多数嗜嗜歌咏团团员和音师班学生都参了军，嗜嗜歌咏团历经 16 年完成了它的历史任务。

## 一部《小学音乐教学法》传承后人

新中国成立以后，桑送青在教学之余，根据自己音乐教学的经验，集中精力著述小学音乐教学法。1954 年 5 月出版了《小学音乐教学法讲话》，1955 年 1 月又出版了《小学低年级音乐教材教法》，9 月出版《小学中级音乐教材教法》，1956 年 9 月出版《小学高级音乐教材教法》。仅三年一共写了四本互有联系的配套书，被浙江省教育厅列为全省师范教材和小学音乐教师教学参考用书，使全省的师范学校和小学音乐教育上了一个台阶。因此他被吸收为中国音乐家协会会员、当选为浙江省政协委员和省文联委员。在此期间，他两度参加浙江省师范学校《音乐暂用教材》的编写工作，也就是说浙江省两轮师范音乐教材都吸收了他的教学成果。20 世纪 80 年代，天津市中国音乐教学法研究会致函桑送青，说这部书是他们收集到的研究中国音乐教学法著作中最有价值的一部。1965 年，年过花甲的桑送青仍在课堂执教，师生去湘湖实行半农半读，他积极支持，在他的倡导下，恢复湘师学生每人备一把锄头、一把二胡的制度，并以嗜嗜歌咏团艰苦奋斗的精神，与音乐教师钱曾葆等一起，指导学生用空罐头盒制作二胡，并让学生用自制二胡登

桑送青一家，二排中为桑送青

台演奏。

1966年桑送青退休后不久，“文革”开始，由于他深受师生和校友的爱戴，受到师生们暗中保护。1982年八十高龄的桑送青，在子女、校友为他祝寿时，还组织两个从事音乐教育的儿子编写出版了《小学音乐教师手册》，为小学音乐教育做出了最后的贡献。

# 吕型伟

## ——苍龙日暮还行雨　老树春深更着花

谢广田

吕型伟(1918—2012),浙江新昌人,著名教育家。初中毕业后即在农村办小学,1937年考入我校,1941年从联师毕业。此后又考入浙江大学师范学院,毕业后赴上海从事教育工作与革命活动。新中国成立后,历任上海市市东中学校长、上海市教育局副局长、中国教育学会副会长、全国教育科学规划领导小组基础教育组组长。

2012年7月17日晚,上海朋友来电说,吕型伟校友因病医治无效,不幸去世。不久,上海的网站和中国教育学会官网,都发布了讣告,证实了这一消息。

一位我国基础教育的先驱者,一位终身从事教育,直至耄耋之年还奔走在大江南北,指导着16个省市40多所学校的教改实验,被联合国教科文组织授予"亚太地区普教专家"称号的长者,就这样终止了他的工作。

我于1985年到杭州师范学校工作后,曾多次赴沪向吕老请教,也多次接待吕老返母校(杭师)调研与讲学,受教甚深。记得2007年12月19日,他在杭州参加"80年天长小学教育思想"研讨活动,特地在茶歇时对我说,要送我一本他的书,里面有他的教育生涯、他的母校情结、他的教育理想……其实,所有这些都已深深地烙印在我的心中。

### 娃娃校长,"教育救国"

1935年夏,吕型伟初中毕业了。年方17的他,与当时成千上万的爱国青年一样,在思考着如何用自己微薄的力量,去挽救灾难深重的祖国和民族。受到陶行知、邹韬奋等作品的影响，他选择了“教育救国”的道路。他抑制住自己升学的愿望，与几个志同道合的伙伴相约，分头到穷乡僻壤宣传教育，创办学校，唤醒民众。为此，吕型伟回到了家乡——浙江新昌县白岩村这样一个小山沟里，招收到81名学生，以一座破庙为校舍，办起了白岩村有史以来的第一所学校。1936年，学校开学，吕型伟当上了“校长”——除了他自己，没有其他教职员工可以领导的校长。学生的年龄相差也很大，从六七岁到十几岁。年龄最大的是一个女学生，18岁，比他这个校长还大一岁。正因为年龄小，吕型伟自称为“娃娃校长”。

不过，村里的男女老少并没有瞧不起这位“娃娃校长”。吕型伟的生活是很充实的。白天，学生上课，81名学生济济一堂，他手执教鞭，忙于授课与辅导。晚上，他在自己睡的破庙边屋的楼上，向村民讲外面世界的新闻。既宣传学习文化的重要性，也宣讲国内外的形势，如东北沦陷、华北危急、国难深重，只有奋起抗日才是唯一的出路，等等。村民们对他十分敬重，凡婚丧大事都要请这位“娃娃校长”参加，并且奉为上宾，村里有什么重要的事，也常去找他商量。

然而，对于怎么办教育、怎么上课、怎么组织学生活动，当时的吕型伟还不是很清楚，于是他边干边学，边学边干，也学习了一些教育书籍。其中，对他影响最大的是陶行知的作品。他越学越感到办教育还有很多的学问，当一名真正的教育工作者，不能只凭热情。于是，他萌发了继续学习深造的念头。而学习、进修的目的，不是别的，还是为了更好地从事教育工作。一年以后，吕型伟辞去了校长职务，于1937年夏季考入了杭州师范学校。

## 联师三年，“终身受益”

1937年，战乱频仍。“七七”卢沟桥事变、“八一三”淞沪抗战等等，战火已经波及杭州。笕桥及市区上空，隆隆的飞机声淹没了位于杭师南山路新校舍（现中国美术学院）的琴声。11月5日，日军在金山卫、全公亭一线登陆。不久，嘉兴沦陷，沪杭线被切断，学校被迫从杭州撤退至建德。学期提前结束，此年上半年奉命暂停开学，吕型伟不得已回到家乡，又当了半年小学老师。同年7月，杭师迁至浙南丽水复校，初名浙江临时联合中学师范部，1939年7月，改名为浙江省临时联合师范学校，简称“联师”。

联师位于距丽水县碧湖镇三里许的三峰村，这是一个美丽而恬静的小山村。在村的东头有两株相距约半里的大树，百年樟树如绿伞擎盖；高耸入云的

枫树粗可合抱。樟树下的关帝庙，是联师男生的宿舍；枫树西侧50米外的祠堂，是女生宿舍。当时，这里不失为一个学习的好地方，尤其是与战火纷飞的杭州相比，它更显得朴素、幽静。

吕型伟于1938年9月返校报到，1941年6月毕业离校，就在这样的学习环境里度过了对他一生至关重要的3年师范生生活。

联师当时的校长徐旭东，是个老教育家，有自信心，他非常重视校风校纪的建树，治校很严，对吕型伟的影响很大。在开学典礼上，徐旭东说："国难时期，我们当思一粥一饭来之不易，半丝半缕恒念物力维艰，国家培养你们当教师，任重而道远。当教师就要有献身教育的精神。师范师范，顾名思义，做教师要有一定的规范，一言一行要做学生的模范，这叫为人师表；教师既要有渊博的知识可以传授，更要具有做学生楷模的高尚品质。做个好教师不容易，你们要好自为之、勤奋学习！"这番语重心长的话使初涉教师职业的吕型伟知道怎样去做到"为人师表"。此外，他还从几件直接与自己有关的小事上，体会到怎样去爱护自己的学生。一是浙东沦陷、丽水危急，学校面临停办时，徐旭东不顾个人安危，坚持维护学生权益。吕型伟偶然听到徐校长在跟当时的国民党浙江省教育厅厅长许绍棣通电话："你要我解散学校，我不同意。这些学生无家可归，我作为校长，不能把他们丢掉。我有责任把他们带走，到内地继续读书。"二是有一位女国文老师课上得不好，吕型伟去向徐旭东反映，建议调换老师。徐听了后觉得有道理，不久就给换了。第三件事，是在吕型伟等人因搞"鲁迅读书会"差点被戴上"红帽子"，而徐旭东却轻描淡写地对吕说："以后注意点。"这些往事，时隔半个世纪，吕型伟还记得一清二楚，可见对他影响之深。

联师的教师队伍也很整齐，徐旭东延聘教师十分慎重，所聘教师大多学有专长，得到学生的敬佩。其中对吕型伟影响较大的，有唐颖犀、顾西林等。

唐颖犀是北京大学数学系毕业的高才生，他是吕型伟这个班的班主任。3年中，对于这三四十名远离父母与家庭的孩子来说，唐老师既是爹，又是娘，什么都得他操劳，孩子们什么事都爱与他商量。不仅如此，唐颖犀的数学课也上得很出色。吕型伟至今还记得，面对黑板上自己绘出的具有对称美或奇特美的图形，所列出的整齐算式，唐颖犀总是后退几步仔细观赏，摇晃着脑袋得意地对学生说："真美啊！"

从班主任身上，吕型伟还懂得了应该怎样去学习。从小学开始，他就十分喜欢课外读物，在初中时，学校就委托他采购、管理图书。进联师后，他更经常去图书馆阅览书刊，有时一泡就是半天。久而久之，管理员也认识了他，破例允

许吕型伟进书库阅览，对他每次借书的数量也不再限制。为此，吕型伟自称是在图书馆里泡大的。他得过作文比赛的第一名，也得过演讲比赛的第一名，还向叶圣陶先生主编的《战时中学生》投稿，在《战时中学生》举办的作文比赛中得了第二名。他特别爱好音乐，常利用课余时间练习钢琴、二胡等乐器。音乐教师顾西林先生独具慧眼，喜欢上了这个既有灵性又勤奋好学的青年。他对吕型伟说："你好好练琴，我可以多辅导你。"可联师当时只有一架钢琴，要练琴的同学又很多，吕型伟有时挨不上号。幸好顾先生自费带了一架钢琴来，她破例允许吕型伟每天中午到自己的房间里练琴。顾西林亲切热情，要求严格，特别讲究礼貌、清洁。到她那里练琴，一言一行一举一动都得小心。中午顾西林先生躺在床上假寐，让吕型伟随便练习，偶尔吕型伟思想走神，琴声走了调，顾西林便立即惊醒过来，在后面轻轻拉拉他的衣服，使他很不好意思。吕型伟就这样跟着顾西林练了三年的琴，技艺大有长进。每逢学校举行活动，师生常一起登台演出，有时是吕型伟弹主旋律、顾西林伴奏，有时师生四手连弹、珠联璧合、相得益彰。从师范毕业时吕型伟还和一位同学编了一本小学音乐教材，其中就有一些他自己作的词曲。

二十九年度第二學期
操行成績報告單
普通師範秋季叁年級 組 學生 吕型伟

| 項目 | 所佔百分比 | 應得分數 | 獎懲事項 | 評語 |
| --- | --- | --- | --- | --- |
| 普通訓練 | 20 | 18.5 | | [illegible] |
| 中心訓練 | 30 | 26 | | |
| 生活日記 | 20 | 18 | | |
| 戰時後方服務訓練 | 20 | 18 | | |
| 時事測驗 | 10 | 8.5 | | |
| 合計 | 100 | 89 | | |
| 增扣分數 | 增 | | | |
| | 扣 | | | |
| 實得分數 | 89 | | 等第 | 甲中 |

| 上課自習缺席 1 小時 | 集會活動缺席 次 | 升降國旗缺席 2 次 |
| --- | --- | --- |
| 參加戰時後方服務訓練組別 | 詩詠組 | |
| 備註 | | |

校長　　訓育主任

吕型伟 1940 年度第二学期成绩单

三年联师的学习，生活上很艰苦，庙做宿舍，茅屋做教室，吃的是蔬菜与烂米，每逢周末，吃些黄豆汤，算是改善生活。尽管如此，由于学校严格管理，校长爱护学生，政治上学生感到压力不大；业务上，教师言传身教，文化体育活动丰富多彩，所以吕型伟生活得很充实。他对作者说："联师的三年，我不仅学习了一些教育理论，而且从好教师的身上学到不少治学精神与师德修养，可以说是终身受益。"

## 老骥伏枥，三个“从不”

联师毕业后，吕型伟到永康市的大司巷小学当了一年的小学教师。1943 年秋，吕型伟考进了浙江大学的师范学院，他还是那么执着于教育，但是学院没有教育专业，于是吕型伟就选择了中文专业。

大学毕业后，吕型伟到了上海，先后在上海的一些学校任教，并参加了中共地下党组织的革命活动。

上海新生后，吕型伟与段力佩一起，代表上海市军管会接管辑椝中学(后改名为市东中学)。1950 年初，吕型伟被任命为市东中学校长，这距他当“娃娃校长”的 1935 年，已过去了 15 年。

1956 年年底，吕型伟被任命为上海市教育局教研室主任，以后还担任过普教处处长兼政教处处长。长期的师范教育，对东西方教育理论的悉心研究以及在中小学教育实践中积累起来的丰富经验，为他运用马列主义的立场、观点、方法进行教育科学研究，探索建设有中国特色的社会主义教育理论，以及承担繁忙的行政管理工作，打下了良好的基础。1964 年 1 月，吕型伟被抽调到北京，参加了刘佛年、张焕庭等 14 名专家组成的写作小组，研究马列主义的教育思想，其后，又被调到中央教育科学研究所担任研究员。不久，他又带了一个小组到南京师范大学附中蹲点调查，支持那里的教育教学改革。

“文化大革命”开始后不久，吕型伟被“揪回”上海，被诬蔑为“特务”，关押达 4 年之久。粉碎“四人帮”后，吕型伟担任了上海市教育局的领导工作，参与并领导了上海市普教系统的拨乱反正与恢复整顿、平反昭雪等工作，不到两年时间，上海市普教系统就基本上恢复了正常。吕型伟积极参与领导了上海市普教系统的改革，提出了不少新思想，新观念，并直接领导了改革与实验工作，如对全国产生较大影响的顾冷沅教授小组的经验，愉快教育、成功教育、课程教材改革等等，都是在他的直接领导下进行的。他提出的开辟第二课堂、创建两个渠道的教学体系，教育社会化、社会教育化等思想，已在全国产生很大影响。1985 年，他还在深圳特区创办了一所实验学校。1987 年底，在他 70 岁时办了离休手续。但是，老骥伏枥，志在千里。他依然积极参与教育改革实验，每年到全国各地讲学 50 次左右，吕型伟自述平生有三个“从不”：

第一，从不放松学习。除了经常阅读多种报纸杂志之外，还阅读各方面提供的资料。有什么好书、新书，总要想办法弄来看看，除了看书，他别无爱好；参

加各种国内和国际的学术研讨会，也是极好的学习机会，吕型伟也不轻易放弃。

晚年吕型伟

第二，从不停止调查研究。他几乎跑遍了除西藏之外的整个中国。城市与农村、发达地区与落后地区、沿海地区与边远村寨、汉族地区与少数民族地区他都去。看学校，也看企业；看工业，也看农副业。每年他都要去几个省市。在位时，他几乎跑遍了上海绝大多数的乡镇，退下来以后每年几乎有一半时间在各地考察讲学。吕型伟还多次到国外考察，美国、日本、东欧、西欧都留下了他的足迹。

第三，他从不停止参加教育改革的实验工作：在上海、北京、深圳、昆明等地，都有吕型伟直接指导的实验学校。在“七五”期间，他承担了国家级的重点科研项目：“普通教育整体改革的实验与研究”。完成以后，又承担了国家级重点课题“面向21世纪中小学教育模式的研究与实践”。进入21世纪后，他又开展了“21世纪中、小、幼教育现代化研究和实验”。这是一个面向21世纪的办学模式的实验研究。

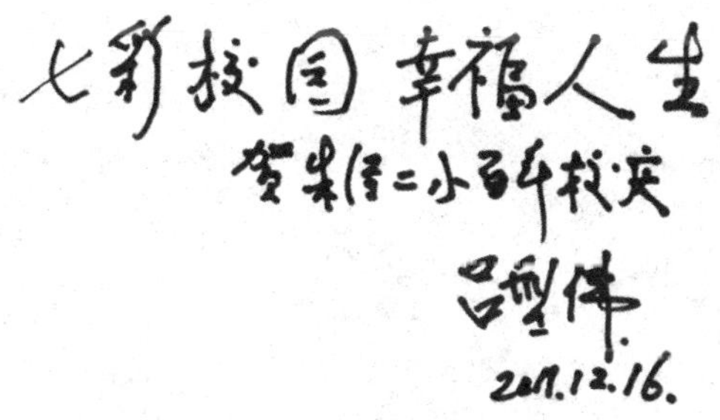


吕型伟题词

党的十一届三中全会制定的思想路线，使吕型伟敢于接触实际，并敢于从实际出发思考问题，敢于解放思想，不唯上、不唯书；改革开放的政策，使他有机会接触国内外的教育思想，了解国内外的教改动向，可以进行比较研究，拓宽思路；党的“双百方针”，使他在各种学术会议上能听到不同的观点和主张；吕型伟旺盛的精力和饱满的政治热情，使他始终与沸腾的社会生活保持着密切联系，与我国政治、经济、社会的改革浪潮保持着紧密的联系。所有这些使吕型伟能站在历史的高度来审视我国的教育制度与教育改革，进而提出了一系列引人深思的新思想、新观点，并在其几十万字的文章和讲稿中作了科学的阐述。

“苍龙日暮还行雨，老树春深更着花”。从1936年开始从事乡村教育，迄今已有70多年；从“娃娃校长”到知名的教育家，其间经历的风霜雨露，是难以用一篇回忆文章说清楚的。作者曾问过吕老，为什么对教育如此钟情？为什么如此“咬定青山不放松”？吕老笑而不答。但作者认为，不妨从吕老1992年4月间在杭州第二中学对杭州直属中学领导干部演讲时的一段话中寻找答案：“教育工作不仅仅是一种职业，而是一种事业。职业和事业是不一样的。职业要讲按劳付酬，事业要讲献身。报酬少也得干，没有报酬也得干。搞事业就要有这种事业的精神、事业的思想。”半个多世纪的实践证明，吕型伟是这样想的，也是这样做的。这，正是一位古稀老人令人崇敬之处。

# 舒　文

## ——化作春泥更护花

彭　昆

舒文(1916—2008),浙江青田人,1931年进入杭州师范学校,1933年因参加革命活动被开除出校,后求学于浙江省立民众教育实验学校,1935年毕业后在上海、龙泉等地工作。1940年到皖南参加新四军。新中国成立后历任上海市教育局副局长、上海市人民政府教育卫生办公室副主任兼高等教育局局长、中共十二大代表、上海市人大常委会副主任。1988年离休。2008年12月30日因病在上海逝世,享年92岁。

舒文是我校的校友,笔者在20世纪90年代曾多次访问他,交谈中知道他从浙江省立民众教育实验学校(该校于抗战时并入浙江"联师")毕业后当过代课老师,在上海的一所小学当教务主任与校长,同时从事进步文化工作。抗战爆发后回浙江从事抗日救亡运动,任龙泉市民众教育馆馆长。1940年到皖南参加新四军。先后负责报纸总编辑,皖江区党委和新四军第七师的宣传教育工作,1948年底,任中共中央华东局宣传部教育科长。新中国成立后,曾任上海市教育局副局长。1955年起,先后负责上海市高等教育和科学技术工作,1978年任上海市人民政府教育卫生办公室副主任兼高等教育局局长,1982年当选为中共十二大代表,1985年当选为上海市人大常委会副主任。1988年离休后,又受聘参加上海市人民政府的咨询工作,兼上海市实验学校的名誉校长。

从1931年开始接受师范教育,舒文一直直接或间接地从事教育工作。特别是离休以后,仍然关心教育工作,并直接从事教育改革的理论与实验研究。

## 师范教育与革命教育同步

1931年6月23日，杭师恢复独立后首批招生153人，舒文及其终身伴侣骆慕曹(即苏星)，分别是其中的普师班和幼师班的学生。

开学后4天，"九一八"事变发生，全国震惊。人民群众奋起反对国民党政府的不抵抗政策，要求抗日。9月21日，杭师师生成立"抗日救国会"，后来学生又单独成立"抗日救国会"，组织宣传队，分头上街宣传抗日，检查日货并募捐慰问抗日将士和难民。当时的浙江省教育厅厅长张道藩，不仅不支持学生的正义行动，反而对学生采用高压政策。他窜到杭师，向学生训话，诬蔑学生的爱国行动为"越轨行为"，扬言要进行惩处。舒文和同学们都十分气愤，立即参加了杭州市各校学生的罢课游行。当声势浩大的学生队伍直奔省教育厅时，张早已闻风而逃。教育厅大门紧闭，愤怒的学生越墙而入，遍寻张道藩不见。又来到里西湖张道藩住宅，岂料还是找不到张道藩。怒火中烧的舒文和同学们一起来到国民党省党部，把它团团围住，并由学生代表进门，提出坚决抗日的要求，其他学生把抗日标语和传单贴满街头巷尾，雄壮的爱国呼声响彻杭城上空。

自此，舒文开始参与政治活动，当时杭师有姚思铨等进步学生组织了"白煤学社"(象征白煤燃烧起来发出熊熊的红光)，定期出版墙报，宣传革命思想，批判国民党反动政府。白煤学社还秘密组织"读书会"，介绍许多进步书籍给同学。如马克思、恩格斯关于辩证唯物主义和历史唯物主义的著作，高尔基的《母亲》、鲁迅的《呐喊》《彷徨》等。这些都对舒文产生很大影响。白煤学社的影响也越来越大，反动当局把学生的爱国行为视作洪水猛兽，千方百计予以镇压。终于在一天清晨，派军警偷偷包围学校，携带手枪搜捕姚思铨等人。当时，姚与舒文都睡在楼上。由于学生发觉得早，就由舒文带头，一群学生从楼上一拥而下，姚思铨跟在舒文后面，避开军警耳目，爬过墙头，从隔壁横河小学的厕所逃出。后来，姚思铨、陈凤超、励芳娥等同学仍先后不幸被捕，陈凤超牺牲于上饶集中营。

在现实和进步同学的启发下，舒文开始学习马克思主义，寻求抗日救国的道路，并试图从社会革命的角度来观察教育问题。在课堂上，他常常在课桌上摊一本教科书作为掩护，而埋头读马克思主义著作和《东方杂志》等进步刊物。1932年，杭师举行学生论文展览，舒文完全脱离教科书的范围写了一篇论述大众教育的文章，居然受到教育学教师钱希乃的赞赏而被展览。接着，他和骆慕

曹先后参加了地下党领导的“杭州社会科学者联盟”和“教育工作者联盟”，受到更多的革命教育。1933年秋，舒文因积极参加革命活动被学校开除。

但是舒文决心完成师范教育，他在杭县临平当了短时间的小学代课教师后，又经进步教师的介绍，转入浙江省立民众教育实验学校，并于1935年6月毕业。由于该校于1938年下半年并入杭师，所以他仍是杭师的毕业生。

舒文读书时的校徽校训

## 直接或间接地从事教育工作

师范毕业后，舒文来到上海。他的第一份工作仍是小学教师，在上海大木桥路平民新都小学当教务主任，后当校长。还担任高年级的语文教师，在学生中进行抗日与革命的宣传教育。同时，从事进步文化工作，经常在进步杂志《读书生活》等刊物上发表文艺评论，写高尔基著作《我的童年》等的书评。

次年春天，他和同学骆慕曹结成百年之好，在杭州聚丰园举行了简短而隆重的婚礼。他们的老战友姚恩铨是介绍人，他俩共同的老师钱希乃是证婚人。1937年夏，他和妻子骆慕曹回浙江从事抗日救亡运动，在流动剧团，他加入了中国共产党。接着受党组织派遣，到龙泉市参加县政工队。因为舒文学过师范和民众教育，所以他当了民众教育馆馆长。骆慕曹以及王朝闻（后来成为著名美学家）当时都是这个馆的馆员。他们的任务是通过民众教育来发动人民参加抗日救亡运动，在龙泉四个区开设分馆，和县政工队一起，在党的统一领导下，推行二五减租，组织农民救国会，并从中发现积极分子，发展党组织。与此同时，民众教育馆也通过办识字班、办民校、办讲座和展览、出墙报、教唱抗日歌曲等途径，做了大量的民众教育工作。但是，浙江省国民党当局却很不满意，他们认为舒文的抗日活动有“赤化”之嫌，省教育厅厅长许绍棣说什么舒文“不务正业”，亲自下令撤掉了他的龙泉市民众教育馆馆长职务。

1940年6月，国民党浙江省保安处正式下令逮捕舒文。他得到党组织的紧急通知后连夜转移到皖南新四军军部，在教导队学习和工作。“皖南事变”发生时，舒文从战火中突围，过了长江，进入皖中抗日根据地。自此至1948年，舒文在安徽和山东解放区，先后负责过报社和部队的宣传教育工作，也到农村去搞

过土地改革。

新中国成立前后，舒文从事多方面的教育工作。1948年起舒文在中共中央华东局宣传部从事教育工作。1949年5月上海解放，舒文受命接管上海市教育局，直接参与全市主要的中小学和专科学校的接管工作，并帮助配置了学校的领导骨干和培训政治教师。回华东局宣传部后，在陈毅同志的直接关心下，组织华东全区的高级干部理论学习，系统地学习社会主义革命和建设的理论。其间，曾在《学习》杂志等刊物上发表过有关中国革命和如何学习哲学的论文，有的曾被当时的苏联哲学问题杂志译载。

1955年至1958年，舒文在中共上海市委负责高校和科学部门工作，主要是贯彻党的知识分子政策。根据党组织的统一布置，曾吸收一大批够党员条件的著名教授、专家入党，加强了党在科学、教育工作中的领导。1958年至1966年，舒文负责上海市科学技术委员会的工作，为发展上海的科学技术而努力。在此期间，他一直关注高等学校的新学科建设和研究，并直接协助创办了院(科学院)校(高校)结合、理工结合的上海科技大学，在这所学校设置最新发展的学科，并在全国建立专收劳动模范和技术革新能手的第一个工人班，培养出一大批理论和实际结合的工业和科技战线的领导骨干。在舒文主持上海市科协工作期间，还推动科协所属各学会办了许多业余科技大学，进行后来被称为“继续教育”的工作。

## 为恢复和发展教育事业作出努力

“文革”之后，舒文自己要求回到普通教育战线工作。自1978年至1983年任上海市人民政府教育卫生办公室副主任，并兼任过高等教育局局长，为恢复和发展教育事业做出系统的努力，对教育改革进行了比较系统的探索。主要工作有：为改变上海高等教育发展不适应经济和社会发展以及不适应中等教育发展的需要，积极恢复和发展高等教育，主持创办大学分校，发展成人高校，在全国率先招收大学收费生与委托培养生。组织制订上海教育发展战略，提出自1983—1990年人才翻一番的计划。这个计划的实现保证了上海的人才优势地位。20世纪80年代初，为解决当时高中毕业生的入学难和就业难，在各区组织经济部门和中学合办劳动职业补习班，缓解了就业矛盾。也为以后由经济部门和学校合办正规的中等职业技术教育，为中学的结构改革开了先导。为了克服学校脱离社会的现象，增加与社会的联系，舒文根据我国学校紧密联系革命实

际的传统和访美所见，支持当时正在兴起的高校为社会技术服务的活动，于1983年在《人民日报》著文，提出高等学校除教学、科研两项职能以外，应增加为社会服务(技术服务)为第三职能，并支持在高教局成立高校技术中心。这已成为许多教育工作者的共识。第三职能已发展为科技成果产业化，建立校办产业，举办各种继续教育和咨询服务等。为了办活教育，提倡和支持各级各类学校进行改革，其中进行时间最长的一项改革，是支持举办上海市实验学校。进行儿童、少年学习潜力的早期开发，儿童德智体全面发展与个性发展相结合的改革。这项实验已在国内外产生深远的影响。

舒文自1983年以后，担任过教育部门的顾问、市人大常委会副主任，1988年离职休养后，又受聘参加上海市人民政府的咨询工作。还担任过上海市实验学校的名誉校长。他始终关注上海和全国的教育事业，不断进行一些专题调查研究。党的“实事求是、解放思想”的路线和他的工作经历，使他可以从更广阔的背景和宏观的角度思考问题。他写了不少论文，提过不少意见，也从实践中进行过一些改革与试验。

他认为，第一，教育必须适应经济和社会发展的需要。舒文于1981年曾比较系统地总结了新中国成立以来的上海教育，认为高等教育的质量和数量都不能适应经济建设和社会发展的需要，原因主要在于一是在当时高度集中的计划体制下，只考虑到大中学校、大机关、工厂、科研单位的需要，而忽略了对众多的中小企业、广大的农村(包括乡镇企业)、分散的第三产业以及县区以下基层政权人才的需求，人才到不了基层的农村。二是国家包办学校教育，财力有限，不能多办学校等。舒文认为，尽管上海适龄青年的高校入学率大大高于全国平均数，但高校毕业生仍远远满足不了新兴产业、第三产业和乡镇企业的发展需要。在保证质量的前提下加快发展教育的关键，是在计划调节下引进市场机制，给学校以主动适应经济和社会发展的办学权。

第二，学校要办活，使学生的德、智、体诸方面全面而自由地发展。现在整齐划一的教育制度束缚了人的个性和特长的发展，使优秀人才难以脱颖而出。应让学生在德、智、体全面发展中更多地注重个性、特长的发挥，使人才得到最优化的发展，应当创造一切可能的条件给青少年以更多的上学机会，不要多加限制。给学生以选择学校的权利。改革机械的学年制，实行比较灵活的学分制和选修制；改革统一的只重书本知识的会考和高考入学制度，使有实践经验的人得以入校学习。在统一的教育方针和教育目标之下，应允许各校办出不同的特色。舒文和同志们一起在上海创办了一所实验学校，取得了成效。实验班的

学生，通过10年时间的教学，完成了12年的小学至高中的教育。而且在德、智、体几方面，在个性和特长方面都得到健康全面的发展。

第三，学校要向社会开放，在与社会相结合中培养学生。舒文多年来提倡要大批招收有实践经验的人入学，并在入学考试办法、学籍制度和学生待遇等方面进行相应的改革，学校教师还应当与其他实际工作部门的专家实行互相兼职，交换工作。此外，学校除垂直的教育系统领导关系以外，还应有社会各方人士参加的校董会或校委会组织，帮助并监督学校的工作。

笔者20世纪90年代在舒文家采访

十多年前，笔者在杭州大华饭店分部采访了舒老。他和老伴苏星刚风尘仆仆地访问青田故乡建设回来，他们还在为贯彻党的十四大精神，落实邓小平同志关于教育要“面向现代化，面向世界，面向未来”的指示而孜孜不倦地工作着。“落红不是无情物，化作春泥更护花”，笔者和所有熟悉了解舒文夫妇的朋友一样，对他俩“化作春泥”的精神充满了崇敬之情。